नागार्जुन : मेरे बाबूजी

नागार्जुन : मेरे बाबूजी

शोभाकांत

वाणी प्रकाशन

प्रकाशन के उत्कृष्टतम 63 वर्ष

vaniprakashan.com

सजिल्द पहला संस्करण : 1990
सजिल्द दूसरा संस्करण : 2011
सजिल्द तीसरा संस्करण : 2026

वाणी प्रकाशन

4695, 21-ए, दरियागंज, नयी दिल्ली-110 002

फ़ोन : + 91 11 23273167, 23275710

शाखाएँ

अशोक राजपथ, पटना-800 004, बिहार

कॉफ़ी हाउस कैम्पस, महात्मा गांधी मार्ग, प्रयागराज-211 001, उत्तर प्रदेश

महात्मा गांधी अन्तरराष्ट्रीय हिन्दी विश्वविद्यालय, वर्धा-442 001, महाराष्ट्र

sales@vaniprakashan.in
vaniprakashan@gmail.com

Nagarjun : Mere Babooji
by Shobhakant

ISBN : 978-81-7055-207-9
Memoirs

मूल्य : ₹ 395

जी.एस. ऑफ़सेट, दिल्ली-110 095 में मुद्रित

वाणी प्रकाशन का लोगो मक़बूल फ़िदा हुसैन की कूची से

आदरणीया माँ के लिए

पिछले दस वर्षों से नागार्जुन साहित्य के खोज में लगा हूँ। इस क्रम में रचनाकार नागार्जुन और अपने बाबूजी को बहुत करीब, भीतर जाकर देखा है, समझा है। फिर भी मैं यह दावा नहीं करता कि मैं उन्हें पूरी तौर से जानता हूँ।

मैंने पिछले कुछ वर्षों में बाबूजी के बारे में छः व्यक्तिगत निबन्ध लिखे हैं। यह उनकी जीवनी नहीं है। मैंने जैसा उन्हें देखा, समझा है—वह भी पूर्ण नहीं, उसके कुछ चित्र मात्र हैं।

रचनाकार नागार्जुन के वैविध्यपूर्ण रोमांचक जीवन को शब्दों में बाँधने की आकांक्षा है और उस पर काम जारी है। यह पुस्तक उसका अंश नहीं है।

देश भर में फैले सैकड़ों मित्रों का आभारी हूँ, जिनके सहयोग के बिना शायद ये पृष्ठ लिखे भी नहीं जाते।

—शोभाकांत

हो गया हूँ मैं नहीं पाषाण
जिसको डाल दे कोई कहीं भी
करेगा वह कभी कुछ न विरोध
करेगा वह कुछ नहीं अनुरोध
वेदना ही नहीं उसके पास
फिर उठेगा कहाँ से निःश्वास

—**नागार्जुन**

क्रम

मेरे बाबूजी

'यात्री' नामक एक मैथिली रचनाकार मेरे बाबूजी श्री वैद्यनाथ मिश्र के भीतर बहुत बाद में पैदा होता है। वह तो अपने वाल्यकाल से ही यात्री रहे हैं। इनकी माता (उमा देवी) उस समय स्वर्गीय हुईं, जब बाबू छह वर्ष के रहे होंगे। इनके पिता (गोकुल मिश्र) अपने एकमात्र मातृहीन पुत्र को कंधे पर बैठाकर अपने सम्बन्धियों के यहाँ, इस गाँव–उस गाँव आया-जाया करते थे। मेरे बाबा यानी बाबूजी के पिताजी मस्त-बेफिक्र किस्म के जीव थे। घर में कोई था नहीं, कोई बन्धन नहीं, अतः अधिक समय अपने रिश्तेदारों के यहाँ गुजारना उन्हें अच्छा लगता था। अकेले छह-सात वर्षीय पुत्र को तरौनी में किसके सहारे छोड़ते तो 'ठक्कर मिसर' (बाबूजी का वाल्यकाल का पुकारू नाम। गाँव के हमउम्र अब भी उन्हें इसी नाम से पुकारते हैं) को भी साथ लिये हुए घूमते। मेरे बाबूजी अपने वाल्यकाल में पिता की लाचारी के कारण घूमते और अब घूमना उनका पर्याय या अनिवार्यता है। घुमक्कड़ी का अणु जो बाल्यकाल में शरीर के अन्दर प्रवेश पा गया, वह रचना-धर्म की तरह ही विकसित और पुष्ट होता गया।

मुझे नहीं याद है कि बाबूजी तीन-चार मास लगातार किसी भी नगर में स्थिर होकर रहे हों। अब तो होता यह है कि किसी भी नगर में दस-पन्द्रह दिन गुजरे तो वहाँ से उचाट-सा हो जाता है। दिमाग में घुमक्कड़ी के कीड़े तेजी से कुलबुलाने लगते हैं। पाँव में खुजलाहट होने लगती है। फिर तो बाबूजी बिस्तर पर का बिखरा अपना सामान थैला और डोलची में सहेजने लगते हैं और किसी भी नगर का टिकट मँगवा लेते हैं। यात्रा के लिए कतई आवश्यक नहीं कि कोई पूर्व नियोजित कार्यक्रम ही हो। किसी भी परिचित के यहाँ कभी भी जाया-आया जा सकता है। इस विशाल देश में बाबूजी को चाहनेवालों की संख्या का अनुमान मैं नहीं लगा पा रहा हूँ।

आज से लगभग पन्द्रह-सोलह वर्ष पूर्व एक बार बाबूजी ने कहा था–"सम्पूर्ण परिवार के साथ ढाई-तीन वर्ष भी कहीं अपने को जमा लूँ तो सब कुछ व्यवस्थित हो जाएगा...पर यहाँ तो श्रीमान् यात्रीजी के चूतड़ में कवाछ लगी है!" सच में, मैंने स्वयं भी बहुत कोशिश की, अपने और उनके अनेक मित्रों से कहलवाया। कई तरह के स्वास्थ्यप्रद और उपयोगी तर्क रखे, पर कोई अन्तर नहीं पड़ा। हर एक की बात

सुनने पर बहुत हल्के-से मुस्कराते रहे और मन-ही-मन अपनी यात्रा के रूट तय करते रहे। उनकी यात्रा पूर्ववत् जारी रही। 1979 में मैं उनके साथ यहाँ-वहाँ जाने लगा क्योंकि कई अति घनिष्ठ परिचितों ने कहा कि ज्यादा उम्र में बाबूजी का अकेले यात्रा करना कष्प्रद होता है। लगभग सात-आठ महीने तक साथ रहने के बाद 'एकला चलो रे' में बाधक लगने लगा मैं।

कभी-कभी सोचता हूँ कि बाबूजी की घुमक्कड़ी ने और भले ही कुछ किया हो या नहीं, पर हम सब भाइयों को सही ढंग से जीने की राह को अवश्य ही अवरुद्ध किया है। यदि किसी नगर को शुरू से ही अपना 'हैड क्वार्टर' बनाकर बाबूजी रखते और समूचा परिवार वहाँ व्यवस्थित रहता तो निश्चिय ही हम छह भाई-बहनों को युगीन-शिक्षा मिली होती, ढंग से जीने की ट्रेनिंग मिलती। आज के इस युग में हमें इस बात के लिए मलाल नहीं होता कि हमारी दोनों बहनों में से किसी ने भी मिडिल तक की पढ़ाई पूरी नहीं की या हम चार भाइयों ने पूरी विश्वविद्यालय शिक्षा प्राप्त नहीं की।

इस पारिवारिक बनजारापन या अस्थिरता के लिए मैं बाबूजी से कम दोषी माँ को नहीं मानता। मेरी माँ ने कभी भी बाबूजी के घुमंतू जीवन में दखल नहीं दिया। यदि माँ चाहती तो किसी नगर में रहकर हम लोगों को नागरीय जीवन के अनुरूप बना सकती थी। तब संभवतः बाबूजी भी वहाँ स्थिर रहते। उनके स्थिर रहने से 'गद्य-लेखन' या 'खंड-काव्य रचना' अधिक होती। ये दोनों ही विधाएँ बाबूजी के लेखन की लाभदायक स्रोत हैं परिवार के लिए। माँ ने कभी साथ रहने की अपनी इच्छा जाहिर नहीं की और बाबूजी ने कभी उन्हें बाध्य नहीं किया के वे गाँव छोड़कर किसी नगर में रहें। बाबूजी सात-आठ वर्षों के सधुक्कड़ी जीवन से 'सद्-गृहस्थ' हुए थे। यह सोचकर रह गये होंगे कि इस 'बेचारी' को बहुत सताया है, अब जहाँ प्रसन्नता से रहे वहीं रहे। उस समय दोनों में से किसी को भी इसका अंदाज ही नहीं रहा होगा कि यह अस्थिरता या पारिवारिक बनजारापन आगे कितना भयावह और अव्यावहारिक हो जाएगा परिवार के लिए।

बाबूजी को तो अपनी किशोरावस्था में अपने पिता के रंग-ढंग देखकर यह अंदाज हो गया कि अपने गाँव तरौनी में महादरिद्र की स्थिति हमेशा बनी रहेगी क्योंकि पिता को जमीन बेचने का चस्का लग गया था। जमीन बेचकर कई प्रकार की गलत-सलत आदतें पाल रखी थीं। जीवन के अन्तिम समय में गोकुल मिश्र अपने उत्तराधिकारी के लिए मात्र तीन कट्ठा उपजाऊ भूमि और प्रायः उतनी ही वास-भूमि छोड़ गये, वह भी सूद-भरना लगाकर। बाबूजी और माँ ने उसे बाद में छुड़ाया। माँ को इस भूमि-सम्पत्ति का बड़ा ही मोह है। उसे सतत यह भय रहता है कि इसको गोतिया लोग कहीं हड़प न लें। वह शुरू में ही भाँप चुकी थी कि गोतियों की नजर इस पर लगी है। यह भूमि-सम्पत्ति माँ की कड़ी निगरानी के कारण

ही अब तक सुरक्षित है। इस भूमि-सम्पत्ति में इंच भर की भी बढ़ोत्तरी बाबूजी ने नहीं की है। तरौनी में नागार्जुन परिवार के पास अभी भी मात्र तीन कट्ठा खेत और उतनी ही वास-भूमि है।

बाबूजी अपने पिता की छह संतानों में एक ही शेष बचे रहे। गोकुल मिश्र और उमा देवी को लगातार चार संतानें हुईं और असमय ही वे सब चल बसीं। संतान न जीने के कारण गोकुल मिश्र अति निराशपूर्ण जीवन में रह रहे थे। निराशा के क्षणों में ईश्वर में आम लोगों की धारणा पनपती है। अशिक्षित ब्राह्मण गोकुल मिश्र तो ईश्वर के प्रति आस्थावान थे ही। उन दिनों अपने आराध्य देव शंकर भगवान की पूजा ज्यादा ही करने लगे। वैद्यनाथ धाम (देवघर) जाकर बाबा वैद्यनाथ की यथाशक्ति उपासना की। वहाँ से लौटने के बाद घर में पूजा-पाठ में भी समय लगाने लगे। फिर जो पाँचवीं संतान हुई तो मन में यह आशंका पनपी कि चार संतानों की तरह यह भी कुछ समय में ठगकर चल बसेगा। अतः इसे 'ठक्कन' कहा जाने लगा। काफी दिनों के बाद इस ठक्कन का नामकरण हुआ और बाबा वैद्यनाथ की कृपा-प्रसाद मानकर इस बालक का नाम वैद्यनाथ मिश्र रखा गया। वैद्यनाथ के बाद एक पुत्र घर में और पैदा हुआ, पर इस पुत्र को जन्मदात्री पाल नहीं सकी और उसे छोड़कर खुद ही चल बसीं। फिर वह छठा बालक भी चल बसा। गोकुल मिश्र के एक मात्र पुत्र 'ठक्कन मिश्र' ही बचे रहे। यही ठक्कन मिसर उर्फ वैद्यनाथ मिश्र आगे यात्री-नागार्जुन नामक रचनाकार होते हैं और हम छह भाई-बहनों के बाबूजी।

'लघु सिद्धांत कौमुदी' और 'अमरकोश' के सहारे शिक्षा आरम्भ करनेवाले बाबूजी ने पंडिताऊ ढंग से किशोरावस्था में प्रवेश किया। पढ़ने की प्रबल लालसा, पर घर की परिस्थिति बिल्कुल दूसरी थी। उस जमाने में मिथिलांचल के धनी लोग अपने यहाँ निर्धन मेधावी छात्रों को प्रश्रय दिया करते थे। उस उम्र में बालक वैद्यनाथ ने मिथिलांचल के कई गाँवों को देख लिया। बाद में विधिवत् संस्कृत की पढ़ाई बनारस जाकर शुरू की। समस्या-पूर्ति शैली में छन्दों का ताना-बाना बुनने लगे थे, काफी पूर्व अपने ग्रामीण पंडित अनिरुद्ध मिश्र की कृपा से। मिश्रजी ने पता नहीं कैसे यह समझ लिया था कि यह 'टूगर बालक' कभी रचनाकार होगा।

बनारस में संस्कृत के अध्ययन के साथ ही शब्दों और छन्दों से ज्यादा मित्रता हो गयी। संस्कृत के साथ मैथिली में भी रचना रचने लगे। अखबार का चस्का भी लग गया था। देश-विदेश में हो रहे सामाजिक और राजनैतिक परिवर्तन के सम्बन्ध में जानकारी की लालसा बढ़ने लगी। पंडिताऊपन में परिवर्तन आने लगा। सनातन ब्राह्मण पंथी पर आर्यसमाज का प्रभाव पड़ने लगा। आर्य समाजी संस्कार की तरफ अग्रसर होते हुए बौद्ध-दर्शन की ओर झुके। फिर तो विश्व दर्शन और पर्यटन की लालसा से बनारस की पढ़ाई छोड़ यात्री अपनी लम्बी यात्रा पर निकल पड़े। उन दिनों राजनीति में सुभाष उनके प्रिय थे। बौद्ध के रूप में राहुल को अग्रज माना।

बनारस से निकलकर कलकत्ता और फिर उत्तर और दक्षिण भारत घूमते हुए लंका के विख्यात 'विद्यालंकार-परिवेण' में जाकर बौद्ध-धर्म की दीक्षा ली। राहुल और नागार्जुन 'गुरु भाई' हैं। लंका की उस विख्यात बौद्ध-शिक्षण संस्था में रहते हुए मात्र बौद्ध-दर्शन का अध्ययन ही नहीं हुआ, बल्कि विश्व राजनीति की ओर रुचि जगी और भारत में चल रहे स्वतंत्रता आंदोलन की ओर सजग नजर से देखते रहे। देश के कुछ लोगों से पत्राचार लगातार चलता रहा। कुछ ऐसे भी मित्र थे जो उन्हें अपनी भूमि पर लौट आने की सलाह पत्रों में दिया करते थे।

अचानक 1938 के मध्य में बाबूजी लंका से वापस लौट आये। उस समय यदि वे चाहते तो निश्चित रूप से विश्व के किसी शिक्षण संस्थान में प्रवेश पाकर अध्ययन-अध्यापन में लग सकते थे। बौद्ध हो ही गये थे। संस्कृत, हिंदी, पालि, सिंघली आदि भाषाओं में महारत हो ही गयी थी। कामचलाऊ अंग्रेजी की जानकारी प्राप्त कर ली थी। विश्वविख्यात 'विद्यालंकार-परिवेण' से संबद्ध थे ही। पिता से सम्बन्ध टूट ही चुका था। विवाहिता को छोड़ रखा था। बाल-बच्चे हुए ही नहीं थे, तब तक। परिवार में ऐसा कोई था नहीं, जिससे मोह रखते। कोई भी दायित्व नहीं था। फिर कौन-सा कारण रहा होगा कि बाबूजी लंका से सीधे बिहार वापस आ गये? वह भी घर नहीं। मुझे स्पष्ट लगता है कि बनारस से लेकर 'विद्यालंकार-परिवेण' तक की यात्रा उनके लिए जीवन-दिशा तय करने का काल रहा होगा। अध्ययन-अनुभव और पर्यटन के सहारे उन्होंने तय किया होगा कि जन-सामान्य से अलग हटकर व्यक्ति का कोई मूल्य नहीं है। जन-सामान्य सुख-दुःख में ही व्यक्तित्व का निर्माण सम्भव है। उससे अलग हटकर जीवन का विकास असम्भव है। समाज के विकास पर संस्कृति और व्यक्ति का विकास निर्भर रहता है। सहज मनुष्य राजनीति और समाज नीति के परिवर्तन में किसी-न-किसी रूप से अवश्य ही हिस्सा लेगा। 'विभूति' (मैथिली मासिक) के 1937 के दिसम्बर अंक में 'जन्मभूमि' शीर्षक बाबूजी की एक कविता है। उसकी चार पंक्तियाँ मैं यहाँ उद्धृत कर रहा हूँ :

"जीवनक उद्देश्य की, पथ कोन,
कैल निश्चित, मुदा भेल विलम्ब!
बुझि पड़ल कल्याणमय, तैं हेतु—
जा रहल छी, एहि दिशि हम अम्ब!"

स्पष्ट है कि जीवन-उद्देश्य मिल गया। देर थोड़ी अवश्य हुई। एक स्पष्ट दिशा-निर्धारण कर लिया गया। जो लक्ष्य चुना गया, वही कल्याणकारी है तो लौटकर सीधे बिहार में चल रहे किसान आन्दोलन में शामिल हो गये। पहली गिरफ्तारी अमबारी (छपरा) के किसान-सत्याग्रह के सिलसिले में हुई। इस सत्याग्रह में जिन चार लोगों को छह-छह माह की सजा मिली, राहुल और नागार्जुन भी उनमें थे। उससे पूर्व चम्पारण के किसान आन्दोलन में भाग लिया था। 'जमनिया के बाबा' में, जो संन्यासी मठ

की भीतरी करतूतों का भंडाफोड़ करता है, वह संन्यासी क्या बाबूजी स्वयं नहीं हैं?

"प्रतिष्ठा तथा सम्मान के पीछे वह कभी नहीं दौड़ा। बड़े-से-बड़े संकटों की परवाह नहीं की। केवल स्वप्नस्थ रहकर ही अनागत की अगवानी करना उसे असह्य रहा। रतजगा करके उसने अपने सपनों को रूप दिया और आकार प्रदान किया, फिर उसमें प्राण-प्रतिष्ठा की। बहुधा ऐसा अवसर भी आया है जबकि अपना प्रिय औजार रखकर वह उठा और स्वाधीनता-कामी सैनिकों की अगली कतार में खड़ा हुआ। एकाधिक बार उसका शरीर क्षत-विक्षत हुआ।"—ये पंक्तियाँ बाबूजी की प्रशस्ति में कहीं से नहीं ली गयी हैं बल्कि 'राहुल जी—उनका साहित्य और व्यक्तित्व' शीर्षक बाबूजी के निबन्ध से है, जो 'हंस' की दिसंबर 1947 की फाइल में है। इन पंक्तियों को पढ़कर राहुल के साथ ही बाबूजी का सम्पूर्ण जीवन आँखों के सामने आ जाता है। 1947 में बाबूजी ने राहुल पर लिखते हुए यह नहीं सोचा होगा कि आगे ये पंक्तियाँ उन पर कितनी सटीक बैठेंगी। एक संघर्षरत जीवन ही संघर्षशील जीवन को समझ पाता है। वर्ण्य पात्र के आन्तरिक लगाव के बिना सही सृजन शायद नहीं हो पाता है।

जीवन में बाबूजी ने मात्र कलम या रचना को ही हथियार नहीं बनाया। खुद जन-संघर्षों में हिस्सा लिया है। "सत्ता प्रतिष्ठान की दुर्नीतियों के विरोध में एक जनयुद्ध चल रहा है, जिसमें मेरी हिस्सेदारी सिर्फ वाणी की ही नहीं, कर्म की हो, इसीलिए मैं आज अनशन पर हूँ, कल जेल भी जा सकता हूँ।"—यह वाक्य 1974 के अप्रैल में जे. पी. आन्दोलन में शामिल होने के दिन प्रतीक अनशन के तुरन्त बाद का है। इस आन्दोलन में खुलकर जिन रचनाकारों ने भाग लिया था, बाबूजी उनमें प्रमुख थे। इस आन्दोलन के सिलसिले में आपात स्थिति से पूर्व ही इनको गिरफ्तार कर लिया गया था और काफी समय तक जेल-जीवन झेलना पड़ा।

किसानों-मजदूरों पर अत्याचार, नागरिकों-छात्रों पर प्रहार, देश-विदेश की कोई घटना, जिससे शांति-प्रगति के लिए संघर्षरत मानव-समाज आहत हो, बाबूजी की मानसिक बेचैनी और उद्विग्नता बढ़ा जाती है। जब तक उस घटना पर अपना आक्रोश व्यक्त नहीं करते, तब तक उनमें छटपटाहट बनी रहती है। यदि राजनीतिक व्यक्ति किसी भी छोटी-बड़ी घटना पर अपना मत प्रकट कर सकता है तो रचनाकार अपनी रचना के द्वारा अपना विचार क्यों नहीं रख सकता है? बाबूजी के काव्य-संसार का अधिकांश भाग शांति-कामी समाज पर हो रहे अत्याचार के खिलाफ आक्रोश का है। इसे मात्र व्यंग्य कहने से काम नहीं चलेगा।

मैं जन्मजात रोगी रहा हूँ। जब से होश हुआ है, अपने को बीमार और अपंग ही पाया है। बहुत समय पूर्व, शायद हाई स्कूल का छात्र था। फल टॉनिक के प्रति झुकाव था। उन्हीं दिनों बाबूजी ने मुझसे एक बार कहा था—"कभी भी अपनी तुलना ऊपरी वर्ग से मत करो...नीचे देखो तब समझ में आएगा कि जीवन क्या है। तुमसे

ऊपरवालों की संख्या सीमित है और नीचे वालों की गिनती नहीं कर पाओगे...ऊपर देखने से असंतोष बढ़ेगा...नीचे देखने से जीने के लिए राह खोजने में मदद मिलेगी ...तुम्हें तो किसी तरह दोनों समय रूखा खाना मिलता है, अपने आपसास देखो, कितने ऐसे लोग हैं जिन्हें दो-दो दिनों तक अन्न देखने तक को नहीं मिलता है। उनकी क्या दशा रहती है वे कैसे जीते हैं..." और सच मानिए, इन वाक्यों के सहारे अब भी मैं जी रहा हूँ। अब भी यह वाक्य-समूह कानों में गूंजता रहता है। मेरे लिए ये वाक्य जीवन-औषधि हैं। कानों को यह मंत्र-वाक्य न मिलता तो मेरे जैसे अपंग के लिए शायद जीना मुश्किल था।

दुबला-पतला शरीर...कोटरों में धँसी-धँसी सी आँखें...सूखी लकड़ी जैसे हाथ-पैर ...अत्यंत साधारण वेश-भूषा...बाबूजी का रहन-सहन इतना सरल और सादा है कि कभी भी यह नहीं लगता कि एक अन्तर्राष्ट्रीय व्यक्तित्व का सान्निध्य हो। अपनी व्यक्तिगत सुख-सुविधा का ध्यान उन्होंने शायद ही कभी रखा हो। किसी वस्तु-विशेष के प्रति ललक या लालसा रही हो, ऐसा कहाँ याद आता है! साहित्यकार को छपास या अपना सम्मान करवाने में सुख मिलता है—ऐसा सुनता आया हूँ। पर बाबूजी रचनाएँ छपवाने के मामले में कभी तनिक भी उत्सुक नहीं रहे। कहीं भी कोई इन पर गोष्ठी या कुछ करना-करवाना चाहता है तो पहले खुद ही इसका विरोध करते हैं।

दाढ़ी-बाल के मामले में लापरवाह और कपड़ों के बारे में बेफिक्र। जो जैसा है, ठीक है। अब तो खैर दाढ़ी रखने लगे हैं, लेकिन मुझे नहीं याद है कि नियमित हजामत कभी करवायी हो। बाल छोटे रहे हों या बड़े, बेतरतीब ही रहे हैं। मुझे उनके पास कभी आइना-कंघी नहीं मिला है। पता नहीं, कभी उन्होंने आइने के सामने सिर में कंघा लगाया है या नहीं! मैंने तो नहीं देखा है। कभी लुंगी-कुर्त्ता पहने ही सारे नगर में घूमते नजर आएँगे तो कभी धुला-धुला पाजामा-कुर्त्ता, मोजा-जूता सब कुछ रहेगा सही और दुरुस्त हालत में। अब तो गले में लिपटा एक पतला अंगोछा भी रहता है। इस अंगोछे से कई फायदे हैं उनके लिए। गर्मी में धूप से बचने के लिए सिर पर रख लिया, जाड़े में सिर से लेकर गले तक लपेटे रखा, हाथ-मुँह पोंछ लिया, कहीं भी बिछाकर बैठ गये—ये सब अंगोछे के गुण हैं उनके लिए। खादी ही पहनावा है। जाड़े में कोट-पैंट भी चलता है। पैंट नहीं तो कम मोहरी वाला अलीगढ़ी पाजामा। जाड़ों में दो-दो पाजामे, दो-तीन कुर्त्ते, एक-दो स्वेट, कोट-मफलर, कनटोप—पूरे आठ-दस किलो वजन रहता होगा शरीर पर। खादी पहनने के कारण आयरन की जरूरत नहीं पड़ती है। कपड़ा साफ होना चाहिए। कहते हैं—"फटा कपड़ा पहनने से कुछ बनता-बिगड़ता नहीं है, गंदा मत पहनो।"

दुबले-पतले शरीर को दमा ने और ही तोड़ दिया है। दमा से इनका परिचय काफी पुराना है। यों अनियमितता के कारण या अत्यधिक घूमने से जगह-जगह के पानी-हवा के कारण सर्दी-जुकाम रहा हो, पर दमा का पहला हमला 1948 में हुआ।

उस समय इसको दूर करने के लिए भले ही विधिवत् चिकित्सा करवाई हो, पर दमा तो दम के साथ ही शरीर से अलग होता है। अर्थात् यह जीवन-साथी हो जाता है। दमा और बाबूजी में एक दोस्ताना रिश्ता है। दमा इनको इतना ही सताएगा, जितना झेल लें आसानी से। बाबूजी ने मेरी याददाश्त में दमा को दूर करने के लिए वैसा कुछ नहीं किया कि लम्बे समय तक वह दूर हो। दो-ढाई मास पर दमा निश्चित ही आकर दो-चार दिन एक प्रिय मित्र की तरह हर क्षण साथ रहेगा और स्वयं ही चला जाएगा। यों दमा बाबूजी के पास वह अस्त्र है, जिसका प्रयोग करके किसी भी जरूरी कार्यक्रम को आगे खिसका लेंगे या ड्राप कर देंगे। सुनने में आता है कि दमा वंशगत रोग है। सम्भवतः इनकी माँ को था। कुछ अंशों में घर में सभी को है।

दमा का इलाज कभी जमकर कराया नहीं। डाक्टरों द्वारा जाँच की लम्बी प्रक्रिया और नीले-पीले मिक्सचर तथा कैप्सूल से चिढ़ है। डाक्टरी यानी एलोपैथिक चिकित्सा से विरक्ति का कारण सम्भवतः मेरी लम्बी बीमारी और डाक्टरों द्वारा मुझे विकलांग बना देना ही हो। दम ज्यादा फूलने पर 'आजमा-पेक्स' की टिकिया लेंगे, वह भी बहुत ज्यादा कहने-सुनने पर। उबला पानी और अमरूद दमा में इनके लिए लाभप्रद होता है। बाबूजी ने आहार के सहारे ही दमा को शान्त रखा है। जब भी दमा का आक्रमण शुरू होता है तो रात को भोजन छोड़ देते हैं। शाम में अँधेरा होने से पूर्व ही उबली हुई सब्जी लेंगे। परवल, लौकी, तोरई, पालक आदि प्रिय सब्जी हैं।

बाबूजी कहा करते हैं—"बुढ़ापे में स्वास्थ्य ज्यादा अच्छा नहीं होना चाहिए। यदि अधिक उम्र में स्वास्थ्य अच्छा रहेगा तो व्यक्ति परिवार और समाज को परेशान करेगा।" पूर्ण स्वस्थ रहना भी नहीं चाहते। दमा ठीक हुआ या थोड़ा कम हुआ तो पुनः वही सब करेंगे जो इनके लिए ठीक नहीं है। थोड़ा अस्वस्थ रहने में अब बाबूजी को बड़ा ही सुख मिलता है और एकमात्र मित्र रोग दमा है जिसे आसानी से ये बुलाया करते हैं। दमा मित्र की तरह आएगा और मैत्री का निर्वाह बाबूजी भी करेंगे। यह मैत्री आज की तो है नहीं। दोनों एक-दूसरे को पहचानते और एक-दूसरे को स्नेह से दुलराते हैं।

अति साधारण वेश-भूषा, मानो किसी कंजूस सेठ के यहाँ आजीवन मुनीमगिरी की हो और अब वहाँ से बाध्यतापूर्वक हटना पड़ा हो। बड़े-बड़े बेतरतीब बाल और दाढ़ी। जैसा-तैसा पहनावा और कंधे से लटकता थैला। भीड़ में भी यह व्यक्ति अपनी अगल पहचान बना लेता है, अपनी वेश-भूषा के कारण। इसी वेश-भूषा और मात्र कंधे से लटकते थैले को लेकर स्थानीय नगर-दर्शन से लेकर विश्व-भ्रमण तक कर सकते हैं। इस थैले में इतना सब कुछ रहता है कि कहीं से कहीं का भी प्रोग्राम बनाया जा सकता है। इस थैले में आखिर क्या-क्या रहता है? एक टार्च, एक पाकेट ट्रांजिस्टर, एक अंगोछा, एक पाजामा, दो-एक डायरीनुमा कापी, दस-पाँच पत्र-पत्रिकाएँ, कुछ एक पत्र जिनका पत्रोत्तर जाना है, पाँच-सात आजमापेक्स की गोली, 'इनो' की

शीशी...बस, इससे ज्यादा किसी यात्री को और क्या चाहिए? कहीं भी हों, यह थैला उनके कंधे से निश्चित रूप से लटकता मिलेगा। चाहे कॉफी हाउस हो या किसी मित्र की बैठक, चाहे बड़े कवि-सम्मेलन का मंच, या युवकों की गोष्ठी या नगर-भ्रमण।

अखिल भारतीय व्यक्तित्व होने के बावजूद बाबूजी 'टिपिकल मैथिल' हैं। शत-प्रतिशत शुद्ध मैथिली ब्राह्मण होना तो मुश्किल है उनके लिए। पर अध्ययन और खान-पान के मामले में तो शुद्ध 'टिपिकल मैथिल' हैं। मैथिल पंडितों की अध्ययनशीलता अपनी खास चीज है। इस उम्र में भी बाबूजी जितना कुछ पढ़ते हैं, बहुत ही कम लोग उतना पढ़ते। संस्कृत साहित्य के क्लासिकल ग्रंथों का अध्ययन उनकी नियमित दिनचर्या में है। साथ ही युगीन साहित्य, अधुनातन ग्रंथों का परायण भी उसी रुचि से करते हैं। जो लोग मंत्र कविता इनसे सुन चुके हैं, वे इस बात को अच्छी तरह समझ सकते हैं। 'भस्मांकुर', 'बादल को घिरते देखा है', 'कालिदास सच-सच बतलाना' आदि को पढ़कर ही इस तथ्य को जाना जा सकता है कि संस्कृत पर इस व्यक्ति का कैसा अधिकार है।

खान-पान के मामले में अपने को संयमित रखा है। मिच-मसाले से परहेज है। बिल्कुल सादा भोजन पसन्द करते हैं। लेकिन भोजन को लेकर फिर 'मैथिलत्व' हावी हो जाता है। अजवाइन से बघारी हुई 'पटुआ साग' का झोल यदि मिल जाये तो दो-तीन कटोरा पी लेंगे। दम फूल रहा हो, पर चावल और मछली बनी हो तो लोभ संवरण नहीं कर पाते। आम के बेहद शौकीन। पन्द्रह-बीस रुपये किलो तक भी आम खोजकर खरीदेंगे। अंचार और चटनी के प्रेमी। शुद्ध मैथिल भोजन दही-चूड़ा, बड़ी-भात, ओल की सब्जी, तिलकोड़ के पत्ते का पकौड़ा, अड़िकंचन की सब्जी, भाटा-अदौड़ी आदि को दिन में एकाधिक बार अवश्य याद करते हैं।

पटना आने पर मैथिली भाषा-भाषी चाहते हैं कि यात्रीजी मैथिली रचनाएँ सुनाएँ। यदि इसके लिए किसी भी तरह का कोई आयोजन किया जाता है तो यात्री जी कहा करते हैं—"पहले मैथिलत्व भीतर प्रवेश हो तब न कुछ कलम से निकले!" यानी पटुआ साग, मछली, तिलकोड़ आदि किसी परिवार में शाम-दो शाम खायें, तब जाकर मैथिली रचनाएँ लिखने और सुनाने के मूड में यात्रीजी होंगे।

खाने-पीने के मामले में बहम के भी शिकार हुआ करते हैं। सब्जी या दाल में मिर्च का टुकड़ा दिख जाये तो गला जलने लगता है। यदि साथ खानेवाले ने कह दिया कि बघार में तेल कच्चा है तो आपको सारा खाना बेस्वाद लगने लगेगा। खाते समय हरी मिर्च की माँग अवश्य ही करेंगे, भले ही उसे एक बार भी जीभ तक न ले जायें। चटनी और हरी मिर्च को 'अन्न-ढकेलन' कहते हैं। उम्र बढ़ने के साथ-साथ अन्न की कम मात्रा लेते हैं। मौसमी फल भी आहार की तरह प्रयोग करते हैं। खीरा, ककड़ी, अमरूद, आम, सेब काफी प्रिय फल हैं।

इधर पाँच-सात वर्षों से 'इनो' की आदत लगी है। दिन भर में दो-एक बार गिलास भर पानी में एक चम्मच 'इनो' अवश्य लेंगे। नशे के नाम पर आदत कुछ भी नहीं है। सामने पान-जर्दा आ जाये तो वह भी ले लेते हैं। मली हुई तम्बाकू-चूना भी होंठों के नीचे दबा लेंगे। 'नस' भी नाक में सुड़क लेंगे। पर आदत कुछ भी नहीं। हाँ, यदि आप पान-जर्दा के या तम्बाकू या नस के आदी हैं तो आपको सामने पाकर अवश्य ही उस वस्तु की इच्छा जाहिर कर देंगे। चाय न मिले तब भी ठीक है। दिन भर में चार-छह कप सामने आ जाये तो उसे भी गले के नीचे डाल लेंगे। नीबू वाली चाय ज्यादा पसन्द है। शराब से परहेज रखते हैं। परन्तु यदि जमात में दौर चल रहा हो तो दो-तीन चम्मच शराब को गिलास-दो गिलास पानी के सहारे तब तक चुस्की लेते रहेंगे जब तक जमात जमी रहेगी। सौंफ-लौंग हमेशा साथ रखते हैं। भोजन, नाश्ता, चाय आदि के बाद अपनी जेब से प्लास्टिक की एक छोटी डिबिया निकालेंगे और अपनी दाहिनी हथेली पर लौंग या सौंफ आपके सामने करेंगे। इस प्रसंग में एक घटना—पिछले वर्ष कश्मीर जा रहे थे। साथ में क्षमा कौल अपने माता-पिता के साथ चल रही थीं। रास्ते में चाय आदि के लिए बस रुकी। बाबूजी की अजीबो-गरीब वेश-भूषा और व्यक्तित्व से आकर्षित होकर बस-ड्राइवर ने कौल परिवार से इनके सम्बन्ध में जानकारी ली। इन लोगों ने बाबा के विलक्षण व्यक्तित्व के बारे में काफी कुछ कहा। ड्राइवर प्रभावित हो गया। चाय आदि के बाद बाबूजी ने लौंग निकालकर हथेली सबके सामने फैला दी। बस ड्राइवर ने इस विलक्षण 'बाबा' के प्रसाद की आठ-दस लौंग उठाकर एक साथ ही चबा ली। फिर तो उसके गले में जो जलन हुई, वह कल्पना करने योग्य ही है। इस घटना से बाबूजी कई दिनों तक अपने 'बाबापन' से स्वयं ही क्षुब्ध थे। सिगरेट अब नहीं छूते। पहले कभी-कभी ले लिया करते थे। धुआँ से दम फूलने का डर रहता है, पर घर में किसी पर 'धूम्रपान-निषेध' लागू नहीं है। मैट्रिक के बाद कालेज में जब मैंने प्रवेश लिया था तो बाबूजी ने स्वयं ही सिगरेट जलाना सिखाया था मुझे। कहा था—"सत्संग में पीना पड़ सकता है!" खान-पान के मामले में किसी भी तरह का हस्तक्षेप नहीं करते।

इधर वर्षों से सोते समय कान से सटाकर रेडियो सुनने की आदत लगी है। कोई भी स्टेशन काफी धीमी आवाज में बजता रहेगा और बाबूजी नींद में होंगे। जिस कमरे में बाबूजी सो रहे हों, यदि उस कमरे में रात गुजारने का मौका मिले तो रात के अँधेरे में रेडियो की आवाज या मीटर बदलने की कुरकुराहट अवश्य सुनायी देगी। करवट बदलने या नींद की झोंक कम होने पर उँगलियाँ रेडियो के मीटर बदलनेवाली स्विच से खेलने लगती हैं। किसी भी स्टेशन का, किसी भी भाषा या किसी भी तरह का प्रोग्राम क्यों न हो, इससे कोई अन्तर नहीं पड़ता है। अधिक उम्र होने पर दिमाग भी शरीर की तरह शीघ्र थकने लगता है तो व्यक्ति चुपचाप चिन्तन में लीन होने लगता है। इस तरह चिन्तन में लीन होना उसे आराम पहुँचाता है। उस स्थिति में

संगीत या किसी भी तरह की सुनियोजित ध्वनि की धीमी स्वरलहरी काफी राहत देती है।

उम्र बढ़ने के कारण रात में करीब दस-साढ़े दस बजे तक बिस्तर पर अवश्य ही चले जाते हैं। नींद न आये तब भी आँखें बन्द कर लेटे रहेंगे। रात के करीब दो-तीन बजे के बीच नींद खुलती है। उस समय से लेकर सुबह के पाँच-छह बजे तक के समय का उपयोग कविता लिखने में ही करते हैं। इधर वर्षों से कविता लिखने का समय यही रहा है उनके लिए। उनकी अधिकांश कविताओं का प्रथम श्रोता हूँ मैं, और वह भी सवेर-सवेरे सोकर उठते ही। जब भी साथ रहना होता है तो सवेरे सोकर उठते ही एक या दो या आधी ही कविता सुनने को मिले—यह 'शुभ प्रभात' के लिए प्रेरक नहीं तो और क्या होगा, कम-से-कम मेरे लिए! रात में कम सोने के कारण दिन के एक और चार के बीच निश्चित रूप से विश्राम करते हैं। कैसा भी समय हो या कितना भी महत्वपूर्ण काम हो, इस विश्राम में विघ्न नहीं पड़ता है। यदि रात में ज्यादा जग गये तो सवेरे नाश्ता आदि के बाद नौ-दस के बीच भी एकाध झपकी ले लेंगे।

माँ के साथ-साथ परिवार के अन्य सदस्य भी बाबूजी की घुमक्कड़ी और फक्कड़पनी से खुश नहीं रहते हैं। हम सभी भाई-बहन तो इसी माहौल में जन्मे और पलकर बड़े हुए हैं। अपने यहाँ निम्नमध्यवर्ग की क्या स्थिति है, उससे सभी भली-भाँति परिचित हैं। पढ़ा-लिखा निम्न मध्यवर्गीय परिवार यदि स्वाभिमानी हुआ तो कल्पनीय ही है उसकी स्थिति! एक करैला, दूजा नीम चढ़ा!

"मैं दरिद्र हूँ
पुश्त-पुश्त की यह दरिद्रता
कटहल के छिलके-जैसी जीभ से
मेरा लहू चाटती आयी।"

(जयति जयति सर्वमंगला, 'हंस', 52)

एक खाते-पीते सुखी-सम्पन्न खेतिहर गृहस्थ परिवार से आयी हुई मेरी माँ को किसी भी प्रकार की सुविधा प्राप्त नहीं हुई इस परिवार में। यहाँ तो हमेशा 'लूट लाओ कूट खाओ' वाली स्थिति बनी रहती है। बचपन के उन दिनों को याद करके अब भी मैं सिहर उठता हूँ। घर में अन्न का दाना नहीं, पैसा नहीं। गाँव-घर में कौन कितना उधार-पैंच देता! माँ सभी तरफ निराश होकर कोंहरा या साग उबालकर खिलाकर स्नेह से सुलाती थी और अपनी बेबसी पर रो-रो पड़ती। छह-छह मास तक गाँव में बाबूजी पैसा नहीं भेज पाते थे। माँ ने ऋण कर्ज करके आधा पेट खिलाकर हम लोगों को पाला है। कर्ज-पैंच से माँ जीवन भर उलझी रही है। हम भाई-बहनों के पालन-पोषण के अलावा गौतियों से वास-भूमि की रक्षा माँ के लिए चुनौती रही। माँ ने साहसपूर्ण ढंग से दोनों उत्तरदायित्वों को उठाया। इसमें सफल रही। अपना

भर माँ ने कभी भी हम लोगों को यह नहीं झेलने दिया कि गरीबी क्या है! जब तक उसके पास पैसे रहते, घर में दाना रहता, हमें किसी भी वस्तु के लिए कहना नहीं पड़ता। माँ खुद भी खाने-पीने में शौकीन हैं।

माँ अपनी आर्थिक परेशानियों से ऊबकर हमेशा बाबूजी से झगड़ने के मूड में होती हैं। अन्न-कष्ट, वस्त्र-कष्ट, आवास-कष्ट—सभी कुछ झेला है माँ के साथ हम सबने। माँ को इस बात के लिए हमेशा नाराजगी रहती है कि बेटियों की शादी, पुत्रों के जनेऊ-विवाह में जितना कुछ होना चाहिए, उसका दशांश भी नहीं हो पाया। गाँव में एक मकान तक नहीं बन पाया, यहाँ तक कि जो खपरैल घर है, उसकी समय पर मरम्मत नहीं हो पाती। पड़ोसियों से लड़कर गाँव की जमीन का सीमा-सरहद कायम नहीं हो पाया। समय पर रिश्तेदारियों में आना-जाना नहीं हो पाता है, अर्थ-कष्ट के कारण। जाने कितनी शिकायतें हैं बाबूजी से माँ को।

ऋण-पैंच ज्यादा करने से खर्च बेढंगा और ज्यादा पड़ता है। नकद रकम संचयन की प्रवृत्ति न बाबूजी में है और न माँ में। दोनों खुले हाथ से खर्च करने में माहिर हैं। इसकी आदत प्रायः घर में सबको लगी है। हम भाइयों में एकाध को छोड़कर बाकी सभी पैसे के दुश्मन ही हैं। बाबू का खर्च तो जग-जाहिर है। जून 1982 से जून 1983 के मध्य उन्हें दस हजार और पन्द्रह हजार के दो पुरस्कार मिले। खुद मैंने तथा कई अन्य निकटतम लोगों ने राय दी कि इस रकम को रख छोड़ें। मेरी पत्नी ने कहा कि गाँव में एक घर बनवा लें ताकि माँ का गुस्सा कम हो। पर कुछ नहीं हुआ। हम भाइयों को हजार-हजार, पंद्रह-पंद्रह सौ दिया और पाँच-छह माह में पैसा खत्म और फिर प्रकाशक की टकटकी! दिल्ली का आवासीय खर्च भी काफी कुछ वहन करना पड़ता है बाबूजी को। कहने को तो श्रीकांत (मेरा तीसरा भाई) वहाँ अपना धंधा करता है, पर आज की इस भीषण महँगाई में वह वहाँ का पूरा खर्च सम्भाल नहीं पाता है। फिर घर में दो भाइयों के अलावा किसी की बँधी हुई मासिक आमदनी नहीं होने के कारण खर्च अधिक ही होता है और अब लखटकिया सम्मान मिलने के बाद भी स्थिति में कोई अन्तर नहीं है।

एक बार बाबूजी ने अपने एक प्रकाशक से यह तय किया कि दो सौ रुपये प्रतिमाह माँ के नाम गाँव भेज दिया जाये। लगभग दो-ढाई वर्ष का यह सिलसिला चला और अचानक बन्द हो गया। पता चला कि बाबू के ऊपर प्रकाशक की रकम चढ़ आयी है। अतः यह सिलसिला बन्द करना पड़ा प्रकाशक को। प्रकाशकों के व्यवहार से बाबूजी कभी प्रसन्न नहीं रहे हैं। बार-बार प्रकाशकों से झगड़े हैं, सम्बन्ध तोड़े हैं—पर यह सब एक कलमजीवी कितने दिन कर पाएगा? इस देश में लेखक प्रकाशक से कहीं न कहीं समझौता करेगा ही। पूरी व्यवस्था इस प्रकार की हो गयी है कि कलाकारनुमा जीव का अपना कोई अस्तित्व ही नहीं है बगैर किसी व्यावसायिक दृष्टि के। यह भी सही है कि समय पर पेमेंट और सभी जगह पुस्तकों

का प्रसार वही प्रकाशक करता है, जिसने साहित्य और कला को व्यावसायिक स्तर पर लिया है। खैर, प्रकाशक-लेखक सम्बन्ध पर काफी कुछ कहा-सुना जा सकता है। बाबूजी का भी प्रकाशकों से सम्बन्ध खट्टा-मिट्ठा, मिट्ठा-खट्टा होता जाता रहता है।

बाबूजी जहाँ कहीं और जिस किसी भी स्थिति में रहे हैं, परिवार के एक-एक सदस्य के लिए चिन्तित रहे हैं। सामर्थ्यानुसार उसके लिए सोचा है। यह अलग बात है कि इस संक्रमणशील युग में वे परिवार के लिए वह सब नहीं कर पाये जो एक 'सद्गृहस्थ' करता है। अपनी सामर्थ्य और सीमा के भीतर जहाँ तक हुआ है, इस ढलती उम्र में भी परिवार को जिन्दा रखने के लिए प्रयत्नशील रहते हैं। माँ को नगर में रखने का प्रयास किया है ताकि उन्हें कम कष्ट हो। माँ तीन-चार माह किसी तरह नागरीय जीवन काट पाती हैं और अपने ग्रामीण परिवेश में वापस जाने के लिए 'छान तोड़ने' लगती हैं।

जिस प्रकार माँ ने बाबूजी के घुमंतू जीवन में दखल नहीं दी या फक्कड़पनी के लिए टोका तक नहीं, उसी तरह बाबूजी ने भी माँ की जीवन-प्रणाली में कभी हस्तक्षेप नहीं किया है। माँ तमाम प्रकार के व्रत-त्यौहार, पूजा-पाठ करती हैं। बाबूजी जैसा परम्परा-तोड़क व्यक्ति कभी भी माँ के इन कामों में बाधक नहीं हुआ। मात्र तटस्थ भाव से देखा ही नहीं बल्कि अपनी सीमा के भीतर रहकर इन सबके आयोजन में व्यवस्था की है। इसके पीछे मेरे अनुसार मात्र यह कारण हो सकता है कि शादी के बाद वर्षों तक माँ को अकेलेपन का जो कष्ट भोगना पड़ा है, उसके एवज में यह सब करने की छूट उन्हें मिली है बाबूजी से।

लगभग दस वर्ष पूर्व एक शोधकर्त्ता मित्र ने मुझसे पूछा—"वह कौन-सी मजबूरी थी कि नागार्जुन छह-सात वर्षों के प्रवासी जीवन के बाद पुनः अपनी अपढ़-ग्रामीण पत्नी के पास वापस जाते हैं? यदि वे चाहते तो उस समय उससे सम्बन्ध तोड़ सकते थे। नाम-यश हो ही चुका था, पत्नी को काफी समय से त्याग रखा था।" इस प्रश्न के उत्तर में उस समय मैंने जो कुछ कहा था, वह एकदम याद है। अब भी मैं उसी राय पर हूँ। मैंने कहा था—"हाँ, बाबूजी के पास ऊपरी तौर पर कोई मजबूरी नहीं होगी, पर माँ की कोई गलती या अपराध तो नहीं था, जिसके कारण सजा उन्हें दी जाती। यदि गलती नहीं तो दंड किस कारण से? सम्बन्ध विच्छेद के लिए कुछ आधार तो चाहिए न! बाबूजी अपने पिता से नाराज होकर घर से निकले थे। पत्नी से नाराजगी तो थी नहीं। यह अलग प्रश्न हो सकता है कि पत्नी को भी साथ लेकर घर छोड़ते, पर इसमें उस समय मजबूरियाँ रही होंगी। मैथिली ब्राह्मणों में लड़कियों का पुनर्विवाह अब भी एक कठिन समस्या है और सन् 35-40 के जमाने में तो इसे सोचा भी नहीं जा सकता था। बाबूजी जो संस्कृत के सहारे आगे बढ़कर बौद्ध हुए और साम्यवाद की ओर जा रहे थे, सोचा होगा—पत्नी तो उन्हें दूसरी मिल जाएगी पर जिसके माँग सिंदूर डालकर दो-तीन वर्ष साथ गुजार (शादी

वर्ष 1932, गौना वर्ष 1934) कर बिना कुछ कहे-सुने चले आये हैं, उस महिला का क्या होगा? वह तो आजीवन उनके नाम पर अपनी माँग में सिंदूर भरती रहेगी। यह मानवीय व्यवहार और संवेदना का प्रश्न है। बाबूजी ने अपने व्यावहारिक विवेक से ही काम लिया होगा।"

"हृदय में पीड़ा, दृगों में लिये पानी—
देखते पथ, काट दी सारी जवानी !
मात्र मेरी भावना ही रात-दिन थी !
देवि, तेरी साधना कितनी कठिन थी !
निठुर मैंने तुम्हारी बलि चढ़ा दी—
क्योंकि आकांक्षा बहुत अपनी बढ़ा ली !
पर असम्भव था व्यथा का भार ढोना
भूल जाना तुम्हें और निश्चित होना !"

(प्रत्यावर्त्तन, हजार-हजार बाँहों वाली, पृष्ठ 97)

यह रचना 'सरस्वती' के नवम्बर 1942 के अंक में छपी है। लिखी गयी होगी निश्चित रूप से दो-तीन वर्ष पूर्व ही। इस रचना को मैं 1980 में देख पाया पहली बार, जब इनकी खोई-बिखरी रचनाओं को ढूँढ़ने में लगा था। इस रचना को पढ़कर एकाएक वह शोधकर्त्ता मित्र और उनसे बातचीत याद हो आयी।

माँ शुद्ध सनातनी टिपिकल ब्राह्मण परिवार से आयी हैं। शुरू में बाबूजी ने जरूर चाहा होगा कि उन्हें युगीन परिवेश में ढाला जाये। पर औसत ब्राह्मण परिवार की महिलाएँ जिस परिवेश में जीवन बिताती हैं, मेरी माँ उस परिवेश से अपने को निकाल नहीं पायी। बाबूजी जैसे परम्परा-तोड़क और रूढ़ि-भंजक को कंधे-से-कंधा मिलाकर चलनेवाला अपने परिवार में कहाँ कोई मिला? मुंडन, जनेऊ, शादी, पर्व-त्यौहार आदि के फालतू और अनावश्यक खर्चों से हमारा परिवार उसी तरह परेशान रहता है, जिस तरह पचास वर्ष पूर्व का रूढ़िवादी ब्राह्मण परिवार रहता होगा।

हम भाइयों को एक उम्र के बाद मुक्त कर दिया बाबूजी ने। हम लोग कब कहाँ क्या करते हैं, इसकी चिन्ता अब उन्हें नहीं रहती है। पर हम सब इतने सक्षम कहाँ हो पाये कि अपने को भी सम्भालें। बार-बार उन्हें तंग करते हैं अपने को जीवित रखने के लिए। बाबूजी की लापरवाही और फक्कड़पन का उपयोग हमने अपने-अपने ढंग से किया है। हम लोगों पर अभिभावक का कड़ा अनुशासन कभी नहीं रहा है। इस अनुशासन के अभाव में पारिवारिक बन्धन के सूत्र टूटते गये और पारिवारिक बिखराव और बनजारापन अधिक गहरा गया। कहने को तो हम सब संयुक्त परिवार के अंग हैं, पर स्व-निर्मित इकाइयों में बँटे हैं। आज के युग को हम समझने की कोशिश नहीं करते। बाबूजी ने जिस युग में जीवन की शुरुआत की और आज के युग में जिसमें हम सब जी रहे हैं—काफी अन्तर है। हम अब भी इस अन्तर को

नजरअंदाज करते जा रहे हैं। मेरा तो पक्का विश्वास है कि यदि बाबूजी चाहें और हम सब पर 'एक ही जादू' वाले सूत्र का अन्तिम यानी अनुशासन लायें तो निश्चित रूप से हम सब व्यवस्थित हो लेंगे।

मैथिली में एक कहावत है, जिसका अर्थ होता है कि मूर्ख का लड़का मूर्ख हो सकता है, मगर पंडित का लड़का पंडित नहीं। गोकुल मिश्र अपढ़ ही थे, पर उनका पुत्र आचार्य वैद्यनाथ मिश्र उर्फ यात्री उर्फ नागार्जुन महापंडित के रूप में विख्यात हैं। यहाँ कहावत उलट गयी। हमारे बाबूजी महापंडित और हम सब...कबीर की पंक्ति है—बूड़ा वंश कबीर का उपजा पूत कमाल!

"दस रोज सोचा, बीस रोज लिखा
महीने की मेहनत तीन सौ लायी !
क्या बुरा सौदा है?"

(हजार-हजार बाँहों वाली, पृष्ठ 58)

यह सच है कि लग जाने पर तीस-पैंतीस दिनों में उपन्यास पूरा कर लेते हैं बाबूजी। मुझे जहाँ तक पता है, एकाध उपन्यास को छोड़कर सभी अधिक-से-अधिक चालीस दिनों में पूरे किये गये हैं। 'दुखमोचन' के बाद जितने उपन्यास लिखे गये हैं, वे सभी बोलकर लिखाये गये हैं। निराला पर जो पुस्तक है और 'गीत विद्यापति के'—ये कृतियाँ भी बोलकर ही लिखवाई हैं। इस प्रकार लिखाई के लिए सुबह के तीन घंटे निश्चित करते हैं। कापी साइज के दस-पन्द्रह पृष्ठ प्रति दिन।

उपन्यास शुरू करने के पूर्व एक कापी में पहले अध्यायों का बँटवारा करेंगे। पात्रों का नामकरण, उनके आपसी संबंध, उपन्यास में आने वाले क्षेत्र विशेष का भूगोल बनायेंगे। इतना करने के बाद दो-तीन दिन तक कथा-सूत्र को अपने दिमाग में पूर्णतः जमा लेंगे। फिर किसी को रख लेंगे, जो शुद्ध-शुद्ध लिखता हो और लिखावट पठनीय हो। खुद बोलेंगे और वह लिखता जाएगा। तीन घंटे की लिखाई के बाद उस दिन का कोटा खत्म। दिन में उन लिखे पृष्ठों को कई बार पढ़ेंगे। आगे के कथा-सूत्र का गुंफन करेंगे। दिन भर में यदि अपने मन के वेग को दबा नहीं सके तो कुछ पृष्ठ खुद भी लिख लेंगे। उपन्यास खत्म होने के बाद 'री टाइट' या 'रीवाइज' नहीं किया है कभी। पूरा होने पर पांडुलिपि सीधे प्रकाशक के हवाले। छपी प्रति ही दुबारा देखते हैं। अपनी पुस्तकों के प्रूफ कभी नहीं देखते।

कभी-कभी मुझे भी लिखना पड़ा है। लिखनेवाला कितनी भी धीमी गति से क्यों न कलम चलाए, पूरा वाक्य लिखने के बाद ही अगला वाक्य बोलते हैं। यह नहीं कि वाक्य के एक अंश या तीन-चार वाक्य एक बार ही बोलेंगे। लिखवाते समय ऐसा नहीं कि अभी जो लिखाया है, उसे कुछ देर या आगे काटा-पीटा जाये। जो एक बार लिखवा दिया वह ठीक। इसका अर्थ यही है कि पूरा कथानक, चरित्र

कथोपकथन और वर्ण्य परिवेश—सभी पहले से इस तरह दिमाग में बैठा रहता है कि अपने आप सही जगह पर ही निकल है।

उपन्यास लेखन के समय पूरी निश्िंचतता और तनाव-मुक्ति चाहते हैं। उपन्यास लेखन-काल में अपना प्रिय काम पत्रोत्तर और पत्र-पत्रिकाएँ पढ़ना तक छोड़ देते हैं। किसी भी तरह का गम्भीर अध्ययन उस समय नहीं करते हैं। पूर्णतः उपन्यास के कथा-सूत्र और पात्रों में तल्लीन रहते हैं। कहा करते हैं—"पत्र-पत्रिकाएँ और चिट्ठियाँ सोच की दिशा के लिए डाइवर्सन या गतिरोधक हैं।" यहाँ तक कि लोगों से मिलना-जुलना भी बन्द कर देते हैं। सृजनकालीन अनुभूति कितनी विलक्षण और रोमांचक होती है, यह एक सृजक ही कह सकता है, मैं कल्पना भी नहीं कर सकता। कथा-सूत्र में उलझे, उसके गुंफन में तल्लीन बाबूजी को रात-रात भर बरामदे में चहलकदमी करते भी देखा है। कपार में तनाव के चिह्न बनते-मिटते देखे हैं। आँखें फैलती हैं, चेहरे का रंग बिगड़ता है। आक्रोश के मारे चेहरा तमतमा उठता है। क्या-क्या नहीं झेलना पड़ता है एक सृजनशील रचनाकार को। कहा जाता है कि सृजन-पीड़ा और प्रसव-पीड़ा में बहुत कम अन्तर है।

इधर वर्षों से गद्य नाम के लिए भी नहीं लिखा है बाबूजी ने। दो उपन्यास अधूरे पड़े हैं। प्रत्येक वर्ष यह निर्णय लेते हैं कि गर्मी शुरू होते ही वाचस्पति के पास पहाड़ पर जाऊँगा और अक्टूबर तक उधर ही रहकर दोनों उपन्यास पूरा करूँगा और खंड-काव्य खत्म करूँगा। पिछले कई वर्षों से यह प्रोग्राम बनता भर है और कुछ समय के लिए वाचस्पति के यहाँ जाते भी हैं। पर कुछ गम्भीर रचना-कर्म में नहीं लग पाते हैं। बाबूजी के अनुसार पूरी निश्िंचतता नहीं मिल पाती उन्हें। हम लोग उन्हें परिवार की ओर से किसी तरह 'डिस्टर्ब' नहीं करने का पूरा आश्वासन देते हैं, परन्तु बाबूजी स्वयं ही अपनी अति संवेदनशील मस्तिष्क के कारण निश्िंचत नहीं हो पाते। जिन-जिन समस्याओं और पारिवारिक मसलों पर उन्हें सोचने को बाध्य नहीं होना चाहिए, उन सबमें भी अपने को उलझाकर अपने को एकाग्रचित्त नहीं कर पाते। अत्यधिक घूमना, जरूरत से ज्यादा पत्राचार, समसामयिक घटना-प्रधान पत्र-पत्रिकाओं का गहन अध्ययन—निश्चित रूप से संवेदनशील मस्तिष्क को और ज्यादा चंचल बनाये रहता है। इसके कारण कहीं भी अधिक समय तक वे एकाग्र नहीं हो पाते। कविताओं का सृजन तो हो जाता है, पर गद्य-लेखन नहीं हो पाता। यह भी सही है कि आर्थिक निश्चिंतता इन्हें प्राप्त नहीं है, परन्तु यह तो उनके साथ हमेशा रहा है। इनके जैसे रचनाकार के लिए गद्य कृति में इतना लम्बा 'गैप' निश्चित रूप से चिन्तनीय विषय है। उन्हें खुद ही इस पर सोचना चाहिए।

कभी-कभी ऐसा लगने लगता है कि प्रकाशकों को ललचाने में उन्हें आन्तरिक सुख मिलता है। उपन्यास के पचास पृष्ठ लिखे गये...खंड-काव्य की दो सौ पंक्तियाँ उतर आयीं कापी में...और प्रकाशकों में सुगबुगाहट हुई। उनकी आवा-जाही शुरू। एग्रीमेंट फार्म तक हस्ताक्षरित हो जाता है और बाबूजी का यात्रीपन जाग उठता है

एकाएक। उपन्यास अधूरा ही रह गया और खंड-काव्य अपूर्ण! एक बार छूट गया तो कब पूरा होगा, कहना मुश्किल है। प्रकशकों को लगता होगा कि सामने से किसी ने पत्तल खींच लिया। 'सूखे बादलों की परछाइयाँ', 'अग्निपुत्र', 'गरीबदास', 'भूमि-पुत्री' आदि ऐसी चर्चित कृतियों के नाम हैं, जो बाबूजी के साथ ही पूर्णता पाने के लिए यात्रा कर रही हैं। मुझे 1949-50 के 'ज्ञानोदय' के कई अंकों में 'महाभिनिष्क्रमण से पूर्व' नामक खंड-काव्य का विज्ञापन और उन्हीं अंकों में लगभग चार सौ पंक्तियों का अंश मिला। 'युद्ध का अन्त, 'कपिलवस्तु में', 'राम-लक्ष्मण' आदि ऐसे ही काव्य-अंश हैं जो निश्चित रूप से खंड-काव्य के लिए शुरू किये गये होंगे। मेरा निश्चित मत है कि काश, ये सब खंड-काव्य के रूप में ढल जाते तो बाबूजी के रचनाकार का एक और पक्ष सामने आता। लगता है कि इस तरह कथावस्तु उठाकर उस पर थोड़ा-बहुत काम करके उसे छोड़ने की आदत इनकी पुरानी है।

यों प्रकाशकों ने भी इन्हें कम सताया नहीं है। 'गीत गोविंद' और 'मेघदूत' जैसा महत्त्वपूर्ण अनुवाद वर्षों तक पुनर्मुद्रण के लिए उन प्रकाशकों के पास पड़ा रहा जो नागार्जुन के उपन्यासों के कई संकरण छाप चुके हैं। 1980 के पूर्व उनके उपन्यास छापने वाले प्रकाशकों ने काव्य-संग्रह छापने की चर्चा तक नहीं की। 1979-80 में छोटे प्रकाशकों द्वारा एक साथ कई पुस्तकों का पुनर्मुद्रण हुआ और दो काव्य संग्रह छपकर चर्चित हुए। उसके बाद अब सभी प्रकाशकों ने 'कुछ भी दीजिए' की माँग शुरू की है। बाबूजी ने छोटे-बड़े सभी प्रकार के प्रकाशकों को अपना भरपूर सहयोग दिया है। यह प्रकाशक पर निर्भर है कि अपने व्यवहार से कौन कितना अपने-अपने लेखक का उपयोग कर पाता है।

कविता लिखने के लिए किसी भी प्रकार की परिस्थिति बाधक नहीं है। कुछ लम्बी कविताओं को छोड़कर प्रायः अधिक रचनाएँ एक ही सिटिंग में खत्म करते हैं। जो कविता एक-दो सिटिंग में पूरी नहीं हुई, वह काफी समय के बाद ही पूरी हो पायी है। एक रौ में जो रचना लिखी गयी, वह एक-दो को सुनाने के बाद, उसमें जो कमी रहती वह ठीक हो जाती है। पंक्ति दिमाग में कौंधने के बाद तत्काल ही काम शुरू हो जाता है। पास में कोई भी कागज हो, उसी पर उस पंक्ति को लिखकर आगे के लिए दिमाग के भीतरी परत में शब्द और बिंब में तालमेल होने लगता है। पत्र-पत्रिकाओं के हाशिये पर, पोस्ट-कार्ड या आये पत्रों के पीछे खाली जगहों पर और छोटी-बड़ी स्लिपों पर मुझे कई कविताएँ मिली हैं। 'हरिजन गाथा', 'नेवला', 'अब तो बन्द करो यह चुनाव का प्रहसन' जैसी रचनाओं के लिए उपन्यास की एकाग्रता चाहते हैं।

पिछले पन्द्रह-सोलह वर्षों में गद्य-लेखन के नाम पर पत्र लेखन ही हुआ है। कभी-कभी कहा करते हैं कि पत्र और पत्रोत्तर काफी 'डिस्टर्ब' करते हैं—अब इसे बन्द करना पड़ेगा। पर यह बात मैं पिछले दस-बारह वर्षों से सुन रहा हूँ। घुमक्कड़ी

की तरह पत्र-लेखन भी बढ़ता ही गया है। किसी भी स्थिति में रहें, आठ-दस पत्र रोज लिख ही लेते हैं। पत्र लिखकर खुद ही लेटरबाक्स के हवाले करना पसन्द करते हैं। इतना ज्यादा पत्र लिखने के कारण ही किसी भी नगर में यह आसानी से पता लग जाता है कि कहाँ और किस स्थिति में रह रहे हैं। समकालीन लेखकों में सम्भवतः सबसे ज्यादा पत्र-साहित्य इनका ही होगा।

पत्र लिखने का ढंग भी इनका अपना है। एक पंक्ति से लेकर आठ-दस पृष्ठों तक। पोस्टकार्ड या अन्तर्देशीय या कागज का साधारण पन्ना—सभी में अपना ढंग है। सीधे ऊपर से नीचे। फिर बायें एक-दो कालमों में कुछ पंक्तियाँ। पोस्टकार्ड के उस तरफ जिस तरफ पता लिखने के लिए जगह के बगल में खाली रहता है, उस पर तीन-चार तरफ से। बीच में इनका पता होगा। एक-दो वाक्यों का पत्र भी इस तरह के वाक्यों में होगा कि पत्र पानेवाला पूरी तरह आश्वस्त हो जाये। अपने समकालीनों से ज्यादा युवा पीढ़ी के लोगों से इनका पत्र-व्यवहार हुआ करता है। पत्र काफी तन्मय होकर लिखा करते हैं। इनके थैले में पता लिखे दस-बीस पोस्टकार्ड-अन्तर्देशीय हमेशा मिलेंगे। कवि-कर्म की तरह पत्र-लेखन में स्थान और परिस्थिति बाधक नहीं है। पिछले तीन वर्षों से नियमित कामों में पत्र लेखन सबसे महत्त्वपूर्ण काम रहा है।

पत्रों से डायरी और रिपोर्टिंग—दोनों का काम लेते हैं। यदि भविष्य में पत्रों को वर्ष-क्रम से जमा किया जाएगा तो निश्चित ही इनकी काफी गतिविधियों और जहाँ-जहाँ घमूते हैं, उसका परिचय प्राप्त हो जाएगा। इनके जैसे घुमक्कड़ व्यक्तित्व को सही ढंग से जानने में इनका पत्र-साहित्य ही सहायक होगा।

पत्र-पत्रिकाओं का परायण भी इनका महत्त्वपूर्ण काम रहा है। दैनिक से लेकर अनियतकालीन—सभी प्रकार की पत्र-पत्रिकाएँ पढ़ते हैं। हिंदी, अंग्रेजी और बंगला दैनिक आपके लिए अनिवार्य हैं। दिल्ली में बंगला—दैनिक के लिए कनॉट प्लेस जाना पड़ता है। पटना में खुद ही प्रायः प्रतिदिन स्टेशन के चौराहे पर जाकर बंगला दैनिक खरीदा करते हैं। हिंदी, अंग्रेजी, बंगला, मराठी आदि भाषाओं के समकालीन राजनैतिक और साहित्यिक पत्रिकाओं से आपका थैला भारी रहता है। 'फार इस्ट इकनॉमिक रिव्यू' जैसा कीमती साप्ताहिक भी खरीदते हैं। बंगला के सभी शारदीय और बैसाखी अंक अवश्य ही आपको चाहिए। 'लोकलहर' से लेकर 'पाँचजन्य' तक सभी प्रकार के साप्ताहिक पढ़ते हैं। कभी-कभी 'माया', 'मनोहर कहानियाँ' भी इनके पास दिख जाती हैं। एक बार बतलाया था—"माया-मनोहर कहानियाँ इसलिए ले लेता हूँ कि यात्रा में बगल या सामने बैठा व्यक्ति उसी में चिपटा रहता है, तो तंग नहीं करता अपनी अनाप-शनाप बातों से। फिर खुद अपने मन लायक साहित्य का यात्रा में अध्ययन होता रहता है।"

इतनी ज्यादा युगीन पत्र-पत्रिकाएँ पढ़ने के कारण देश-विदेश में घटित हर

छोटी-बड़ी घटना की जानकारी रहती है। साहित्य-कर्मी के लिए हर प्रकार की विचारधारा, संस्कृति और राजनीति का ज्ञान आवश्यक है। समसामयिक घटनाओं की जानकारी, जनसम्पर्क, परिस्थितियों का ज्ञान तथा युगीन राजनीति का परिचय जितना स्पष्ट होगा, साहित्य उतना ही प्रखर और लोकमुखी होगा। बाबूजी प्रत्येक महत्त्वपूर्ण घटना का अध्ययन विभिन्न सूत्रों से करते हैं। परिस्थितियों को परखने का ढंग भी इनका अपना है। ऐसा नहीं कि एक पूर्व नियोजित दृष्टि से घटना या परिस्थिति को देखते हों। इनकी दृष्टि जनमुखी दृष्टि होगी—इतना तो तय है। जनमुखी दृष्टि के लिए जनसम्पर्क और जनजुड़ाव तो आवश्यक है ही, साथ ही मिट्टी की पहचान भी जरूरी है और बाबूजी के पास ये तीनों गुण हैं, यह तो निश्चित रूप से कहा जा सकता है।

नये लोगों की रचनाएँ बहुत ही मन से पढ़ा करते हैं। मात्र पढ़कर ही नहीं रह जाते, बल्कि उसकी चर्चा यहाँ-वहाँ भी करते हैं पढ़कर तुरन्त प्रसन्नता जाहिर करने के लिए पत्र लिख देंगे रचनाकार को। नये लोगों को प्रायः गद्य लिखने के लिए प्रेरित किया करते हैं। गद्य लिखने का अर्थ होता है कि लेखन से कुछ प्राप्त करना। किसी भी युवा रचनाकार से साहित्य की मौलिक समस्याओं पर घंटों बात करेंगे। युवा वर्ग अपनी रचनाओं पर सुझाव तथा शंका समाधान बाबूजी से हमेशा पाता रहता है। युवा वर्ग से इतना ज्यादा लगाव है कि जिस सम्मेलन में आप पहुँच जाते हैं; सम्मेलन का सारा माहौल आपके ही इर्द-गिर्द केन्द्रित हो जाता है। युवा रचनाकार, युवा चित्रकार और युवा छायाकार—सभी बाबा को घेरे रहते हैं। आप भी उनके साथ इस तरह रम जाते हैं कि यह लगता ही नहीं कि एक सत्तर वर्षीय वृद्ध साथ में है।

एक बार सम्बन्ध होने पर इतना ज्यादा अपनापन देते हैं कि सम्बन्ध गहरा होता जाता है। परिचित परिवार में बिलकुल ही घुल-मिलकर एक पारिवारिक सदस्य की तरह हो जाते हैं। बच्चों से बच्चों की तरह बातें करना, महिलाओं से उनकी घर-गृहस्थी की पूछताछ, बूढ़ों से उनके अनुरूप बातें, युवकों से युवकोचित्त गर्म-जोशी से विभिन्न समस्याओं पर चर्चा। इन सबके कारण किसी परिवार में एक बाहरी प्राणी तो लगते ही नहीं। अपने घर के रीचा-कुन्नू, हापुड़ के टिंकू-विंकू और जहरीखाल के बेटू समान रूप से बाबा को दिन भर में कई-कई बार याद करते हैं। बाबा की दाढ़ी, बाबा का चश्मा या कलम उनके लिए खिलौना है। इनके कई पाकेट रेडियो इन बच्चों से घायल हुए होंगे।

परिचित परिवारों की महिलाओं से बाबूजी अपने परिवार की तरह घुल-मिल जाते हैं। अपने परिवार में बेटी और पुत्र-वधू में आपने किसी भी तरह के भेद-भाव नहीं किया है। उर्मिला या मंजु ने उनसे जितना दुलार-स्नेह पाया है, उससे कम रेखा या ललिता या सरिता से नहीं पाया है। पुत्र-वधुएँ उसी प्रकार उनके सामने उठ-बैठ, खा-पी सकती हैं, जिस तरह मेरी दोनों बहनें। यही स्थिति मैंने उन परिवारों में भी देखी, जहाँ वे अधिक समय जाकर टिका करते हैं। जिन परिवारों में उनका

प्रवेश है, वहाँ की महिलाएँ उनके पसन्द की वस्तु बनाकर रखती हैं। आप भी चौके में बैठकर घंटों उनके सुख-दुख की बातें करेंगे। अचार-चटनी से लेकर कपड़े तक की चर्चा। बच्चों से लेकर सास-बहू सम्बन्धी बातें करेंगे। उर्मिला हो या रेखा, सीता अग्रवाल हो या उषा किरण, प्रेम हो या शकुन—सभी अपने मन की बातें इनसे करती हैं।

बाबूजी ने अपनी माँ से दुलार-प्यार पाया नहीं। यदि पाया भी है तो वह नाम-मात्र, जो याद प्रायः नहीं ही होगा। अपनी माँ की धुँधली छाया मन के किसी कोने में धुँध की तरह ही होगी। वह धुँधमय छाया माँ की प्रताड़नवाली ही है। माँ कैसी होती है, यह वह देखकर-सुनकर ही कल्पना करते हैं। बचपन से माँ-बहन-भाभी के स्नेह से वंचित मन अब भी उस स्नेह के लिए लालायित है। बचपन का स्नेह रहित मन वही सुख पाने के लिए महिलाओं में घुलता-मिलता है। परिचित परिवारों में महिलाओं से अत्यधिक स्नेह रखने के पीछे मेरे जानते यह एक मुख्य कारण है। इस तरह के सम्पर्क ऐसे व्यक्ति के लिए टॉनिक का काम देते हैं। अपने को ताजा करने के लिए ऐसा स्नेह रहित व्यक्ति चाहता है कि वह रूठे—उसे कोई मनाये, जिद करे, फरमाइश करे, वह स्नेह दे, अपनी मनपसंद चीजें लाये—लोग वाह-वाही करें। मैं ऐसा मानता हूँ कि बचपन का स्नेह रहित व्यक्ति महिलाओं से ज्यादा और जल्दी घुल-मिलकर उनका प्रिय हो जाता है।

बाबूजी जब गुस्सा करते हैं, तब कम-से-कम मेरे लिए वह क्षण बहुत उलझनों से भरा होता है। उस क्षण वह किसी भी तरह की सफाई सुनना पसन्द नहीं करते। गुस्सा होने पर उनका रूप एक अन्य तरह का रहता है। रौद्र रूप रहता है उस समय। यह भी सही है, यह गुस्सा-काल बहुत ही अल्पकाल का होता है। मुश्किल से बीस-पचीस मिनट का। उस समय जवाब देना किसी भी स्थिति में ठीक नहीं होता। चुप रह जाना ही श्रेयस्कर है। बीस-पचीस मिनट तक गुस्सा के मारे वह सब कुछ सुना देंगे, जिसकी कल्पना तक नहीं की होगी सामनेवाले ने। काफी समय से मन के भीतरी परत में बैठी वे सब बातें निकल आती हैं, जिनके बारे में सामनेवाले ने सोच रखा था कि भूल ही गये होंगे। सब कुछ सुनाने के बाद अचानक ही परिवर्तित होंगे और चाय पीने या पान खाने के लिए साथ चल पड़ेंगे। रास्ते में समझाएँगे कि क्यों गुस्सा आया और उस समय आपकी सभी कैफियत सुनने को तैयार रहेंगे। आपको लगेगा ही नहीं कि कुछ मिनटों पहले यह व्यक्ति किस रूप में था। नितान्त अपनापन महसूस होगा उस क्षण।

बाबूजी ने अपने जीवन में बन्धन नहीं स्वीकारा है। तात्कालिक मजबूरियों के कारण या अन्य किन्हीं कारणों से कभी-कभी नौकरीनुमा बन्धन या पत्रों में नियमित रूप से कालम लिखना अवश्य शुरू किया। पर जब भी इन कामों के चलते मानसिक बन्धन महसूस हुआ तो एक ही झटके से अपने को मुक्त कर लिया है। हमेशा आर्थिक दबावों से बेचैन और पारिवारिक भार से परेशान रहने पर भी इस नियमित

आय-स्रोतवाले अनुबन्ध को एकाएक कैसे और क्यों तोड़ देते हैं? यह प्रश्न मेरे लिए समझना अब कठिन तो नहीं ही रहा है। इस तरह के कामों के समय एक ऐसा क्षण आता होगा कि वे जो कुछ कहना चाहते होंगे, उसमें बाधक तत्व सामने आया होगा। इनकी 'कलम' को पचाना तो सबके लिए सहज नहीं है न! नागार्जुन तो 'यात्री' हैं। इन छोटे-छोटे अनुबन्धों की क्या चिन्ता! यात्री अपनी अगली यात्रा पर चल पड़ते होंगे। इस पड़ाव तक का अनुभव अगले पड़ाव तक काम आयेगा। इनका व्यक्तिगत अनुभव भी इतना विस्तार लिये हुए हैं कि स्वयं ही इन अनुभवों को समेटने का समय नहीं निकाल पाते। मेरा इशारा संस्मरण या आत्मकथा लिखने की ओर है। आत्मकथा या संस्मरण लिखने की बात चलने पर बहुत ही आसानी से उसे टाल देते हैं। मुझे लगता है यह अनुभव-क्षेत्र इतना स्वाद भरा है कि उसमें से तिक्त और कसैलापन को हटाना इनको स्वयं ही पसन्द नहीं पड़ रहा होगा। खालिस 'मधुक्षरा' तो यात्री का जीवन है ही नहीं—

> "कहो कि कैसे झूठ बोलना सीखूँ और सिखलाऊँ?
> कहो कि अच्छा ही अच्छा सब कुछ कैसे दिखलाऊँ?
> कहो कि कैसे सरकंडे से स्वर्ण किरण लिख लाऊँ?
> तुम्हीं बताओ मीत कि मैं कैसे अमृत बरसाऊँ?"

बाबूजी का साहित्यिक महत्त्व परिवार में भी बहुत बाद में समझा गया। इससे यह हुआ कि काफी कुछ खो गया या नष्ट हो गया। फिर इनकी घुमक्कड़ी के कारण भी 'नोटबुक' कब कहाँ छूट जाती, यह कहना भी मुश्किल है। मैं पिछले कई वर्षों से इनका बिखरा साहित्य खोजकर पुस्तकाकार करने में लगा हूँ। पर अभी भी लगता है कि यह काम काफी बाकी है। कभी भी रचनाओं की कापी करके रखी नहीं। छपी रचनाओं के कटिंग्स रखे नहीं। पुराने पत्र-पत्रिकाओं की फाइलों के रख-रखाव की परम्परा ठीक ढंग से इस देश में रही ही नहीं है। फिर बाबूजी तो दैनिक से लेकर वार्षिक सभी तरह के पत्रों में छपे हैं। अब उन्हें काफी कुछ याद भी नहीं है। समय भी काफी लम्बा है। 1929 से लिख रहे हैं। यह 1983 है। 54 वर्षों के लेखकीय जीवन को याद रखना सहज तो है नहीं। हर विधा में लिखनेवालों के साथ तो और भी मुश्किल है। कहानी, कविता, निबन्ध, उपन्यास, खंड-काव्य, बाल साहित्य, कॉलम—क्या नहीं लिखा है बाबूजी ने!

बिहार में अब कम ही रहना होता है। बिहार की आबोहवा यों भी उनके लिए स्वास्थ्यप्रद नहीं है। जब भी अपने प्रान्त बिहार आते हैं तो स्वस्थ आते हैं। दस-पन्द्रह दिन रहने पर निश्चित रूप में बीमार हो ही जाएँगे। शारीरिक कष्ट के साथ ही बिहार में अर्थ कष्ट भी रहता है। बाहर से ही रकम उगाहकर बिहार में खर्च करना है। यहाँ आमदनी का कोई स्रोत नहीं है। खुला हाथ होने से दस-प्रन्दह दिनों के बाद जेब

खाली हो जाती है। फिर तो बाबू जी पूरब-पश्चिम कहीं चल देंगे, कम-से-कम छह माह के लिए, और मजेदार बात यह है कि बिहार की सीमा पार करते ही स्वास्थ्य ठीक हो जाएगा और खर्च के लायक पैसे भी प्राप्त हो जाते हैं।

बिहार में प्रसन्न मन से नहीं रह पाते हैं। बिहार का दमघोटू वातावरण उनके संवेदनशील चंचल मस्तिष्क के लिए बिल्कुल प्रतिकूल पड़ता है। साहित्य में अखिल भारतीय व्यक्तित्व होने के कारण वर्तमान समय में लेखन-कर्म में लगे लोगों पर ज्यादा प्रभाव है। इस बात से यहाँ उन लोगों को, जो आसन मार बिहार के महंथनुमा लोग हैं, नागवार लगता है। वैसे लोग चाहते हैं कि नागार्जुन जी बिहार से बाहर ही रहें। बिहार का साहित्यिक-सांस्कृतिक माहौल भी कुछ ऐसा है कि सृजनात्मक लोगों का दम घुटने लगता है। यहाँ तो होता यह है कि बाहर जब प्रान्तीय रचनाकार की चर्चा जोरों से शुरू होती है, तब यहाँ उसके बारे में खोजबीन होती है।

इधर कई वर्षों से बाबूजी का दिल्ली ज्यादा रहना होता है। इसके अन्य कारणों में एक प्रमुख कारण यह भी है कि प्रकाशन व्यवसाय का मुख्य केन्द्र दिल्ली हो गया है। प्रकाशकों से जब तक सीधा सम्पर्क नहीं होगा, तब तक आज के समय में कुछ भी 'अर्थ' प्राप्त करना कठिन है। यों महानगरों में दिल्ली से उन्हें नफरत है। दिल्ली की अपेक्षा कलकत्ता ज्यादा पसन्द है। साल दो साल में दो-तीन माह कलकत्ता अवश्य ही रहेंगे। गाँव जाना अब कम हो गया है। दो-दो, तीन-तीन वर्ष हो जाते हैं गाँव गये। यों गाँव के लोग, उनके हमउम्र या हर कोई अपने 'यात्रीजी' को खूब याद करते हैं। बंगट यादव हों या पंडित राधानन्द झा या राम माय—सभी दिन में एक-न-एक बार इनको अवश्य ही अपनी-अपनी चर्चाओं में घेर लेंगे। गाँव कम जाने से अपने पुत्रियों, पुत्रवधुओं, नाती-पोतों से मिले अर्सा हो जाता है। घर के लोग इनसे मिलने दिल्ली-पटना तक आते हैं। बच्चे पत्र-पत्रिकाओं में तस्वीर से ही अपने दादा-नाना से अन्तरंगता स्थापित करते हैं।

यात्री की जीवन-यात्रा इतनी अद्‍भुत और विविधताओं से भरी है कि इसको देखने-परखने के लिए भी वैसी ही दृष्टि चाहिए जो दृष्टि देश की मिट्टी और लोगों को पहचानने के लिए नागार्जुन के पास है। मेरे लिए तो नागार्जुन जो कवि कथाकार—भूतपूर्व बौद्ध भिक्षु और कई भाषाओं के प्रकांड पंडित हैं, मात्र मेरे 'बाबूजी' हैं।

जीवन-यात्रा—साहित्य-यात्रा—दोनों के पड़ाव का निर्धारण नहीं। हर पड़ाव के लिए स्वतःस्फूर्ति पा जाते हैं। एक बार हँसकर ही सही, अपने सम्बन्ध में एक निर्देश दे डाला—"जब भी बीमार पड़ूँ तो किसी नगर के लिए टिकट लेकर ट्रेन में बैठा देना, स्वस्थ हो जाऊँगा।" इंसा अल्ला खाँ की दो पंक्ति याद आ रही है :

"भला गर्दिश फलक की चैन देती है किसे इंसा
गनीत है कि हमसूरत यहाँ दो-चार बैठे हैं।

गाँव-घर

'लीलाधर' दुखमोचन नामक उपन्यास का एक साधारण पात्र हैं। लेकिन उपन्यास के कथा बीज में लीलाधर की एक अपनी खास भूमिका है। हालाँकि लीलाधर उपन्यास के भीतर काफी बाद में आते हैं, लेकिन आते ही लीलाधर अपनी स्थिति स्पष्ट कर देते हैं। लीलाधर सात-आठ वर्षों से सधुक्कड़ी प्रवासी जीवन नर्मदा तट पर एक आश्रम में बिता रहे थे। एक दिन आश्रम में किसी भगत के द्वारा बिहार का एक दैनिक अखबार आता है और उसी अखबार से लीलाधर को ज्ञात होता है कि टमका कोइली गाँव आग लगने से जलकर राख हो चुका है। उस गाँव में लीलाधर की भाभी रहती हैं जो दुखमोचन की मामी हैं। मामी अपने भानजे दुखमोचन के परिवार को अपना परिवार समझकर उस परिवार का एक महत्वपूर्ण अंग बन चुकी हैं। उस गाँव में अगलगी के समाचार ने लीलाधर को इतना ज्यादा विचलित किया कि अपना जामा-जमाया आश्रम छोड़कर सधुक्कड़ी वेश में ही टमका कोइली आ जाते हैं।

समय के एक लम्बे अन्तराल के बाद मिथिला की अपनी यह भूमि लीलाधर को बेहद प्यारी लगने लगी। "यह देस-कोस, यह माटी-पानी, पहली वर्षा के बाद धानों के नये अंकुर, आमों में लदी अमराई, गाछों में लटके पकने को आतुर जामुन, गुलाबी भार से विनम्र लीची की तुनुक टहनियाँ, श्याम-सलीम पोखर, ग्रीष्म की संजीदा और बरसात की बेहुदी नदियां..." अमराई की घनी छाँह के साथ ही छोटे-छोटे जंगली झाड़ों के झुरमुट, नील नीरव आसमान, दिल-दिमाग पर छानेवाली शोख और चंचल हवा के संग-संग स्वजनों की मोहक सूरतें...यानी "सुजलाम् सुफलाम् मलयज शीतलाम् फुल्ल कुसुमिति द्रुम दल शोभनी शुभ्र ज्योत्सना पुलकित यामिनी सुहागिनीं सुमधुर भाषिणीं सुखदां वरदां....मातृभूमि की वंदना के लिए बंगीय बंकिमचन्द्र के इन विशेषणों का उपयोग किया है। हमारी मातृभूमि मिथिला भी ठीक इन्हीं विशेषणों की अधिकारणी है।" इस मिथिलांचल को लीलाधर दुगुने उत्साह से निहारते हैं। दुखमोचन और मामी ने लीलाधर को इस कदर अपनी ओर आकर्षित किया है कि उन्हें वहाँ रह जाने के लिए बाध्य-सा हो जाना पड़ता है। अपनी मिट्टी का मोह और उन दोनों का स्नेहमय अनुशासन तथा जीने के लिए अपने मनोनुकूल काम की

व्यवस्था लीलाधर को वहाँ टिक जाने के लिए मजबूर-सा कर देता है।

बाबूजी के साथ-साथ भी कमोबेश यही स्थिति रही है। अन्तर मात्र इतना भर है कि मिथिलांचन या बिहार की भूमि ने यात्री भिक्षु नागार्जुन को अपने घर में एक सामान्य गृहस्थ भी ढंग से नहीं होने दिया। सन् 1930-40 के बीच 'हम छोड़ि रहल छी अपन गाम/माँ मिथिले ई अन्तिम प्रणाम' कहनेवाले यात्री अब भी अपने प्रान्त बिहार में प्रवासी की तरह ही हैं। इस यात्री को अब तक एक कुटिया भी नहीं हो पायी, जहाँ गाहे-ब-गाहे आकर चौमासा बिता सके। पैतृक गाँव जो एक मड़ैया है, उसमें नागर्जुन जैसे रुचि-सम्पन्न कलाकार को न बिजली मिलेगी और न पानी।

समुद्र पार से भिक्षु नागार्जुन सीधे बिहार ही आते हैं। उस समय बिहार में किसान आन्दोलन चल रहा था। धरती का मोह तो पृथ्वी पुत्र को ही होगा न!

"सरस-स्वादु बहुविधि रसभरित फल-फूल-अन्न
उपजाती आयी है जाने कब से!
मृत्यु नहीं, जीवन का देते आये हैं संदेश
झूमते लहराते धान के पौधे
नाश नहीं, निर्माण के प्रतीक हैं साक्षात्
दिग्दिगंत फैले हरित शाद्वल क्षेत्र
जिन्हें देख-देख अघाते नहीं नेत्र
पौधों या पेड़ों में कभी नहीं फली छूरियाँ
कंद की जड़ में कभी नहीं निकलता विस्फोटक बम
चरकर घास गाय ने दूध के बदले दिया नहीं हलाहल
सोखकर धरती का रस जहर नहीं बरसाता कभी भी बादल
निछावर हम इस पर"

अपने प्रान्त में चल रहे भूमि-संघर्ष भिक्षु नागार्जुन को मठ की तमाम सुख सुविधा छोड़ने को मजबूर कर देते हैं। अपनी जमीन पर लड़ाई चल रही हो तो प्रायः लोग अपनी भूमि की रक्षा में जी-जान लगा देते हैं। इसी संघर्ष ने नागार्जुन को उल्टी यात्रा अर्थात् संन्यास से ग्राहस्थ तक करवा दी। अपनी धरती में एक तरह का चुम्बक होता है, जो अपनों को अपनी मिट्टी की ओर आकर्षित करती रहती है। अपनी मिट्टी से ही मनुष्य अध्यात्म, कर्म और ज्ञान प्राप्त करता है। बिहार की धरती में सभी कुछ है। ज्ञान, अध्यात्म और संघर्ष की दिशा में बिहार की अपनी खास गरिमा है। यह भूमि सम्पूर्ण भारतीय संस्कार से मिली-जुली भूमि है। इस क्षेत्र से हम अपनी देशीय संस्कृति को आसानी से पहचान सकते हैं।

एक अखिल भारतीय व्यक्तित्व होने के बावजूद उनको बिहार में प्रवासी होने का दुख अभी भी रिसता रहता है। अपनी भूमि से पर्याप्त दूर रहते हुए भी इस जमीन

के प्रति मोह-माया को कहाँ छोड़ पाते हैं।

> "धन्य वे जन, वही धन्य समाज।
> यहाँ भी तो हूँ न मैं असहाय
> यहाँ भी हैं व्यक्ति और समुदाय
> किंतु जीवन-भर रहूँ फिर भी प्रवासी ही कहेंगे हाय!"

फिर तो युवा वैद्यनाथ अपनी धरती, अपनी मिट्टी-पानी के लिए विकल ही रहता होगा सुदूर प्रवास में। वेश-भूषा और आहार-व्यवहार से शत-प्रतिशत ग्रामीण लगते रहे हैं—हर हमेशा। हाँ, बीच का एक लघुकाल खंड ऐसा है, जिसमें हम इन्हें बौद्ध भिक्षु के काषाय वस्त्र में देखते हैं। यह काल खंड उनके वैचारिक विकास के लिए भले ही एक महत्त्वपूर्ण स्थान रखता हो, पर देह पर इसका चिह्न क्षीण मात्र है। प्रवास में युवा वैद्यनाथ को सबसे ज्यादा जननी की याद आती थी उन दिनों। अपनी माँ की धुँधली कल्पना ही तो कर सकते हैं। उसकी प्रेतात्मा सम्पूर्ण सहानुभूतियों की एकमात्र अधिकारिणी बन जाती है। स्मृतियों की हल्की छाया मात्र से गला रुँधने लगता। फिर तुरन्त ही उस भूमि की याद आती है, जहाँ की मिट्टी से यह काया निर्मित हुई है।

> "जन्म भरि हम सहब जननी वियोगक परिताप
> क्रूर नियतिक भयंकर अभिशाप..."

माँ यदि जीवित रहती तो वैद्यनाथ का जीवन-चक्र इतनी तेजी से नहीं घूमता। माँ की ममता या पुत्र के प्रति माँ का स्नेह घर से बाँधकर रखता है। जन्म-भूमि से लगाव में माँ का वात्सल्य छिपा रहता है। यदि उमा देवी शिशु ठक्कन को युवा वैद्यनाथ बनने तक जीवित रहतीं तो शायद वैद्यनाथ आचार्य वैद्यनाथ मिश्र होकर किसी संस्कृत विद्यालय या महाविद्यालय में आचार्य तक सीमित होते। साहित्यकार होते तो 'रजनी-सजनी' से ज्यादा क्या होते...असंख्य स्थानीय कवियों के बीच हम इनका नाम ढूँढते। माँ न रहने के कारण घर परिवार के प्रति लगाव का सूत्र जो टूटा तो अब तक उसमें जुड़ाव या कसाव नहीं हो पाया कि बाबूजी अपने घर/परिवार में मास-दो मास स्थिर होकर बैठ सकें। सन् 1946 में नागार्जुन की एक कहानी 'जेठा' छपी और उसकी पंक्तियों में हमें रचनाकार की उस उम्र का परिचय प्राप्त होता है जिसे निर्माण की उम्र कहा जा सकता है। "पिछले पन्द्रह वर्षों का मेरा जीवन अपमान और लांछना, ग्लानि और विषाद का जीवन रहा है। पता नहीं मैंने आत्महत्या क्यों नहीं कर ली! पागल क्यों नहीं हो गया! कड़वी वेदनाओं को मीठी मुस्कान के गुलाबी आवरण से ढँकना न जाने कब किसने मुझे सिखला दिया! लोग समझते हैं—बड़ा विनोदी स्वभाव का है! सदाबहार! अंदर जो धू-धूकर के आग जल रही है, ओह किसी

को इसका भी पता होता!" अभी भी ऊपर से देखने पर कहाँ यह पता लगता है कि इस दुबले-पतले कमजोर-जर्जर वृद्ध में प्रतिहिंसा की आग भयंकर रूप से धू-धूकर जल रही है। यही क्या कम है कि किशोर और युवा के संधिकाल में पिता द्वारा अपमानित और प्रताड़ित होकर भी वैद्यनाथ जैस संवेदनशील प्राणी ने आत्महत्या न की! अपने लोगों के बीच भी यदि कुछ क्षणों तक निश्चित होकर हँस-बोल न सके तो कितना कष्टकर जीवन होगा! अपने घर में ही यंत्रणा-संताप झेलना पड़े, घुटन और ऊब के कारण चेहरे का रंग बदरंग हो जाय तो घर छोड़कर भागने का मन किसी का भी हो सकता है। अपने हितैषियों की चोथी सहानुभूतियों ने युवा वैद्यनाथ को घर छोड़ने के लिए बाध्य-सा कर डाला।

"मानव होकर मानव के ही चरणों में मैं रोया!
दिन बागों में बिता रात को पटरी पर मैं सोया!
कभी घुमक्कड़ यार-दोस्त से मिलकर, कभी अकेले—
एक-एक दाने की खातिर सौ-सौ पापड़ बेले!!"

यह रचना वैद्यनाथ की प्रारम्भिक रचनाओं में है अर्थात् 1936 की। खैर! पढ़ाई बीच में ही छोड़कर ब्राह्मण पुत्र ने जब विश्व-भ्रमण का संकल्प किया होगा तो उसके ग्रह इतने प्रबल रहे होंगे कि इसके परिणाम से सम्पूर्ण जिंदगी प्रभावित हो चली।

अपना घर-समाज और अपनी मिट्टी का मोह क्या कभी छूटता है? शायद नहीं! जिस वातावरण में हम पैदा होते हैं और जहाँ के हवा-पानी जन्म से लेकर पन्द्रह-बीस वर्ष की उम्र तक हममे ऊर्जा भरते हैं, उसे भूल पाना मुश्किल ही नहीं, असम्भव ही है। 'काया-पलट' कहानी के वयोवृद्ध बाबू पलटू सिंह मानो इन्हें ही हर हमेशा कहते रहते हैं—"ज़रा सोचो बाबू, पढ़-पढ़कर सभी अगर इसी तरह गाँव छोड़ते चले जायें तो गाँव मसान बन जाएगा, मसान...!" इस पर एक सृजनशील रचनाकार का मन अपनी भूमि पर वापसी के लिए दौड़ने लगता। वह सोचने लगते हैं—'जिस भूमि पर हजारों साल से हमारे पुरखा रहते आये—जिस भूमि का एक-एक कण हमारी नसों में समाया हुआ है, जहाँ पेड़-पौधे, घास-पात सब हमारी जान-पहचान के हैं और जहाँ की आबोहवा हमारी एक-एक साँस में समायी हुई है, उस धरती को बदले में हमने क्या दिया? माना कि आजकल के गाँव रहने के काबिल नहीं, वहाँ फूट और छल-फरेब की बेलें लहलहा रही हैं, मगर नरक के उन नजारों को स्वर्गीय दृश्यों में बदलने के लिए आसमान से देवता तो उतरेंगे नहीं। यह काम तो आखिर हमारे ही जैसों को करना पड़ेगा...." कितना अधिक मोह है अपने गाँव, घर से! कितना ज्यादा चिंतन-मनन चलाते रहते हैं भीतर-ही-भीतर गाँव-घर के बारे में! किसी भी स्थिति में गाँव-घर को नहीं भूल पाते हैं। और उनकी पीढ़ी तो कमसम, लेकिन हमारी पीढ़ी के "लोग गाँव छोड़कर शहरों में बस रहे हैं। अब कोई भी समझदार गाँववाला लड़के

को स्कूल भेजते समय अपनी छाती पर हाथ रख कर यह कहने को तैयार नहीं है कि उसका बेटा पढ़-गुनकर जात-बिरादरी, अड़ोस-पड़ोस की परम्परा को कायम रखेगा ही।" हमारे बाबा गोकुल मिश्र ने शायद इतना नहीं सोचा हो। लेकिन यह सत्य है। मेरे बाबूजी जो आंचलिक कथाकार भी हैं और गाँव-घर से अत्यधिक संतृप्त, उन्हें भी अपने गाँव तरौनी गये वर्षों बीत जाता है। इसके कई कारणों में सबसे प्रमुख कारण है फूट और छल-फरेब की बेलें, जिन्होंने लतरकर पूरे ग्रामीण समाज को अपनी जहरीली लत्ती में लपेट रखा है। अकेला चना वहाँ भाँड़ कैसे फोड़ेगा! अपने देश-कोस का मोह इतना रहा कि जब लंका जाकर अध्ययन करने की बात मन में आयी तो सीधे केलेनिया के विद्यालंकार-परिवेण नहीं जा पहुँचते, वरन्

"एकाकी और अकिंचन हो
जो भू-परिक्रमा को निकले;
हो गये पंगु, प्रति पद इतने
अदृष्ट के दाव चले!"
—इनको प्रणाम!"

प्रणाम किया जन-जन को और पूरे देश का प्रायः भ्रमण किया। संस्कृत की जानकारी और ब्राह्मण पुत्र होना—दोनों ने ही इस घुमक्कड़ी में पाथेय के व्यवस्थापन में मदद की। उत्तर से दक्षिण की ओर रुख था। देशाटन के बाद समुद्र दर्शन! महासागर से प्रथम-प्रथम साक्षात्कार—केचिदत्र निराकाराः साकाराश्च तथाऽपरे। वयं संसार संतप्ता नीराकारमुपास्महे अर्थात् कुछ आदमी तो इस दुनिया में निराकार की उपासना करते हैं, कुछ साकार की, परन्तु भव-ताप से संतप्त हम प्राणी निराकार यानी जलमय भगवान की उपासना करते हैं। समुद्र में प्रवेश! मानो रत्न की खोज हो! धरती से ऊर्जा ग्रहण कर ही चुके थे। गोता मात्र लगाना था। डूबने का भय नहीं तो किनारे तक ही क्यों रहते!

लंका में ही पहले-पहल 1936 में लेनिन की रचनाओं से संपर्क हुआ। यह महत्त्वपूर्ण बात है कि 1917 में रूस की क्रान्ति सफल हो चुकी थी, जब मेरे बाबूजी छः सात वर्ष के रहे होंगे। फिर 1925 में इस देश में कम्युनिस्ट पार्टी का गठन हो चुका था—उस समय तक इनको राजनीति तो क्या अखबार का विधिवत् ज्ञान भी नहीं रहा होगा! बनारस आने से पूर्व एक निष्ठावान ब्राह्मण ही थे। बनारस आने तक राजनीतिक घटनाओं से उतनी ही रुचि रहती होगी, जितना आज भी शास्त्री अथवा आचार्य कक्षाओं के छात्रों का रहता है। देश के बाहर विद्यालंकार परिवेण के मनोरम और व्यवस्थित परिवेश में जब निश्चिंत होकर अध्ययन-अध्यापन का सिलसिला जमा तो देश-दुनिया और राजनीति पर सोचने का मौका भी मिलने लगा। अखबारों का चस्का तो बनारस से ही लग चुका था। वहाँ लंका में कलकत्ता के भी

एक-दो समाचार-पत्र जाते थे। बिहार के कुछ लोगों से पत्र-सम्पर्क भी था। बिहार की घटनाओं को जानकर/पढ़कर कुछ ज़्यादा ही उद्वेलित होते रहते।

"दुखोदधि सं संतरण हेतु
चिर विसमृति वस्तुक स्मरण हेतु
सुतल सृष्टिक जागरण हेतु
हम छोड़ि रहल छी अनम गाम
माँ मिथिले ई अन्तिम प्रणाम...!"

यात्री को अपना घर छोड़ते समय यह कहने में उतना ज्यादा कष्ट नहीं हुआ होगा, जितना अपनी जन्मभूमि के लिए प्रवास में रहा होगा। माँ मिथिला ने उनका अन्तिम प्रणाम उस समय नहीं स्वीकारा। जन्मभूमि को अन्तिम प्रणाम, वह भी युवावस्था में और जन्मभूमि वह स्वीकार ले, असम्भव है। अब जब यात्री मिथिला में महाकवि से भी ज्यादा सम्मान पाते हैं, तब भी प्रवास में इस क्षेत्र की घटनाओं पर बहुत अधिक ही सोचते रहते हैं। उस समय लंका में बिहार की घटनाओं पर नजर पड़ते ही अपना गाँव/घर आँखों के सामने नाचने लगता। वह अपना गाँव तरौनी को किसी भी स्थिति में नहीं भूल पाते।

"किन्तु की हम बिसरी पायब
तरौनी सन गाम ?
गरहड़ा सन आम
दीदी इनारक पानि–
अपन पोखरिक ठुह पातर जाठि?
हरिअर सागर जकां हिलोर रहि रहि लैत
धनगर बाध कोसक कोस..."

अपने आँगन से निकलते ही जो तालाब है, उसे कैसे भूल जायें! "पूर्वजों द्वारा खुदवाए हुए अपने उस छोटे पोखरे की हल्की लहरों पर जब बाल रवि की किरणों को मचलते देखते तो सिहरन से उनका रोम-रोम कंटकित हो उठता।" जाने कितनी मधुर तिक्त स्मृतियाँ इस तालाब के साथ जुड़ी हुई हैं। "बचपन में इसी पोखर में तैरना सीखा था। भादों-आसिन की तपती दुपहरिया में घंटों बैठकर काँटों में मछलियाँ फँसने की प्रतीक्ष की थी। बीसों बार इसके छाती-छाती भर पानी में घुसकर नीले-सफेद कमल वह तोड़ लाये थे। इन्हीं सब कारणों से यह पोखर उन्हें प्रिय था।" तालाब और आँगन के बीच घिवही आम का वह वृक्ष और साथ ही हरसिंगार का छोटा पेड़। इन दोनों वृक्षों ने शिशु ठक्कन को युवा वैद्यनाथ बनते देखा है। वैद्यनाथ को इन दोनों पेड़ों से सखावत स्नेह रहा है। इन दोनों पेड़ों ने बचपन से किशोरावस्था तक इन्हें अपनी

छाँह में रोते-सुबगते देखा है। पिता से प्रताड़ित वैद्यनाथ को अपनी छाँह में सैकड़ों बार आँसू पोंछते देखा है। घर में माँ, बड़ी-छोटी बहन, भाभी, बुआ या मौसी कहीं कोई नहीं, जो सहानुभूति के दो-चार बोल-भरोस दे। घर के पिछवाड़े की ओर बाँसों का वह भयंकर जंगल...इमली का विशाल पेड़...सब कुछ समुद्र पार दूर-दराज में भी आँखों के सामने नाचने लगता।

पिता से नाराजगी थी, पर गाँव समाज से कोई शिकवा-शिकायत तो नहीं थी न—

"नहीं देलनि भगवान खेत ओ खरिहान
तइयो गाम पर चल जाइ अछि ध्यान
से ककर थिक साध्य..."

अपने पास भूमि नहीं है तो क्या? गाँव में सामाजिकता तो है ही। आज काफी बिखराव के बावजूद अगहनी सुख हमें गाँव में सर्वसुलभ है। नवान्न, गन्ना और आमों के स्वाद के लिए गाँव में हमें अभी भी तरसना नहीं पड़ता है। उस समय की बात तो और ही कुछ रही होगी।

"याद आते स्वजन
जिनकी स्नेह से भींगी अमृतमय आँख
स्मृति विहंगम की कभी थकने न देगी पाँख
याद आता मुझे अपना वह तरउनी ग्राम
याद आती लीचियाँ, वे आम
याद आता मुझे मिथिला के रुचिर भू-भाग
याद आते धान
याद आते कमल, कुमुदिनी और तालमखान
याद आते शस्य-श्यामल जनपदों के
रूप-गुण अनुसार ही रखे गये वे नाम
याद आते वेणुवन वे नीलिमा के निलय, अति अभिराम"

लंका में युवा ब्राह्मण बौद्ध संन्यासी को नये धान की खुशबू याद आती है। अपने तालाब की मछलियों के नाम स्मरण होते ही नाकों के दोनों पुड़े सुरसुराने लगते हैं। आमों के आकार-प्रकार आँखों के सामने उछल-कूद मचान लगते—एक मादक नशा छाने लगता है।

गाँव-घर की बातें याद आतीं, लेकिन निगाहों के आगे लंका का केलेनिया का विद्यालंकार-परिवेण था। "नया देश, नया मुलुक, नये-नये चेहरे, नयी बोली-बानी, नया भेख, नया बेवहार, सब कुछ नया-नया...लगता था कि दूसरी ही दुनिया में पहुँच

गया हूँ...फिर जरा-मरा कचोट होती भी तो दिल बहलाने के लिए वहाँ पच्चीसों रास्ते थे।" फिर भी अपना वह छोटा घर-बाड़ी में ठूँठे जीमर की टेढ़ी बाँहों पर लतरी हुई नेनुआ की वह हरी-भरी लत्ती...क्या बताऊँ भाई, घर-आँगन का पूरा नक्शा आँखों के सामने सिनेमा जैसा चलता-फिरता दिखाई देने लगता।

बौद्ध धर्म में दीक्षित होने के बाद लंका के उस विद्यालंकार-परिवेण की कुछ पाबंदियाँ भी सिर पर सवार होने लगीं। बौद्ध साहित्य और बौद्ध मठों में तत्सम्बन्धित व्यवहार के सम्बन्ध में आलोचनात्मक विश्लेषण शुरू हुआ। रूढ़ि और धार्मिक जड़ता से टकराहट की स्थिति होने लगी होगी। उनकी यह समझ पक्की हुई होगी कि समकालीन जन-जीवन में धर्म एक प्रकार से रोग है और इस रोग को खतम करने का दायित्व भी पढ़े-लिखे लोगों पर ही है। "रुचि और सामर्थ्य की थाह पाकर ग्राहकों को माल सप्लाई करने की कला साधु-संतों में भी होती है।" निश्चित रूप से बौद्ध मठ के साधु-संत भी इस कला में पर्याप्त माहिर रहे हैं। फिर धर्म जीवन को निरर्थक मानकर पलायन भी सिखाता है हमें। धर्म ही हमें जन-संघर्ष के पथ से दूर हटाकर कुंठा और उत्पीड़न की ओर घसीटने की कोशिश करता है।

अपने देश में चल रही स्वतंत्रता आंदोलन की खबरें और घर-आँगन की यादगारी के साथ मठ का माहौल—ये तमाम बातों के साथ जननी-जन्मभूमि दोनों ने मन-प्राण को आलोड़ित कर डाला। दिन-रात चिन्तन-मनन—

"छी शरीरें दूर, किन्तु अहींक—
स्मरण सं अछि भरल अंतर्धाम !
चिर प्रवासी एहि आत्मज केर—
करब स्वीकृत अश्रु-सिक्त प्रणाम!"

दिलचस्पी जगी अपने प्रति, अपनी मातृभूमि के प्रति और उसकी वास्तविक समस्याओं के प्रति। मातृभूमि के प्रति ममत्व हो तो जरूरी है उसकी समस्याओं से रूबरू होना।

"जननि हे, सूतल छलहुँ हम रात्रि मे
निन्न छल आएल कतेक प्रयास सँ
स्वप्न देखल जे अहाँ उतरैत छी
एकसरि नहु-नहु विमल आकास सँ
फेर देखल जे कने चिंतित जकाँ
कविक एहि कुटीर मे बैसलि रही
फेर देखल, कोन मे छी ठाढ़ि माँ
किछु कह' औ' किछु सुन' चाहै छी

बाजि उठलहुँ अहाँ हे कल्याणमयि—
सुनह कवि, हमही थिकहुँ ओ देवता
राति-दिन जकरा तकैत, रहैत छह'
आँखि मुनि लए कल्पनाक सहायता
तोहर मन दौड़ैत छहु कोठाक दिश
पैघ-पैघ धनीक दिश दरबार दिश!
गरीबक दिश ककर जाइत छइ नजरि,
के तकइ अछि हमर नोरक धार दिश?
ओम्हर देखह, हथकड़ीस बद्ध कर
देशमाता छथि झुकौने माथ कें...
अन्न ने छै कैंचा ने छै, कौड़ी ने छै
गरीबक नेना कोना पढ़तैक रे?
उठह कवि, तो दहक ललकारा कने
गिरि-शिखर पर पथिक-दल चढ़तैक रे!
बाजि एतवा भ' गेली तों मौन माँ
बह' लागल नोर हमरा आँखि सँ
'जूनि कानह'—उठौलह तों तर्जनी
हंस पर चढ़ि उड़ि गेली आकासमे
निम्न टूटल कैल निश्चय, किछु होअओ
बिताएब नहि आयु आब प्रवास मे!"

उन्हीं दिनों स्वामी सहजानंद सरस्वती ने एक नारा दिया था—"लट्ठ हमारी जिंदाबाद!" स्वामीजी ने बिहार में अंग्रेजी राज और जमींदारों की मिलीभगत अन्याय के विरोध में किसान संघर्ष का बिगुल फूँक दिया था। भिक्षु नागार्जुन का स्वामीजी से पत्र-व्यवहार चल रहा था। स्वामीजी ने राय दी—"अतीत को छोड़ो और वर्तमान संघर्ष के खुले मैदान में आओ..." और मार्क्स-लेनिन को पढ़कर एक नये समाज के निर्माण के लिए उद्धत नागार्जुन 'सामने फैला पड़ा है शतरंज-सा संसार/स्वप्न में भी मैं न इसको समझता निस्सार' के साथ सीधे बिहटा आश्रम जा पहुँचे। सधुक्कड़ी वेश-भूषा में ही और फिर अमवारी सत्याग्रह में शामिल होकर मार खायी और जेल चले गये।

बाबूजी का जन्म तो अपने ननिहाल (ग्राम सतलखा, जिला मधुबनी) के मध्यवर्गीय सम्पन्न कुलीन परिवार में हुआ था। इनके ननिहाल अर्थात् मातृपक्ष का खानदान पास-पड़ोस के देहातों में मशहूर था। यों तरौनी का परिवार कुलीनता की दृष्टि में इनसे बीस पड़ता था। पैतृक गाँव तरौनी है। तरौनी बिहार प्रान्त के दरभंगा

जिला का एक गाँव है। देश के लाखों गाँवों की जो स्थिति है, हमारा गाँव उससे अलग नहीं है। बीसवीं सदी के अन्तिम चरणों में भारतीय ग्रामांचलों की जो दयनीय दशा हो गयी है, वह हम सब देख ही रहे हैं, भली-भाँति समझ रहे हैं। फिर भी खांटी देशी संस्कृति की दशा देखनी हो अथवा उन पर कुछ सोचना-समझना हो तो हमें गाँवों की ओर जाना ही पड़ेगा।

तरौनी बड़ी बस्ती नहीं है। यों तरौनी पंचायत है। तरौनी, फरदाहा और मुर्तुजापुर—तीनों गाँवों को मिलाकर तरौनी पंचायत बनाया गया है। तरौनी भी दो भागों में बँटा हुआ है—छोटकी तरौनी और बड़की तरौनी। तरौनी गाँव प्रसिद्ध है, बड़की तरौनी के कारण ही। छोटकी तरौनीवाले अपने को इस गाँव का मूल निवासी बताते हैं, यहाँ के डीही। अतः छोटकी तरौनी को डीह तरौनी भी कहते हैं। बड़की और छोटकी तरौनी के बीच एक 'धनहा चर' है। हम लोग बड़की तरौनी के निवासी हैं। यह गाँव भी चार टोलों (मुहल्लों) में बँटा हुआ है। प्रतिष्ठा की दृष्टि से तरौनी मिथिलांचल के इने-गिने गाँवों में से एक है। इस गाँव की बौद्धिक प्रतिष्ठा काफी पुरानी है। विद्यापति की 'तरौनी पदावली' तो विख्यात है ही। कई इलाकाई सिद्धों की साधनास्थली तरौनी है। 'भट्ट पोखर' जो अब 'भट्टोखर के रूप में जाना जाता है, इसका प्रमाण है कि यहाँ भट्टों (पंडितों) की जमात रहती थी। महामहोपध्याय परमेश्वर झा मिथिलांचल के अनुपम रत्न थे। गाँव के मध्य में उनके मकान का भग्नावशेष अभी भी मौजूद है।

ढाई-तीन सौ परिवार और आबादी लगभग दो-ढाई हजार। उपजाऊ भूमि की रकबा गाँव के लिए बहुत ज्यादा नहीं, इसके अलावे आमों के बाग, अकठ काठ के थोड़े-बहुत पेड़, बाँसों के जंगल, तालाबें और गोचर जमीन भी थोड़ी बहुत। गाँव की आबादी में बड़ी जातिवालों में केवल ब्राह्मण ही हैं, गैर ब्राह्मणों में मुख्यतः यदुवंशी यादव हैं। ब्राह्मणों में शिक्षा का खूब प्रचार है। तरौनी गाँव विद्या द्वारा अर्जित बाहरी कमाई पर ही अपना अस्तित्व बचा रखा है। ब्राह्मणों के प्रति परिवार के पीछे एक न एक ऐसे लोग अवश्य ही मिलेंगे जो विश्वविद्यालयी परीक्षा की अन्तिम सीढ़ी चढ़ चुके हों। गाँव के गैर-ब्राह्मणों में भी अब शिक्षा का प्रचार खूब हो चुका है। विद्या द्वारा अर्जित धन के प्रति वे भी अब प्रयत्नशील रहते हैं। तरौनी के गैर-ब्राह्मण भी अब हमें महानगरों में दिखाई पड़ते हैं। ब्राह्मणों और गैर-ब्राह्मणों की पूरी आबादी में मुश्किल से पाँच-सात परिवारों की स्थिति महादरिद्र वाली हो तो हो अन्यथा किसी तरह सबका पेट भर ही जाता है। ब्राह्मण आबादी अपने द्वारा 'पालित' अथवा अपने पालक की शहरी आमदनी पर गाँव में जीवित रहता है तो अब्राह्मण श्रम की महिमा जानता है। शारीरिक श्रम के लिए वे अड़ोस-पड़ोस के गाँवों में भी चले जाते हैं। फिर उनके परिवार की महिलाएँ और बच्चे—सभी अपने-अपने लायक उपार्जन अवश्य ही कर लेंगे। लेकिन हम ऊँची जातिवाले खासकर ब्राह्मणों में उच्च और

महँगी शिक्षा पाने के बाद मिजाज चढ़ जाता है और नाक लम्बी हो जाती है। मैथिली की एक कहावत तरौनी गाँव के लिए सटीक है—'छूछ गौरव धुआइन ढेकार' अर्थात प्रतिष्ठा के कारण विपन्नता को न बताने की मजबूरी।

वैसे मैथिल ब्राह्मणों की एक खास विशेषता यह है कि वे चिन्ता और तनाव-मुक्त प्रायः दिखते हैं। तरौनी गाँव के ब्राह्मण पुत्रों के चेहरे पर परेशानी के भाव जल्दी नजर नहीं आएँगे! इस गाँव के ब्राह्मणों का खिला-खिला चेहरा देखकर आस-पड़ोस के हाट-बाजार के लोग प्रायः यह सोचने के लिए मजबूर हो जाते हैं—"बड़े सुखी होंगे ये लोग! काफी जमीन-जायदाद होंगी इन लोगों के पास! कई बागों और तालाबों के मालिक होंगे ये लोग! बाहर से भी पैसों की पर्याप्त आमदनी होगी इनके पास! बड़े ही सम्पन्न लोग हैं...!" साफ-सुथरा पहनावा, विनीत और भद्र वेश तथा संस्कारी भाषा—ये सब यदि एक साथ हो तो किसी को भी आर्थिक स्थिति का अंदाजा नहीं लगने देता है। फिर आस-पड़ोस के लोग भ्रम में आ जाते हैं तो क्या गुनाह करते हैं! सकरी-नेहरा के व्यापारी वर्ग जो सम्मान तरौनी के निवासियों को देता है, वह पास के अन्य गाँवों के निवासियों को कहाँ मिल पाता है! लेकिन अंदरूनी स्थिति कुछ और ही है। प्रतिष्ठा के लिहाज से गाँव जितना श्रेष्ठ है, आर्थिक पिछड़ापन भी उतना ही है। आर्थिक विपन्नता और बौद्धिक सम्पन्नता—दोनों की समान्तर रेखा गाँव में मौजूद है। बाहर से लूट जाओ और गाँव में कूट खाओ वाली स्थिति बनी रहती है। यदि पड़ोसी गाँव नेहरा में हाट-बाजार न लगती तो तरौनी के निवासियों को अनाज के लिए जाने कहाँ-कहाँ भटकना पड़ता! तरौनी गाँव मनीआर्डर-मुखी है। परदेश की कमाई पर मौज-मस्ती कोई तरौनी निवासियों से सीखे! संस्कारवान ब्राह्मण होने के कारण अपनी गरीबी को प्रदर्शन का विषय नहीं बनने देते!

भारत-नेपाल सीमा के जयनगर और निर्मली जैसे कस्बे के लिए दरभंगा से जो रेल मार्ग है, उसी मार्ग पर दरभंगा से अठारह किलोमीटर की दूरी पर सकरी जंक्शन है, जहाँ से जयनगर और निर्मली के लिए छोटी ब्रांच लाइन अलग होती है। सकरी स्टेशन से सटे ही काफी जमाने से एक चीनी कारखाना है। गन्ने का सीजन आने पर आसपास के गाँवों के कुछ न कुछ लोग इस मिल में अस्थायी काम पा ही जाते हैं। रेलवे स्टेशन और चीनी मिल होने के कारण सकरी का विकास एक बाजार के रूप में हुआ है। काफी समय पूर्व से हफ्ते में दो दिन लगनेवाला पेठिया के लिए आसपास के गाँवों में सकरी विख्यात है। लेकिन अब सकरी एक अच्छा मार्केट हो गया है। सकरी से तरौनी की दूरी पाँच कि.मी. है। यों तरौनी से दरभंगा, मधुबनी, सौराठ, कुशेश्वरस्थान आदि जैसे क्षेत्रीय प्रसिद्ध जगहों की दूरी 20 कि.मी. के भीतर ही है। फिर भी तरौनी गाँव का विकास नहीं हो पाया।

सकरी से तरौनी के लिए अब हर हमेशा सभी प्रकार की सवारी उपलब्ध होती रहती है। हाँ, एक जमाना था कि इक्का और बैलगाड़ी के अलावे और कोई भी वाहन की व्यवस्था नहीं हो पाती थी। अब "सड़लि घोड़ी बला ओ सकुरीक एक्का नहिं पड़इ अछि मोन!" मुझे याद है सन् 1974 की वह शाम...मैं अपनी पत्नी के साथ पटना से गाँव जा रहा था। छोटी बहन मंजू की शादी होने को थी। शाम के पाँच-साढ़े पाँच के करीब हम सकरी पहुँचे थे। आषाढ़ की शुरुआत। दिन में जमकर बादल अपनी लीला दिखा चुके थे। सकरी से एक भी ताँगावाला तरौनी चलने को तैयार नहीं हो रहा था। यदि अकेला होता तो शायद पाँव-पैदल चल देता। लेकिन साथ में पत्नी थी, वह भी नवकनिया। दो वर्ष पूर्व ही तो हमारी शादी हुई थी। साथ में मंजू की शादी की तैयारी के लिए काफी सामाना भी तो था! बहुत ही आरजू-मिन्नत के बाद एक ताँगावाला तैयार हुआ। पाँक जैसी मिट्‌टीवाली कच्ची सड़क होकर हम ढाई-तीन घंटे में गाँव पहुँचे थे। अंग-अंग में अजीब तरह का दर्द होने लगा था।...अर्थात सन् 75 के पूर्व परिवार सहित बरसात के मौसम में गाँव पहुँचना एक साहसपूर्ण यात्रा माना जाता था। तरौनी जाने में अब कष्ट नहीं होता, लेकिन उत्तर विहार के सैकड़ों गाँवों में सामान्य मौसम में भी पहुँचना दुष्कर है, फिर बरसात की बात ही कुछ और है!

सकरी के बगल में दहौड़ा के बाद नारायणपुर और राघोपुर होते हुए अभी भी एक कच्ची सड़क तरौनी जाती है। पहले यही एकमात्र रास्ता था गाँव पहुँचने का सकरी से। उस समय यह रास्ता खूब चौड़ा और चालू था। गुजरनेवाले गाँवों के भीतर भी यह सड़क चौड़ी थी, गाँव के बाहर तो थी ही। अब यह मार्ग प्रायः बन्द है। जगह-जगह 'लोक नजर' लग जाने से यह रास्ता पगडंडी में तब्दील हो गया है। "किनारे-किनारे जिनकी जमीनें पड़ती हैं, कुदालधारी उन चतुर किसानों की कृपा से इस पुराने राजमार्ग का कलेवर दिन-पर-दिन कृश होता आया है। साथ ही जगह-जगह गड्‌ढे मिलेंगे। बरसात में इस सड़क पर लाठी के बिना चलना सम्भव नहीं है। गाँव के भीतर वर्षा के मौसम में यदि आप बिना डंडा लिये गाँव-घर घूम आयें तो परम सौभाग्यशाली होंगे। अब सकरी से कुशेश्वरस्थान जानेवाली पक्की सड़क से तरौनी को जोड़ा गया है। दहौड़ा के बाद नारायणपुर और आगे राघोपुर के बाद नेहरा गाँव शुरू होता है। नेहरा गाँव शुरू होने से पहले ही सिंचाई हेतु स्टेट बोरिंग है, वहीं से तरौनी के लिए सड़क मुड़ी है। तरौनी जानेवाली तमाम सवारी अब इसी मार्ग से चलती है। बोरिंग से कुछ ही कदमों पर आमों की अमराइयाँ मिलेंगी। यदि आमों का मौसम हो तो लगता है कि "समूचा गाँव अमराइयों में आ डटा है. ..गीत, खिलखिलाहट, ठहाके, शोर-पुकार, बातचीत, बन्दरों को खदेड़ने की ललकारें और बीच-बीच में हवा की हल्की सिहकी से पके आमों का टपकना..." कितना मादक क्षण हो सकता है। यहाँ आकर लगता है कि समय यहीं ठहर जाय। इन

अमराइयों के तुरन्त बाद धनहर खेत। यदि कभी कातिक अगहन में गुजरना पड़े तो "धान के वजनदार शीशों का लहराता समुद्र नजर आएगा। अधपकी बालियों की मीठी सरसराहट हेमंत की हल्की बयार को मादक खुशगवार प्रदान करती रहती है। उत्तरायन की ओर बढ़ते सूरज की किरणें उन मंजरियों में रूपहला और चन्दनकान्त आलोक भरती...शरद की शेष प्रकृति धान के इन फसलों में गंध गौरव डालती।" प्रकृति का यह अपूर्व नजारा और अन्नपूर्णा का ऐसा प्रसन्न रूप पाकर निश्चित रूप से राह चलनेवाले पुलकित होते रहते हैं। सड़क के दोनों ओर फैले इन खेतों का बरसात से लेकर फागुन तक की छटा बिल्कुल निराली ही रहती है। ऐसे में ही कहा गया होगा—

"हे हरित भरित हे ललित वेश
हे छोट छीन सन हमर देश।"

इन्हीं धनहर खेतों के मध्य—

"कच्ची सड़क क कातहि मे
देखल लऽगे लऽगे छोट छीन जोड़ा मंदिर।"

× × ×

आइ धरि अहि परोपट्टा मे
फुरल छलई ककरो कहाँ ई बिखए!
देश-विदेश मुल्की दुनिया जहान
धाङ्गि आएल छी हम...
कहाँ कतऊ देखलि अइए
माइ-बाप क नामे तइआर जोड़ा मंदिर।"

यात्री की प्रसिद्ध मैथिली कविता 'जोड़ा मंदिर' का साकार रूप यहाँ है। किसी के स्मृति में मंदिर-भवन आदि बनाने की परम्परा यहाँ भी है। लेकिन इस मंदिर में कोई देवी-देवता नहीं। जिस काल की यह रचना है, उस समय यह मार्ग कच्ची ही थी। यहीं से गाँव के लिपे-पुते कच्चे-पक्के भीतोंवाले घर जगमगाते नजर आते हैं।

तरौनी गाँव में प्रवेश करते ही एक मैदान। मैदान में खपरैल मकानों की दो पंक्ति। इन्हीं मकानों में संस्कृत प्राइमरी स्कूल से लेकर महाविद्यालय तक चल रहा है। बिहार में इन दिनों शिक्षण व्यवसाय 'सफेदपोश' और भद्रजनों के लिए काफी सम्मानित और अर्थोपार्जन का अच्छा अंग हो चला है। संस्कृत शिक्षा तो उस व्यवसाय का प्रमुख अंग है। कोई शिक्षण संस्था खोलकर आप मनचाहा धन कमा सकते हैं, बशर्ते आप लोगों को ठगने की थोड़ी भी कला जानते हों। हमारे गाँव, के कुछ 'सही किस्म' के ग्राम-पुत्रों ने सार्वजनिक भूमि पर कब्जा करके 'संस्कृत-शिक्षण

कांप्लेक्स' बनाया। यह भूमि कभी गाँव का सार्वजनिक चरागाह हुआ करता था। यह वही जमीन है, जिसके लिए गाँव में खून तक हो गया था, जमींदारी उन्मूलन कानून लागू होने के समय। उस जमाने में इस इलाके की तमाम सार्वजनिक जमीन जमींदारों के अधिकारों में था। 'कभी वे सचमुच 'बाबू साहेब' और 'सरकार' थे तिरहुत के खानदानी शासक। लेकिन जमींदारी-उन्मूलन कानून के मुताबिक रैयतों से जमीन का लगान या मालगुजारी वसूल-तहसील करने के हकों से मौकूफ हो चुके थे। व्यक्तिगत जोत की जमीन, बाग-बगीचे, कुआँ-चभच्चा और पोखर, देवी-देवता के नाम चढ़ी हुई जायदाद, चरागाह, परती-परांत, नदियों के पाट और तटवर्ती भूमि-जैसी कुछ-एक अचल सम्पत्तियों के मामले में जमींदारी-उन्मूलन कानून ने भू-स्वामियों को खुली छूट दे दी। नतीजा यह हुआ कि पोखरों और चरागाह तक को वे चुपके-चुपके बेचने लगे—'आग लगते झोंपड़ी से जो निकले सो लाभ"—यही स्थिति थी इस जमीन की। 'बाबा बटेसरनाथ' का कथा-स्रोत इस जमीन पर उस समय का संघर्ष ही रहा है।

तरौनी का टोल पाठशाला वर्षों पूर्व तक संस्कृत शिक्षा के लिए बहुत ही प्रसिद्ध था। बिहार जब बंगाल से अलग नहीं था, तब संस्कृत शिक्षा देने के लिए विद्यालय टोल पाठशाला कहलाती थी। पंडितों के इस गाँव में छोटी-बड़ी दो पाठशालाएँ थीं। दूर-दूर से लोग धार्मिक और कर्मकांड की बातों को लेकर इसी गाँव में आकर शंका-समाधान करते। पास-पड़ोस या कभी-कभी दूरदराज से भी छात्र नियमित रूप से यहाँ आकर पढ़ते। लेकिन अब तो संस्कृत मिडिल स्कूल, संस्कृत उच्च विद्यालय और महाविद्यालय रहते हुए भी गाँव के अपर या मिडिल स्कूल के अलावे कहीं छात्र नजर ही नहीं आते हैं। यहाँ का संस्कृत महाविद्यालय संस्कृत विश्वविद्यालय का अंगीभूत इकाई है, फिर भी गाँव का एक भी ग्रामीण संस्कृत विद्या में महारत कहाँ हासिल कर पाया है। वेतन भोगियों की जो जमात इन संस्कृत शिक्षण संस्थानों में जमा है, वह संस्कृत शिक्षा के नाम पर अपना उपकार करती है अथवा समाज का—यह मैं समझ नहीं पाता। तरौनी गाँव प्राचीन समय में विद्या-व्यसनी था और अब भी है। यह अलग बात है कि विद्या के अर्थ और आयाम बदल गये हैं। हर पीढ़ी में एक-दो सुविख्यात विद्यानों को पैदा करनेवाला तरौनी गाँव में एक लाइब्रेरी भी नहीं है। म० प० परमेश्वर झा या नागार्जुन/यात्री की एक भी पुस्तक शायद ही गाँव के किसी घर में उपलब्ध हो। गाँव के इन तथाकथित संस्कृत शिक्षण संस्थाओं में इन दोनों का साहित्य देखने को नहीं मिलता है। इन दो के बारे में जितना कुछ गाँव के बाहरवाले बतला सकते हैं, उतना गाँव का सजग प्राणी भी नहीं।

महाविद्यालय के सामने त्रिमुहानी। इस चौक का नाम है 'फुटानी चौक'। फुटानी का अर्थ है बढ़-बढ़कर गप्पे हाँकना। यहाँ से एक कच्ची रास्ता सीधे पश्चिम गाँव के पूबरिया टोल होते गाँव के मध्य तक जाता है। लेकिन पक्की सड़क दक्षिण

की ओर बढ़ गयी है। लगभग 3-4 मिनट की यात्रा के बाद सड़क के दाहिने हाथ एक विशाल बरगद का पेड़ है। इसी पेड़ से सटे एक तालाब। इसमें तालाब या पोखरे का एक भी गुण '89 के जून में आकर मौजूद नहीं रहा। एक चभच्चा-सा लगता रहा। यह सन् '70 तक गाँव का यह 'जोतर को पोखर' स्वच्छ और खूबसूरत था। गाँव के लोग इस तालाब को 'जोतखी (ज्योतिषी) पोखर कहा' करते हैं। गत् सत्रह-अठारह वर्षों में हम हिस्सेदारों की कृपा से इस तालाब की जो 'सद्गति' हुई थी, उसे देखकर आश्चर्य होता है। "घुटने भर पानी और नीचे कीचड़ ही कीचड़। पनियाही घासों का जंगल ऊपर-ऊपर फैला रहता और मलेरिया के मच्छर उसमें किलोल किया करते। मुँहअँधेरे सुबह-सुबह या शाम को झुटपुट अँधेरे के बाद इस जलाशय में लोग आते और आवदस्त लेते। छप-छप की अजीब आवाज नागरीय अतिथियों के लिए सर्वथा नयी हुआ करती।"—आज से चौंतीस वर्ष पूर्व बाबूजी ने बटेसरनाथ में किसी सड़े तालाब के लिए उक्त पंक्तियाँ लिखी हैं। लेकिन हमारे अपने तालाब पर यह सटीक बैठती थी। तालाब खुदवानेवाले हमारे पूर्वज पं. हरिदत्त मिश्र की आत्मा यदि कहीं भटक रही होगी तो अपनी यशकीर्ति का यह रूप देखकर अवश्य ही रोती होगी। उन दिनों पंडितों के इस तालाब के जल से आचमन-पूजन की बात दूर की थी, लघुशंका के बाद जल-स्पर्श के लिए इस पानी का प्रयोग करने में भय लगता था। अब तालाब सही रूप में हमारे सामने आयेगा—यह उम्मीद तो है ही। हम हिस्सेदारों की कृपा होती तो इसे गढ़ा ही बनने देते। पर तालाब की अपनी आमदनी (तालमखाना और मछली) ने इसे जीवन-रस दिया है। उसका पुनरुद्धार किया जा रहा है।

यहाँ से कुछ ही कदमों के बाद सड़क पश्चिम की ओर मुड़ी है। यहाँ पर मौलश्री का एक बूढ़ा पेड़ है, जिसका अंग-भंग हो चुका है। गाँव के चालू रास्ते पर तालाब के किनारे होने के कारण यह पेड़ एक जमाने में लोगों के आकर्षण केन्द्र था। पिछले बीस वर्षों से बेचारा बाँके बिहारी हो गया था। लोगों को अब छाँह भी नहीं दे पाता और न लोगों की ममता एवं स्नेह ही उसके प्रति वैसी रही। किसी जमाने में वटवृक्ष से लेकर इस मौलसिरी के पेड़ तक का पोखर का पूरा पूर्वी भिंडा अपनी खूबसूरती के लिए बदनाम था। सन् '60 से '70 तक इन दोनों वृक्षों के मध्य इस भिंडे पर एक पुस्तकालय हुआ करता था। दो कमरों की छोटी-सी मड़ैया...एक तरफ भरे-पूर वयोवृद्ध अग्रज की तरह बटबाबा...दूसरी तरह महमहाता मौलसिरी का खूबसूरत पेड़...पीठ पीछे शीतल जल से भरी तलैया...सामने सड़क पार आँखों के लिए तृप्तिदायक दूर-दूर तक फैली हरियाली। सड़क और लाइब्रेरी के बीच छोटा मैदान। इस मैदान में कभी भी आकर आराम किया जा सकता था, कारण दोनों ओर "घने पत्तों, गुँथी टहनियों और आड़ी-तिरछी डालोंवाला वह शांतिनिकेतन था ही, ऐसा कि हर तरह के लोग आ-आकर उका आश्रय लेते।" और अब न वह समय रहा, न वैसे

लोग रहे, और तो और प्रकृति ने भी अपना रूप बदल लिया है। तालाब का स्वच्छ जल में कीच-पाँक मिल गया था तो और क्या हो! जब जल ही उपयोगी न रहा इस पोखरे का तो भिंडे पर गीध न बैठेंगे! इस तालाब का पूर्वी भिंडा एक खंडहर में तब्दील हो चुका था। लगता है, अभी वर्षों लगेंगे पुनः उस सौंदर्य को लाने में, बशर्ते हम ईमानदारी से तालाब की देखभाल करें। अन्यथा साल-छः मास पूर्व की स्थिति को हम शीघ्र ही पुनरावृत्त करेंगे। न जाने बाबूजी इस तालाब को देख-देख क्या सोच रहे होंगे।

मौलसिरी पेड़ से कुछ कदम आगे एक विशाल इमली का पेड़ है। यह इमली का पेड़ भी सम्भवतः उतना पुराना है जितना प्राचीन यह पोखरा। इसी वृक्ष से सटा हुआ एक छोटा अंगनई और दालान। शिवनाथ काका ने तालाब के पश्चिमी और दक्षिणीवाले भिंडा को साफ-सुथरा बनाकर यह रूप दिया है। यह दालान सड़क के किनारे ही है। भिक्षु नागार्जुन/यात्री की अपनी स्थायी पैतृक भूमि है। किसी जमाने में बाँसों का जंगल था यहाँ। शाम में इधर से गुजरना गाँव के स्थायी निवासियों को भयावह लगता था, क्योंकि भूत और चुड़ैल नाचते रहते थे। अब तो हमारे आँगन का प्रवेश-मार्ग है। पहले पोखरे के उत्तरी भिंड के पश्चिमी छोर पर आँगन में प्रवेश-मार्ग था।

गाँव का पूर्वी-दक्षिणी कोना है यह। हमारे पूर्वजों को यही जगह पसन्द पड़ी थी। पहले हमारे पूर्वज गाँव में पश्चिम की ओर रहते थे। उस समय उस तरफ समाज में नीच कही जानेवाली जातियों के लोग रहते थे। उन सबके चलते इन कुलीन ब्राह्मणों को अपार कष्ट झेलना पड़ता था। राघोपुर ड्योढ़ी के बाबू साहेब के कब्जे में तरौनी गाँव था। एक दिन बाबू साहेब ने हमारे पूर्वजों में से किसी से पूछा—"पंडित जी, घर-आँगन आदि ठीक तो है?" पंडितजी ने उत्तर दिया—"सरकार, और सब पूछिए, पर घर-आँगन के सम्बन्ध में मत पूछिए!" बार-बार पूछने पर जितनी सूचनाएँ मिल पायीं, उनके अनुसार पंडितजी को अपने क्रिया-कर्म आदि करने में तथाकथित निम्न कही जाने वाली जातियों के चलते बड़ी ही परेशानी होती थी। फरमान जारी किया गया कि गाँव से उचित जगह तलाश कर अपना नया आवास बनाएँ, और गाँव के पश्चिमी भाग में यहाँ आ गये वे लोग। उस जमाने में भी यह जगह गाँव का दक्षिण-पूर्वी कोना था और आज भी है। अभी भी हमारे कुल के लोगों से बसा दक्षिणी टोले के पूर्व और दक्षिण का भाग उपजाऊ भूमि के रूप में प्रसिद्ध है। जब फसलें लहलहा रही हों तब हरियाली के महासमुद्र देखते ही बनता है—

"धान, गम्हड़ी, आंसु, मड़ुआ, मकई, मूँग, उड़ीद
साम, कान, जनेर
दूबि घास अनेर

की ने इ सभ लहलहाइछ
बीत भरि
दूई बीत भरि
किंवा तहू सं पैघ”

पुरवइया हवा पोखरे के शीतल जल का स्पर्श पाकर इस टोले को गर्मी के मौसम में तरावट दे जाती है। भगवान भास्कर का प्रथम-प्रथम स्वागत हम गाँव की ओर से यहीं करते हैं। काफी सोच-समझकर हमारे पूर्वजों ने सैकड़ों वर्ष पूर्व इस जगह का चुनाव किया होगा। उन लोगों ने इस जगह आकर सबसे पहले तालाब खुदवाया। अपनी सेवा-टहल के लिए बहिया-खबास (नौकर-चाकर) लाकर बसाया। जिस तरह हम सब तीन से तेरह हुए, उसी तरह वे भी बढ़े। अब हमारा गुजारा भी अपने पूर्वजों द्वारा अर्जित संपत्ति से नहीं हो पाता है तो स्वाभाविक है कि उन लोगों का निर्वाह भी हमसे नहीं होता है अब। किसी समय वे सब हमारे अधीन रहे होंगे—लेकिन अब वे स्वतः स्वाधीन हो चले हैं।

हमारे बाबा यानी बाबूजी के पिता को अपने पूर्वजों द्वारा अर्जित सम्पत्ति ज्यादा तो नहीं पर कामचलाऊ जरूर प्राप्त हुई थी। गोकुल मिश्र के पिता का नाम छत्रमणि मिश्र था। छत्रमणि के तीन पुत्र—परमानंद, कुलानंद और गोकुलानंद। इन लोगों का ननिहाल सहरसा जिले का प्रसिद्ध गाँव महिषी में पड़ता था। ननिहाल की सम्पत्ति भी इन तीनों को प्राप्त हुई थी। आँगन में तीन तरफ एक-एक घर एक-एक भाई के हिस्से में। पूरबवाला कुलानंद के हिस्से में, उत्तरवाला परमानंद के हिस्से में तथा दक्षिणवाला गोकुलानंद के जिम्मे। मिट्टी की दीवाल, काठ-बाँस के मजबूत छप्पर, खर (फूस) के छवाए हुए। पश्चिमवाला डीह (वासभूमि) खाली पड़ी थी। मौसम के अनुसार सब्जियाँ लगी रहती थीं उस पर। आँगन से पूर्व तालाब ही पड़ता था, जो अब भी है। आँगन के दक्षिण उन दिनों बांसों का जंगल हुआ करता था, जिसका क्षीण अवशेष अब भी मौजूद है। गोकुल बाबू के समय ही परमानंद का परिवार ननिहाल जाकर स्थायी रूप से बस गया था। तरौनी की पैतृक सम्पत्ति को परमानंद और उनके उत्तराधिकारी बेचकर इस गाँव से नाता तोड़ गये। शेष दोनों भाइयों ने ननिहाल की सम्पत्ति को सुरक्षित न रखा। पश्चिमवाला डीह मूल रूप से परमानंद मिश्र के उत्तराधिकारियों के अधिकार में था। इस जगह को काफी बाद में हमारे द्वारा उन लोगों से खरीदा गया। बाद में उर्मिला की शादी में इसी डीह पर कच्ची ईंट की दीवाल और टाइल खपरों की छप्पर वाले एक घर का निर्माण करवाया गया। सन् '70 के आसपास पुराना दक्षिणवाला घर जब पूर्ण रूप से गिर पड़ा तो पश्चिमवाला घर ही बचा रहा। दक्षिणवाला डीह पर, जो घर गोकुल बाबू ने बहुत मनोयोग से बनवाया था और जिस घर में मेरी माँ प्रथम-प्रथम तरौनी आकर रहीं, जिस घर में

मुझे छोड़ सभी भाई-बहनों का जन्म हुआ, जिस घर में ठक्कन नामक शिशु प्रख्यात रचनाकार नागार्जुन यात्री बना—उस घर को सुरक्षित नहीं रखा जा सका। संयोग ऐसा कि वह घर सन् '34 का भूकंप झेल चुका था। वह दक्षिणवाला डीह खाली पड़ा है, और हमारी स्थिति ऐसी नहीं हो पा रही है कि हम उस पर घर बनवा सकें। सन् '61-62 में आँगन का बँटवारा हुआ। शिवनाथ मिश्र (कुलानंद मिश्र के एकमात्र पुत्र) आँगन से पूरब और उत्तर के हिस्से को लेकर अलग हो गये। मूल आँगन हमारे ही कब्जे में रहा। माँ की यह इच्छा कि एक अच्छा-सा छोटा-मोटा घर बन जाये—शायद हमसे पूरी न हो पायेगी उनके समय में। हम भाइयों का जन्मस्थान-प्रेम इसी से समझना चाहिए। हम भाइयों को गाँव गये वर्षों बीत जाता है। माँ साधनहीन, बाबूजी मौन और हम भाई सब एक दूसरी दुनिया के लोग, जिन्हें शहर ने निगल लिया है।

तालाब के कई हिस्सेदारों में गोकुल मिश्र भी एक थे। उनके समय तक तालाब के अठारह मालिक हो चुके थे। गाँव से कुछ हटकर पूर्वजों द्वारा लगायी अमराई थी। अर्थात् एक कुलीन भलमानुष को गिरहस्थी चलाने के लिए जो कुछ चाहिए, वह सब कमोबेश पूर्वजों द्वारा उन्हें प्राप्त था। लेकिन गोकुल बाबू ने अपने उत्तराधिकारी के लिए खानदानी सम्पत्ति नाम मात्र ही छोड़ी। वास भूमि और तालाब के अलावा सारी सम्पत्ति का पूरा-पूरा उपयोग करके ही गोकुल मिश्र इस धरा-धाम से गये। उपजाऊ भूमि के नाम पर तीन कट्ठा खेत मात्र बिकने से रह गया था, वह भी रेहन लगा गये थे। इस भूमि को माँ ने रेहन मुक्त करवाया ताकि नवान्न के दिन देवी-देवताओं को नये अन्न का भोग लगाया जा सके।

मिथिला का ब्राह्मण प्रायः जो जितना ही कुलीन होता है उसकी दरिद्रता उतनी ही बड़ी हुआ करती है। हाँ, वह विद्या का उपासक होता अवश्य है। 'पलिवाड़' महावंश के समौल शाखा के कुलीन भलमानुष ब्राह्मण होने का गर्व था गोकुल मिश्र को। यह बात अलग है कि गत तीन-चार पीढ़ी से उनके पूर्वजों में से कोई ऐसा विद्वान पैदा नहीं हो सका, जिसे याद किया जा सके। 30-35 वर्षों से तरौनी गाँव के लोग सोचने लगे हैं—'क्या करोगे शास्त्री और आचार्य की परीक्षा पास करके? अब तो जमींदार पंडितों को वर्ष-भिक्षा भी नहीं देते! जहाँ लोग पहले भगवत कथा सुनते थे, वहाँ वाले नजदीक के शहरों में जाकर सिनेमा देख आते हैं। पंडितों की क्या कमी है? गेहूँ सस्ता होता है तो घर-घर सतनारायन भगवान की पूजा होती है। सो पंडित सस्ते हो गये हैं तो ज्ञान से लोगों की अरुचि हो गयी है।' इतना कुछ होने के बाद भी आसपास के गाँवों में तरौनी के दक्षिणी टोले का ब्राह्मण-खानदान पंडितों के खानदान के रूप में विख्यात है ही।

संस्कृत का ज्ञान ही सबसे बड़ा ज्ञान है—यह मान्यता पंडित गोकुल मिश्र की थी। पता नहीं यह समझ उनमें कहाँ से और कैसे विकसित हुई थी! अंग्रेजी शिक्षा

से उन्हें बहुत ही नफरत थी। इस शिक्षा में खर्च भी ज्यादा पड़ता था उस जमाने में। साथ ही अंग्रेजी मलेच्छों की भाषा समझी जाती थी। अंग्रेजी पढ़कर नौकरी लग जाने के बाद अलग दुनिया का जीव हो जाता है। नौकरी पाने के बाद अपनी छोटी-सी दुनिया में सीमित होने की आदत आज की ही बात नहीं है, इसकी भी परम्परा रही है। गाँववाले उसकी नजरों में उजड्ड और गँवार उस समय भी थे और आज भी हैं। गोकुल बाबू सोचते कि अंग्रेजी पढ़ने वाले बिना पानी लिये पेशाब को बैठते हैं और अधिकांश ने बैठना छोड़ दिया है—जिससे पुरखे स्वर्ग में अपवित्र होते हैं। इतना ही नहीं, मलेच्छों की नौकरी और अंग्रेजी की पढ़ाई से लहसून-प्याज खाना पड़ेगा तो अपने पूर्वजों की कीर्ति की रक्षा कौन करेगा! काश, गोकुल मिश्र देख पाते कि उनके बाद की पीढ़ियाँ सर्वभक्षी होकर भी अपने पूर्वजों की छोड़ी हुई कीर्ति को कैसे और किस तरह ढो रही हैं।

बाबूजी ने बनारस में साहित्य को ढंग से समझना-बूझना शुरू किया। इस अध्ययन का कालखंड मात्र ढाई-तीन वर्षों का था अर्थात् सन् 1929 से '32 तक का। यहीं पर पहली बार 'मैथिली सुधाकर' हस्तलिखित पत्रिका में वैद्यनाथ मिश्र 'वैदेह' उपनाम के साथ दिखाई पड़ते हैं। बनारस की संस्कृत शिक्षा उस समय विश्वविख्यात थी। मिथिलांचल के ढेर सारे लोग किसी न किसी कारण से काशी सेवन या काशीवास हर युग में किया करते हैं। जब वैद्यनाथ वहाँ अध्ययनरत थे तो उनके एक चाचा को कहीं से पता चला कि ठक्कन बनारस रहकर बिगड़ रहा है। कारण पता लगाया तो पता चला कि वह कविता लिखता है और 'रजनी-सजनी' में लगा रहता है। समय बर्बाद कर रहा है। स्वयं उनके कई लड़के अंग्रेजी माध्यम से ऊँची शिक्षा प्राप्त कर रहे थे। उन्होंने अनुजवत् गोकुल बाबू को बुलाकर सारी बात समझा दी। गोकुल मिश्र को कुछ समझ में नहीं आया। उन्होंने अपने भाई को कहा कि वह तो कुछ समझते नहीं हैं। ठक्कन यदि कुकर्म करने लगा है तो उसे समझाया-बुझाया जाय, छुट्टी में गाँव आ रहा है। छुट्टी में गाँव आने पर वैद्यनाथ को पता चला कि चाचा उसके कवि-कर्म से नाराज हैं। उसे बुलाकर कुछ कह-सुन सकते हैं। वह अपने बचाव के लिए कई तर्क सोच चुका था। चाचा के बुलावे का इंतजार करता रहा। लेकिन बुलावा नहीं आया। आमने-सामने होने पर भी चाचा ने कोई ऐसी बात नहीं की, जिससे यह पता चले कि वह वैद्यनाथ पर नाराज हैं। डाँट-फटकार की कोई बात नहीं। वैद्यनाथ मिश्र की यह धारणा पक्की हो गयी कि कवि-कर्म कोई कुकर्म नहीं है।

> "कलम घिसकर कमा लेता रोज पैसे चार
> इस तरह के और भी हैं लोग
> व्यास औ' वाल्मीकि के स्तुतिकार
> कलमघिसुओं का हमारा यह नया संसार

किसी भी श्रीमंत से क्या माँगता है भीख?
लेखनी है हमारा फार
धरा है पट, सिंधु है मासिपात्र
तुच्छ से अति तुच्छ जन की जीवनी पर हम लिखा करते
—कहानी, काव्य, रूपक, गीत
क्योंकि हमको स्वयं भी तो तुच्छता का भेद है मालूम
कि हम पर सीधे पड़ी है गरीबी की मार
सुविधा प्राप्त लोगों ने सदा समझा हमें भू-भार!"

साहित्य शास्त्र के कामचलाऊ ज्ञान रखनेवाले वयस्क चाचा सुविधा-सम्पन्न जीव थे। उन्हें शायद इसका ज्ञान हो चला था कि भतीजा अपना मार्ग बना चुका है। शायद उनकी हिम्मत न हुई हो कि साहित्य पर वैद्यनाथ से विवाद में उलझें।

गोकुल मिश्र को इस बात के लिए हमेशा पश्चात्ताप होता रहा कि वे अशिक्षित रह गये जीवन भर। सिद्धांत कौमुदी और अमरकोश को बचपन में ही प्रथम और अन्तिम प्रणाम किया था उन्होंने। लेकिन हमउम्र के लोग उन्हें 'गुरु' कहा करते थे। 'गुरु भाई' या 'गुरु काका' का सम्बोधन उन्हें टोल-पड़ोस में मिला था। कभी-कभी 'गुरु काका' कहा करते—'मैंने क्या पढ़ा है? न अमरकोश और न ही कौमुदी—फिर भी लोग मुझे ही गुरु कहते हैं!' जब ठक्कन सात-आठ वर्ष का रहा होगा तो एक दिन कहीं से एक फटा पुराना अमरकोश उठा लाये और बेटा के हाथ में उसे थमाते हुए कहा—"क्या करना है अंग्रेजी पढ़कर, क्रिस्तान बनना है! लो यह अमरकोश, जिस दिन यह कंठस्थ हो जाएगा उस दिन तीनों लोक तुम्हारे लिए हस्तामलक हो जाएँगे!" यह पिता की आशीष थी अपने एकमात्र पुत्र के लिए! ठक्कन से 'वैद्यनाथ मिश्र' फिर वैदेह, फिर 'पतन-अभ्युदय-बंधुर पंथा, युग-युग धावित यात्री। तुमि चिर सारथि तब रथ चक्रे, मुखरित पथ दिन रात्रि।' 'धावित यात्री' बौद्ध साहित्य-दर्शन के सम्पर्क में नागार्जुन होते हैं। इनके लिए तीनों लोक निश्चित रूप से बोधगम्य हो गया। संस्कृत की पारम्परिक शिक्षा, पर्यटन, विभिन्न भाषा की जानकारी, गरीबी के कारण जीवन का कटुतिक्त अनुभव ने पिता की आशीष को भली भाँति फलीभूत होने में मदद की।

अच्छे डील-डौलवाले गोकुल बाबू चिन्ता-फिकिर से दूर रहते। कहना तो यह चाहिए कि भगवान ने ही उन्हें चिन्ताओं से मुक्ति दे रखा था। घर में एक मात्र पुत्र के अलावे था भी कोई नहीं। न कोई बन्धन और न ही कर्त्तव्यबोध, फिर खेती-बाड़ी की चिन्ता ही क्यों करते? गृहिणी को छोड़ गृहस्थी के उपयुक्त सभी कुछ था ही। यदि खेती-गृहस्थी में मन रमाते तो घर की स्थिति अवश्य ही अच्छी होती। सारे खेतों को बटाई पर लगा रखा था। पूरी उपज घर आती ही नहीं। कोई कुछ कहता तो उनका सीधा-सा जवाब होता—"का चिन्ता मम् जीवने यदि हरि विश्वंभर गीयते! (यदि

भगवान विश्वंभर हैं तो चिन्ता किस बात की!) खेत जोता ही रह जायेगा यदि बारिश न हो! धन्य भगवान कि धान उपजता है और हमारे-तुम्हारे मुँह दोनों जून पाँचों उँगलियाँ जाती हैं। धन्य भवगवान!" नतीजा यह हुआ कि उपज कम होती गयी, फिर जमीन रेहन लगने लगी। बाद में तो उसे बेचने की नौबत आने लगी। इस काम में न कोई रोकनेवाला था, न टोकनेवाला।

शाक्त ब्राह्मण होने के साथ ही गोकुल बाबू शिव के भी परमभक्त थे। शंकर की बूटी विजया यानी भंग-सेवन प्रिय था उन्हें। भंग का नियमित सेवन समय पर हो, इसके लिए तत्पर रहते थे। जब आधा पहर दिन रहता, तो नित्य कृत्य का एक महत्त्वपूर्ण अध्याय आरम्भ हो जाता। इसके चलते जरूरी से जरूरी काम को भी छोड़ दिया करते। इस सम्बन्ध में वह कहा करते—"मौलवी लोग कहीं भी हों, परन्तु नमाज का समय होते ही अंगोछा बिछाकर चट से घुटने टेक देंगे। कितनी तत्परता रहती है उनमें! स्वधर्मे निधनम् श्रेयः परधर्मो भयावहः।"—इस तरह के प्रवचन प्रायः नित्य भंग रगड़ते हुए हुआ करते। उन्हें कड़वी भाँग प्रिय थी। एक बार बालक ठक्कन ने पिता से छिपाकर थोड़ी-सी भाँग पी ली। बुरा हाल हो गया। खाना खाते वक्त मुँह के बजाय कान में कौर डालने लगा। पिता ने पूछा कि दाल में नमक तो ठीक है न? बालक यों ही मुँह चलाकर सिर हिला दिया। कंधे पर से चावल के दाने गिरते देखकर पिता ने समझ लिया कि हो न हो इसने भंग पी ली है। बस, फिर क्या, बड़ी ही पिटाई पड़ी। कहा—'गधा! फिर कभी तूने भाँग पी तो कुल्हाड़ी से गरदन काट लूँगा।'

पिता के क्रोधी स्वभाव से बालक वैद्यनाथ डरता था। जरा-जरा सी बात पर उसे पिटाई लग जाती थी। मारते समय इस बात का ख्याल नहीं रखते कि बच्चा है, कोमल शरीर और लचीली हड्डियों में चोट ज्यादा लगती है। छड़ी, कलछी, चैला, लाठी, डंडा—जो भी हाथ में पड़ जाता, उसी से पीटने लगते। अपराध तो निहायत मामूली होते; मसलन खाना खाते समय लोटा से पानी का लुढ़कना, थाली में थोड़ी-सी दाल रह जाना, तालाब में तैर लेना, पेड़ पर चढ़कर आम या अमरूद तोड़कर खा लेना, लुक-छिपकर तमाशा देखना या फिर कभी एक-आध पैसे चुरा लेना आदि। पिता के भय से बालक जी भरकर कभी दौड़ नहीं लगा सकता था। खिलखिलाकर हँसना उसके लिए स्वप्न था। पेड़ पर चढ़ना दूर की बात होती। खेद-कूद बन्द-सा हो गया उसका। मातृहीन टुगर होने के कारण खाने-पीने की आजादी भी नहीं थी। गोकुल मिश्र खुद ही खाना बनाया करते। पर घरेलू काम लापरवाही से ही करते। आँगन में महिला के नाम पर गोकुल बाबू की भाभी (कुलानंद की पत्नी) मात्र थीं। वह विधवा थीं। कुछ कामों में वह मदद कर देती। वह ठक्कन को भीतर से पसन्द नहीं करती। देवर-भाभी के अपसी रिश्ते पर उन दिनों गाँव के लोग टीका-टिप्पणी किया करते थे। पिता के रंग-ढंग देखकर वैद्यनाथ बचपन से ही सशंकित रहा करता

था। स्वप्न में भी बालोचित हरकत वह नहीं कर पाता। छोटी-छोटी बातों में झिड़की, डाँट और पिटाई से समापन। माँ की याद में रो-रो पड़ता। माँ के सामने भी बच्चे पर डाँट और पिटाई होती है। पर माँ के आँचल में एक ऐसी संजीवनी है कि तमाम दुख क्षण भर में दूर हो जाता है। "डाट फटकार, गंजन-फजीहत के बावजूद माँ आखिर माँ ही होगी! कवच बनकर तमाम मुसीबतों को वह अपने ऊपर ले लेगी—इसमें क्या कुछ शक है?"

बाबूजी को अपनी माँ पूरी तरह याद नहीं है। चार-पाँच वर्ष के उम्र में ही माँ मर गयी थी। उस उम्र की घटना कब तक याद रहेगी! जब से होश आया है, अपने को पिता के पास ही पाया है। माँ की याद आभास मात्र ही है। "वह गौर श्याम थी। उसे दमा का रोग था। ज्यादातर वह लेटी ही रहती थी। बस, यही याद है। चेहरा कैसा था? कपार छोटा, आँखें न छोटी न बड़ी। नाक नुकीली नहीं थी।" माँ का रूप-रंग, आहार-व्यवहार पड़ोस के आँगन के लोगों से सुनकर मन-ही-मन पीड़ित होते रहते होंगे बाल्यकाल में। माँ का प्रसंग छिड़ते ही एक भयानक दृश्य आँखों के आगे नाच जाता। "दुपहर की उमस में अन्दर लेटी हुई मेरी माँ का गला कुल्हाड़ी से किसने काटना चाहा था? बीमार माँ...बिस्तर पर लेटी...पिता उग्र रूप में...हाथ में कुल्हाड़ी...वह घिघिया रही है! नहीं चाहने पर भी यह दृश्य आँखों के सामने नाचने लगता है।" किंतु सिर्फ आँखें मूँद लेने से ही कोई बात मन में न आये, ऐसा तो कहीं होता नहीं। जिस पिता को गाँव के कुछेक महिलाओं से हँस-हँसकर बतियाते देखा है, उसी का अपनी पत्नी के साथ ऐसा सलूक! है न आश्चर्य! माँ की याद के साथ ही पिता के प्रति वैद्यनाथ के भीतर प्रतिहिंसा की आग सुलग उठती है। इस आग के सामने गोकुल मिश्र कभी सीधे खड़े भी न हो सके। जब से ज्ञान हुआ, तभी से "तनी भौंहों और चढ़ी आँखों से वह बाप की ओर घूरता!" अपने पाँचों भाई-बहनों और माँ का दम तोड़ना पिता द्वारा उपेक्षा का शिकार मानते हैं। अपनी आत्मचिंतन में बाबूजी ने लिखा है—"मेरी माँ को जिसने इतना अधिक परेशान कर रखा, उस व्यक्ति को खुले दिल से पिता कहने की इच्छा भला कैसे होगी?...पिता को अन्त तक खुली क्षमा कहाँ दे पाया!"

मेरी माँ 1934 में पहली बार तरौनी आयी। शादी तो सन् '32 के आषाढ़ माह में हुई थी। जब माँ तरौनी आयी; उससे पूर्व जन् '34 का वह ऐतिहासिक भूकम्प हो चुका था, जिसमें उत्तर बिहार पूरी तरह क्षतिग्रस्त हुआ था। हमारा जो पैतृक घर था, उसकी पिछली दीवार बीच से दरक गयी। यह चिह्न घर गिरने तक मौजूद रहा। तरौनी में जब माँ आयी, तब तक आँगन में और महिला आ गयी थी। शिवनाथ काका की शादी हो चुकी थी। परमानंद काका तो महिषी बस गये थे। लेकिन, गाहे-बगाहे वे परिवार समेत तरौनी आते रहते थे। आँगन का माहौल ठीक होने लगा था। आँगन में गरीबी भी ढंग से नाच रही थी। फिर क्या बात थी कि मेरे नाना,

ने जो सम्पन्न गृहस्थ थे, मेरे बाबूजी जैसे गरीब ब्राह्मण पुत्र को अपनी प्रथम पुत्री का भार सौंपा? निश्चित रूप से उनको कोई ऐसा 'इंस्टीट्यूशन' हुआ होगा, जिससे इस विप्र के भविष्य की जानकारी उन्हें रही हो। नहीं कुछ तो इतना तो हम कह ही सकते हैं कि अपराजिता की भाग्य-रेखा ही प्रबल रही हो।

बनारस में संस्कृत के छात्र होते हुए भी वैद्यनाथ अपने इलाके के मेधावी छात्र के रूप में विख्यात थे। समस्या-पूर्ति शैली में लिखना और छंद का ज्ञान तो अपने ग्रामीण पंडित अनिरुद्ध मिश्र ले ही चुके थे। बनारस में रह रहे मिथिलांचल के प्रख्यात विद्वान पं. सीताराम झा के निकट होने में वे सफल हो चुके थे। झा की प्रेरणा से अपनी मातृभाषा में लिखने लगे। मैथिली रचना-कर्म के कारण अपने इलाके के लोग, जो बनारस से सम्पर्कित थे, के बीच पहचाने जाने लगे। छुट्टियों में गाँव-घर आना होता ही रहता। यों बनारस का यह प्रवास तीन वर्षों का ही था। घर आने पर ननिहाल और मौसियों के पास भी जाना अनिवार्य ही रहता। इन जगहों के लिए मधुबनी स्टेशन का ही सहारा लेना पड़ता था। सन् '32 के गर्मी की छुट्टियों में गाँव आना हुआ। गर्मियों में इन्हीं दिनों 'सोराठ-सभा' भी लगती है। तो तय किया गया कि सोराठ का मेला देखते हुए मौसियों से मिला जाय। एक मौसी ग्राम 'पौना' में तो दूसरी हरिपुर के बक्शी टोल में। सौराठ, पौना और हरिपुर—ये तीनों जगह 7 कि०मी० के भीतर ही हैं। सौराठ में प्रतिवर्ष घनघोर लगन के दिनों में हजारों विवाहार्थी इकट्ठे होते हैं। कन्याओं की तरफ से उनके अभिभावक बड़ी तादाद में जुटते हैं। हजारों विवाह के लिए इच्छुक युवकों की भीड़ रहती है। मैथिली ब्राह्मणों की 'विवाह मंडी' ही इसे कहा जा सकता है। गजब की चहल-पहल रहती है। अपनी सामर्थ्य और साधन के अनुसार कन्यागत अपनी कन्याओं के लिए वर चुनते हैं। इसके साथ इस 'सभा' की एक देन यह भी है कि अधिकांश सम्बन्धियों, परिचितों से यहाँ इस मौके पर भेंट-मुलाकात हो जाती है। इस सभा में गुणात्मक गिरावट के बावजूद इसका खास सांस्कृतिक महत्त्व अभी भी मिथिला में है। उस वर्ष वैद्यनाथ मिश्र 'सौराठ मेला' का तमाशा देखते हुए मौसियों से मिलने का इरादा बनाकर गाँव से निकले। पाँच-छः दिनों का चलने-वाले मेले में एक-दो दिन रहकर मौसी से मिलने चले गये। "उन्हे पता नहीं था कि उनके पिताश्री ने एक सौभाग्यकांक्षिणी विशेष को उनके लिए चुन आये थे।"

हरिपुर बक्शी टोल के सम्पन्न ब्राह्मण कृष्णाकांत झा उर्फ कंटीरबू झा को अपनी प्रथम पुत्री की शादी करनी थी। कन्या बारह वर्ष की हो चुकी थी। वे पढ़ा-लिखा दामाद चाहते थे, कुलीन परिवारों से। कंटीरबू बाबू को ससुर ने कह रखा था कि नतनी को गरीब से भले ही ब्याहना पर 'घसकटा-खुरपीवाले' के हाथ मत सौंपना। सौराठ सभा में उस युवक पर नजर पड़ी। मन में बात आयी। पता लगाया। उनके भी कई ग्रामीण काशी निवासी थे। प्रायः सभी वैद्यनाथ को किसी न किसी तरह

जानते-पहचानते थे। लड़के के समर्थन में ही ज्यादा मत पड़े। फिर कृष्णकांत बाबू के ससुराल पक्ष ने भी लड़के को पसंद किया। उनका ससुराल उसी गाँव में था जहाँ वैद्यनाथ की एक मौसी रहती थी, अर्थात् पौना। उन लोगों ने इस सम्बन्ध को तय करने में निश्चय ही महत्त्वपूर्ण भूमिका निभायी होगी।

"पहुंचे थे मौसी के घर तमाशा देखने और स्वयं ही तमाशा बन गये।" लोगों में चहल-पहल थी। मौसी अत्यधिक प्रसन्न थी। उसके खुशी के ठिकाने नहीं। वह प्रसन्न क्यों न हो, उसकी मृत सगी बहन के एक मात्र टुगर बेटा की शादी जो हो रही थी। कोई इस युवक से कुछ भी साफ-साफ कह नहीं रहा था। रंगी हुई लाल धोती, रेशमी चादर, नया कुर्ता-गंजी सभी कुछ तुरंत-फुरंत आ गया। इन्हें सजाने-सँवारने का जिम्मा मौसी की देवरानी को सौंपा गया। काजल, चंदन लेकर जब इनके पास वह पहुँची तब इन्हें माजरा समझ में आया। उसने आहिस्ते कान में कहा—"बऊआ, आई तोहर विवाह हेतह!" ठक्कन मिसर जो युवा वैद्यनाथ मिश्र हो चले थे, लाज के मारे कठुआ गये। उस महिला के हाथ से लजाते हुए आईना लिया और अपना युवकोचित चेहरा देखा। अठारह वर्ष की उम्र थी। गदहपचीसीवाली उम्र। ज्यादा सोचना नहीं और समय भी तो सोचने के लिए नहीं दिया गया। यहाँ तो फर्मान ही जारी किया गया था—वह भी कई तरफ से। किसे नकारें!

यह एक संयोग ही कहा जा सकता है कि गोकुल मिश्र के एक मात्र पुत्र की शादी हरिपुर बक्शी टोल के निवासी कृष्णकांत झा की पुत्री से हो गयी। मेरे नाना ने जाने या अनजाने में अपनी बेटी को उस घर में भेज दिया, जहाँ एक पढ़ा-लिखा युवक के अतिरिक्त कुछ भी नहीं। मेरी याददाश्त तक नाना के यहाँ से भोजन के लिए अनाज आता था। घर छवाने के लिए खर (फूस), बाँस, रस्सी और मजदूरों को मजदूरी देन के लिए अनाज काफी दिनों तक वहीं से आता था। लगता है, नाना ने काफी सोच-समझकर यह घर चुना होगा मेरी माँ के लिए।

तरौनी आते ही माँ ने घर का रंग-ढंग और अपने ससुर के चाल-ढाल से यह अचछी तरह भाँप लिया होगा कि इस घर में बूढ़ा (ससुर) के रहते हुए नहीं रहा जा सकता है। यों भी हरिपुर सम्बन्ध होने के बाद मास-दो मास के भीतर ही दोनों परिवारों में सम्बन्ध का संतुलन खत्म हो गया। गौना के बाद से मेरे बाबा की मृत्यु (1943 ई०) तक माँ तरौनी यदा-कदा ही रह पायीं। गोकुल बाबू कई आदतों के गिरफ्त में फँसे थे और बाबूजी ने गाँव छोड़ ही दिया। फिर माँ उस घर में कैसे रह पाती? जब बाबूजी वापस आते भी तो पिता के सामने घर के मामले में उनका कुछ भी नहीं चल पाता। अपनी बौद्धिक जिज्ञासा को शांत करने के चक्कर में घर से लगाव रखा ही नहीं, तो माँ किसके सहारे वहाँ रहतीं। नाना ने मेरी माँ का पूरा दायित्व अपने कंधे पर लिया। मेरी माँ अपने मायके में लाड़ और दुलार के बीच पली है। अब भी मायके के लिए 'छोटकी दाई' वह है। 'दाई' शब्द का वह अर्थ मैथिली में नहीं है जो हिन्दी

में प्रयोग किया जाता है। हिंदी में 'दाई' नौकरानी को कहते हैं, जो 'धायी' का बिगड़ा रूप है। प्राचीन मैथिली में 'दाई' देवी, भगवती के लिए भी प्रयोग किया गया है। 'दाई' मैथिली में उस लड़की के लिए प्रयोग किया जाता है जो बहुत ही दुलारी और प्यारी हो। मेरे नाना ने अपनी प्रथम पुत्री को बहुत ही जतन से पुत्र की तरह पाला-पोसा था। इस प्रथम संतान के आठ-दस वर्ष के बाद ही उनके घर पुत्र का पदार्पण हुआ। अपनी अंतिम समय (1962) तक मेरी माँ को एक नन्हीं गुड़िया ही समझते थे वे।

मेरे बाबा के गुजरने के बाद ही माँ तरौनी स्थायी रूप से रहने लगी। निश्चित रूप से माँ को तरौनी की मामूली हैसियत से लगाव हो चला होगा। और भले कुछ न सीखा हो बाबूजी से प्रखरता और अपने अधिकार पर अडिग होना तो सीखा ही उसने। तरौनी रह गयी, मायके से आना-जाना जारी रहा। तरौनी की उस झोपड़ी को ही एक खूबसूरत मकान समझकर अपनी बगिया लगायी, फली-फूली और आज अक्षयवट की तरह हमारे लिए है। यों तरौनी रहने में उसे कई कष्ट होते रहे हैं, पर सब झेलकर तरौनी में ही रहना उसे अच्छा लगता है। जाने कितने झोंके आये, लेकिन माँ तरौनी में जमी रही। गाँव के समाज में एक सम्मानित बुजुर्ग महिला की तरह मेरी माँ पूज्यनीया हैं।

सरस्वती पुत्रों के इस गाँव में संस्कृत शिक्षण काम्प्लेक्स के अलावा एक अपर प्राइमरी स्कूल मात्र है। बगल के कस्बाई गाँव नेहरा में एक हाईस्कूल और स्नातक तक की पढ़ाई के लिए एक महाविद्यालय हो गया है। ब्राह्मणों के अलावा गैर-ब्राह्मणों में भी जागृति बढ़ी है। ये सब पास के हाईस्कूल में पढ़ते हैं और घर के कामों की व्यवस्था में परिवार की सहायता भी करते हैं। मैट्रिक हो जाने पर इनमें से बहुतेरे बगल के नेहरा या फिर दरभंगा मधुबनी के कालेजों में आगे की पढ़ाई के लिए भर्ती हो जाते हैं। गाँव के पढ़े-लिखे लोग दूर के नगरों और नजदीक की जगहों में चतुर्थ वर्गीय कर्मचारी से लेकर प्रथम श्रेणी की नौकरी में हैं। महँगाई के इस दौर में दो-दो तीन-तीन एस्टेब्लिशमेंट रखना अब सम्भव तो रहा नहीं। लोग गाँव-घर छोड़कर परिवार के साथ वहीं जम गये हैं जहाँ रोजी का जुगाड़ है। गाँव में रहते लोग "गाँव वालों का अपना लेखा-जोखा करते वक्त आमतौर पर उन उच्च शिक्षित बाबुओं की शुमार इसी से नहीं करते। हाँ, पड़ोस के गाँव का कोई कभी शिक्षितों का प्रसंग छेड़ बैठता, फिर तो गाँववाले भेद-भाव की आपसी कटुता को परे हटाकर अपनी बस्ती के मौजूदा रत्नों की पूरी सूची पेश करते।"

पिछले पचास वर्षों में तरौनी गाँव के भीतर प्रवेश करने पर ही पता चल पाएगा। भारतीय ग्रामांचल टूट रहा है। टूटकर या तो कस्बा बना या खंडहर। अपने देश का यह दुर्भाग्य है कि जहाँ कहीं गाँवों को केन्द्र में रखकर विकास की प्रक्रिया अपनायी गयी तो ऐसी आपा-धापी मचती है कि गाँव खिसककर कस्बा के रूप में परिवर्तित

हो गया। गाँव के मासूमियत से खिलवाड़ करने पर एक विकृत रूप सामने आता है जो हमें इन दिनों कसबाई गाँव या महानगरों के निकटवाले गाँवों में मिलता है। सन् चालीस-पचासवाले दशक में लगा था कि स्वाधीनता का सुफल गाँव तक अवश्य जाएगा। हम गाँवों को केन्द्र में रखकर सोचेंगे। गाँधीजी ने भी गाँवों की ओर लौटने की बात की थी, लेकिन "स्वाधीनता-प्राप्ति के बाद भी हमारा ग्रामतंत्री समाज लगभग वैसा का वैसा ही पड़ा है। कुलीनता और अभिजात्य की हेकड़ी दस प्रतिशत भी कम नहीं हुई है। हाँ, चुनाव की विकृत कूटनीतियों के चलते जातियों की आपसी टकराहट अवश्य बढ़ गयी है। चुनाव की तिकड़मों के चलते, व्यक्तियों और समूहों के बीच का पुराना मनमुटाव कई गुना अधिक घातक हो उठा है।" यही स्थिति है सामान्य भारतीय ग्रामों की। हमारा अपना तरौनी भी एक अति सामन्य गाँव है। इन तमाम स्थितियों से हम गुजरते रहते हैं। ग्रामांचल का समाज अवरुद्ध हो चला है। उसका आचार-विचार-व्यवहार पंगु होकर रह गया है।

सन् 27-28 से ही अपने गाँव से दूर-दूर रहनेवाला युवक वैद्यनाथ तरौनी के साथ ही अन्य गाँवों के टूटते हुए रूप को भाँप चुके थे। फिर मिथिलांचल से बाहर रहते हुए भी जब इन ग्रामांचलों में जाने का मौका हाथ आता चाहे अपना गाँव हो, या ससुराल हो या फिर मौसी का गाँव या ननिहाल, चाहे मित्र का गाँव—एक सजग रचनाकार की दृष्टि तो पास रहती ही है! सामाजिक टूटन की प्रक्रिया को नोट किया है।

"देखि आएल छी पुरनका ग्रामतंत्र टूटैत
समाजक संस्थान में शतःशत दरारि फटैत!"

एक जाति का अत्याचार तो दूसरी जाति पर होता ही है, पर जातियों के भीतर वर्ग बन गये हैं। ब्राह्मणों के ढोंग, उनके चोंचले या गरीब ब्राह्मणों के साथ सामर्थ्यवान ब्राह्मणों का अमानुषिक व्यवहार। अर्थ के आधार पर समाज में ध्रुवीकरण। पूरे समाज में परिवर्तन के नाम पर टूटने की प्रक्रिया।

"बदल रहल अछि छन-छन दुनिया किछु नहि क्यों नहि थीर"

गाँव के लोग अपने इस वयोवृद्ध ठक्कन मिश्र को यात्री नागार्जुन के रूप में थोड़ा-बहुत जानने-पहचानने लगे हैं। इसका मात्र इतना भर कारण है कि यात्री मैथिली के वर्ग सातवें से एम० ए० तक किसी न किसी रूप में उनके अध्ययन में आते हैं। नागार्जुन भी अब हिंदी पाठ्य ग्रंथों में वर्जित प्रदेश नहीं रहे हैं। हिंदी के पत्र-पत्रिकाओं के मध्य नागार्जुन किसी न किसी रूप में हर हमेशा दिखाई पड़ते रहते हैं। गाँव के लोग जो बाहर हैं और जिन्हें पत्र-पत्रिकाओं से किसी भी तरह मतलब रहता है, वे अक्सर सोचते रहते हैं—यह गरीब ब्राह्मण किसी न किसी कारण से बड़ा

आदमी अवश्य है! पर यह भी सत्य है कि हमारे ग्रामीणों में निन्यानबे प्रतिशत वैसे लोग हैं जिन्हें यह पता नहीं है कि यह गरीब ब्राह्मण क्यों चर्चित है। उन्हें आश्चर्य होता है कि इतना नामी-गिरामी आदमी के पास एक घर भी क्यों नहीं है? यह समझना उनके बूते से बाहर है कि यह आदमी गरीबी की जिंदगी क्यों जीता है? उन लोगों को हमेशा चिन्ता करते सुना जाता है इस परिवार के लिए। साथ ही ऐसे लोगों की भी कमी नहीं है जो इनके यश का मजाक भी उड़ाते हैं। गरीबी का उपहास करने की एक अच्छी परम्परा रही है अपने समाज में।

"बूझल नहि छहु तोरा,
तरौनी गामक बाबू भैया लोकनि/हँसी उड़बई छथि हमरो?"

अब तो वह जमाना नहीं रहा कि कोई शिष्य, कोई प्रशंसक, शुभचिंतक किसी विद्वान या कलाकार के घर अनाज के बोरे भिजवाये। पहले तो शासक की ओर से विद्वानों को सम्मान के साथ-साथ भोजन की पक्की व्यवस्था की जाती थी। अब कला और विद्वत्ता को समझना शायद इस देश की मिट्टी से ही खत्म हो रही है। अस्सी करोड़ की जनसंख्या में से मैं वह संख्या किसी भी तरह नहीं निकाल पाता जो कला और साहित्य को समझता हो। एक महान कलाकार किस तरह परिवार और समाज में टूटता है, इसका ज्वलंत उदाहरण निराला हैं। "रामकृष्ण की पढ़ाई-लिखाई की व्यवस्था नहीं हो सकी। सरोज का असमय देहान्त हो गया। दूसरे विश्वयुद्ध के बाद ऐसी विकराल महँगाई आयी कि सन् 1942-43 से आटा-चावल का भाव आसमान छूने लगा। राशन कार्ड के अभाव में बहुतों के लिए कदन्न तक दुर्लभ हो गया। उन दिनों जिन्होंने निराला को दारागंज के मसुरियादीन वाले मकान में रहते और खाते-पीते देखा है, उन्हें उनकी तत्कालीन दुःस्थिति का थोड़ा-बहुत अंदाज होगा। यही समय था जबकि ताजा कविताओं के छोटे-छोटे संकलन उन्हें कोदो के भाव बेचने पड़े।" द्वितीय विश्वयुद्ध के बाद निश्चय ही निराला एक प्रतीक बन गये थे, पर इस 'प्रतीक' के भीतरी बनावट में क्या-क्या छिपा है? "भक्तों और अनुरक्तों की ओर से जो प्रीति-श्रद्धा मिलती, उसका प्रवाह व्यक्तित्व को सार्वभौम तो बनाता, परन्तु पारिवारिक उत्तरदायित्व का बोझ उससे हल्का नहीं होता। ढोना और घसीटना दो अलग-अलग बातें हैं। राजनीतिक नेतृत्व के लिए जैसे यह आवश्यक है कि व्यक्ति के पास पर्याप्त समय और सुविधा रहे, उसी प्रकार श्रेष्ठ कवि और कलाकार के लिए पारिवारिक उत्तरदायित्व से मुक्त रहना एक अनिवार्य शर्त हुआ करती है। श्रेष्ठ कवि और श्रेष्ठ कलाकार अपनी शिल्पगत प्रतिष्ठा में भी वृद्धि करता चले और साथ ही दुनियादारी का बोझ भी अच्छी तरह ढोता चले, अभी तो यह असम्भव ही लगता है।" आज बहुत कुछ असम्भव भी सम्भव हो चला है। कुछ हमारे श्रेष्ठ कवि-कलाकार

सद्गृहस्थ भी हैं। किसी रचनाकार को महान बनाने में फक्कड़पन और अव्यवस्थित जीवन कोई कसौटी नहीं है। अंततः रचना ही मूल्य स्थापित करेगी। कहीं भी रहकर लिखा जा सकता है—हमारे सामने कई उदाहरण हैं जो पूज्य हैं और सद्गृहस्थ भी हैं। लेकिन नागार्जुन होने में सद्गृहस्थ होना निश्चित रूप से प्रतिकूल पड़ता है। मेरे बाबूजी यदि सद्गृहस्थ होते तो और कुछ भले होते, नागार्जुन नहीं होते। मुझे व्यक्तिगत रूप से इस अव्यवस्थित पिता का पुत्र होने में गर्व है। जिस देश की 25 प्रतिशत आबादी पेट भर खाना नहीं जुटा पाती है, उस देश में मुट्ठी भर सद्गृहस्थ बौद्धिकों को भूत और भविष्य भले ही दिखता हो, पर वर्तमान नहीं।

एक घुमक्कड़ व्यवस्थाहीन रचनाकार के लिए तरौनी, दरभंगा, दिल्ली, पटना ही तो अपना घर-गाँव नहीं है। सारा जहाँ ही अपना है।

> "खेत हमारे भूमि हमारी, सारा देश हमारा है,
> इसीलिए तो हमको इसका चप्पा-चप्पा प्यारा है।"

कहनेवाले नागार्जुन अपने गाँव-घर के लोगों के लिए क्या, अपनी पत्नी श्रीमती अपराजिता देवी के लिए अबूझ ही हैं अब तक—

> "दमा का सनातन मरीज
> रात को थोड़ा सोनेवाला
> घुमक्कड़ी का शौकीन
> मैं, यानी
> अर्जुन नागा
> उर्फ बैजनाथ मिसिर
> साकिम मौजे तरौनी बड़की
> थाना बहेड़ा
> जिला दरभंगा
> बिहार राज्य
> होशोहवास
> अपनी धर्मपत्नी
> आदरणीया श्रीमती
> अपराजिता देवी के
> चंद लफ्जों के मुताबिक
> 'हम तो आज तक
> इन्हें समझ नहीं पाये'!"

कौलिक परिस्थिति और परम्परा

सन् 1943 में बाबूजी को राहुल सांकृत्यायन की प्रथम पत्नी से मिलने का एकमात्र अवसर प्राप्त हुआ। उस पहला और आखिरी साक्षात्कार में ही श्रीमती राहुल ने सवाल किया—"मेरा क्या कसूर है, क्यों छोड़ रखा है उन्होंने?" इस अप्रत्याशित प्रश्न का उत्तर नागार्जुन के पास नहीं था। अपने अग्रज तुल्य राहुल के बचाव में उन्हें कोई तर्क तत्काल सूझ नहीं रहा था। यहाँ तक कि उस प्रौढ़ अपढ़ ग्रामीण महिला से नजर मिलाकर बात करने में अपने को असमर्थ पा रहे थे। निगाहें नीचे किये चुपचाप खड़े रहे। उसी क्षण एक वृद्धा श्रीमती राहुल की कलाई पकड़कर खींचती बोली—"छोड़ो, छोड़ो! चलो यहाँ से! यह भी किसी को छोड़कर भाग आया होगा! केदार (केदारनाथ पांडेय—राहुल का मूल नाम) ने भगोड़ों की जमात बना रखी है!..."

इस घटना की चर्चा बाबूजी ने काफी बाद में मेरी माँ से की तो वह बोली—"ठीक ही कहा था उसने! तुम नहीं मुझे छोड़कर भागे थे?" और यह सच ही तो है कि मेरे बाबूजी श्री वैद्यनाथ मिश्र यात्री नागार्जुन ने अपनी एकमात्र पत्नी मेरी माँ श्रीमती अपराजिता देवी को विवाह के बाद सात वर्षों तक छोड़ रखा था। छोड़ ही नहीं रखा, बल्कि अपने गाँव, जिला, प्रान्त ही क्यों, समुद्र पार लंका जाकर बौद्ध धर्म में दीक्षित हो गये थे। हालाँकि, राहुल की उक्त पत्नी के दर्शन के पूर्व ही बाबूजी का अपने घर में पुनरागमन हो चुका था। लेकिन उसके पैने सवाल उन्हें काफी समय तक भीतर से टीसता रहा।

मैं अक्सर यह सोचता रहता हूँ कि वह कौन-सा कारण रहा, जिसके चलते बाबूजी को ब्राह्मण पंथ की अरामतलबी पसन्द नहीं आयी, बौद्ध मठ की सम्पन्नता उन्हें आकर्षित नहीं कर पायी, राजनीति का स्वच्छंद विहार कभी नहीं भाया। सर्वदलीय या सर्वधर्म वाली नीति की सुविधा को दूर से ही नमस्कार करते रहे। सामान्य 'सद्‌गृहस्थ' की शातिर निगाहें उनके पास कभी नहीं रहीं। एक पूर्ण सफल या पूर्ण असफल अभिभावक भी नहीं बन पाये वे। पूर्ण सफल पिता ही क्यों, अपने पिता के समय एक पुत्र की पूरी जिम्मेदारी भी कहाँ निभा पाये। और तो और, एक पति का जो सामान्य युगीन कर्तव्य होता है अपनी पत्नी के प्रति, उका भी समय से पालन कहाँ कर पाये। अपने पुत्रों में से किसी को भी न तो अति आधुनिक बना

सके और न तो टिपिकल मैथिल ब्राह्मण ही कोई बन पाया। विचार और कर्म के स्तर पर हम उनके संतान मध्यमार्गी और समझौतापरस्त होकर रह गये। यह भी सही नहीं है कि उन्होंने अपने परिवार में अपने लोगों के बीच परिवर्तन लाने की कोशिश न की हो। इस उपमहाद्वीप के कई चक्कर लगाने के बाद ही उन्होंने मिथिलांचल के अपने स्वजनीय परिवेश में पुनः प्रवेश किया होगा। उस काल में उनके चिंतन की दिशा अपने सामने की परिस्थिति से अलग नहीं रही होगी। उनका चिन्तन वही रहा होगा, जिसमें उन दिनों जी रहे थे। घुमक्कड़ी के कारण या अध्ययन के चलते पूरी की पूरी परिस्थिति उनके सामने थी–

> "तरहथीक अओरा जकां संपूर्ण ई संसार
> आब सबहक नजरि पर अछि साफ।"

हथेली पर आँवले की तरह यह पृथ्वी सबके सामने स्पष्ट हो या न हो लेकिन उनके सामने तो साफ-साफ थी ही।

> "सामने फैला पड़ा है शतरंज-सा संसार
> स्वप्न में भी मैं न इसको समझता निस्सार।"

उस समय परिवार के नाम पर वृद्ध पिता और तरुणी पत्नी मात्र। घर की जगह पिता द्वारा बनवायी कच्ची मिट्टी की भीतोंवाली एक मड़ैया भर। जमीन-जायदाद नामभर के लिए। बूढ़े पिता अपढ़ मूर्ख ब्राह्मण। ऊपर से कर्मकांडी होने का दावा था उन्हे। विधुर और एकाकी जीवन व्यतीत करने के कारण कई प्रकार की अवांछित आदतों के शिकार हो चले थे। मात्र अपने और अपनी दमित इच्छाओं पर सोचने वाले पं० गोकुल मिश्र संकुचित स्वार्थ के घेरे में हर हमेशा नाचते रहते थे। दमित भावनाओं की पूर्ति के लिए कोई भी काम करने को स्वतः प्रेरित होते रहते थे। ऐसी बात नहीं कि गोकुल मिश्र के पुत्र को इन सबकी जानकारी नहीं रहती हो! फिर भी एक पिता की तरह अपने एकमात्र पुत्र से गोकुल बाबू को क्या उम्मीद रही होगी, इसकी जानकारी यात्री के शब्दों में–

> "छला अपने मूर्ख
> हमरा चारि अक्षर पढ़ा गेला बाप जे
> बौआ कमा क लगा देता टाल...
> बुढ़ारी में बैसि क हम खाएब
> हीत क संग शतरंज खूब खेलाएब।"

लेकिन ऐसी कोई सुविधा गोकुल बाबू को अपने पुत्र के द्वारा नहीं मिल पायी। गोकुल बाबू के सोचने का ढंग उस समय के समाज के अनुसार गलत तो था नहीं। वे तो उस काल खंड के थे, जिन्हें मात्र अतीत पर चिन्तन करने में आनन्द आता

था। इसके चलते उनके बाद की पूरी पीढ़ी को अंध दुराग्रह और बे-सिर-पैर आशाओं और बेसिर-पैर निराशाओं का सामना करना पड़ा। जहाँ उनके एकमात्र पुत्र वैद्यनाथ को अपने पिता की सीमाओं का ज्ञान हो चला था, वहीं उस पुत्र के भीतर नागार्जुन/यात्री जैसा प्रखर साहित्यकार जन्म ले चुका था। पिता से वे किसी भी तरह समझौता नहीं कर पा रहे थे तो उन्हें पुरुष या संत घोषित करने का कोई प्रश्न ही नहीं। पिता के प्रति एक प्रकार की निष्ठुरता ही आ गयी थी–

> "आहि रे कप्पार!
> हमर नहि से हुनक कर्मक दोष
> पढ़ि-गूनि क संतान लोकारण्य मे गेलेन्हि जे भूतिआए
> बुढ़ारी मे हक्कन जे कनलाह
> मुइलाह जे अनका उपर द भार
> बिंदुओ भरि जल सँ तपर्ण ने केओ केलकन्हि
> हमर नहि से हुनक कर्मक दोष!"

पूरी जिंदगी गोकुल मिश्र अपने एकलौते बेटे को नालायक ही कहते रहे। जिसको कंधे पर बिठा-बिठाकर सम्बन्धियों में गाँव-गाँव घुमाया है; भालपुर जेल में होने की सूचना पाते ही वहाँ जाकर आरजू-मिन्नत की ओर जेल में बन्द पुत्र के दोस्तों एवं अधिकारियों से कहा–"एक बछिया (पत्नी) को गले में फाँस लगवाएगा।" छुड़ा लाये थे वे। उसके पुनरागमन के बाद के आरोप-प्रत्यारोप तक सुनना पड़ा था उन्हें। उसके दुबारा यज्ञोपवीत संस्कार तक की बात उठ गयी थी। क्योंकि समुद्र लाँघ आया था। विधर्मी हो गया था। वही पुत्र अब श्रवण कुमार तो बनना दूर की बात रही, मन से उन्हें पिता मान रहा था या नहीं, इसमें शंका थी।

मैथिली में एक कहावत है–'चालि, प्रकृति आ वैवाय ई तीनू संगहि जाय' अर्थात् ढंग, स्वभाव और पाँव की बिवाई, ये तीनों मृत्यु पर्यंत साथ देते हैं। अपने पिता की आदतों को बाबूजी उनके जीवन काल तक बदल नहीं सके। बाल-काल से किशोरावस्था तक वे अपने पिता के रौद्र रूप और कर्कश स्वभाव से काफी आतंकित रहा करते थे। लगता है, अपने आँगन में प्रवेश करते ही पिता के इस स्वभाव का मनोवैज्ञानिक असर उनके जीवन काल तक मेरे बाबूजी पर हावी रहा है। जिस तरह मेरे बाबूजी अपने अखरपन के लिए मशहूर हैं, उनके पिता भी मूडी व्यक्तित्व वाले प्राणी थे।

शुरू-शुरू में बालक जब आज्ञाकारी पुत्र की तरह रहा होगा तो गोकुल मिश्र की यही अभिलाषा रही होगी कि ठक्कन पढ़-लिखकर अपना पंडिताऊ धंधा सँभाले, जजमानी जमाये। बालक था भी कुशाग्र बुद्धि का। गोकुल मिश्र के भविष्य की तमाम इच्छाएँ इसी पुत्र पर निर्भर रही होंगी। वैद्यनाथ जब तक बनारस नहीं पहुँच सका

था, तब तक गोकुल बाबू की तेज अभिभावकीय नजर अपने पुत्र पर गड़ी रहती। अपने अर्जित ज्ञान के मुताबिक बढ़िया पढ़ाई का अर्थ था फर्राटे से सत्यनारायण कथा बाँचना, पुरोहिती की हर विद्या का ज्ञान। उनके लिए खेती-बाड़ी, लहना-तगादा, पूजा-पाठ आदि के अलावा जीवन का और कुछ भी अर्थ नहीं। लेकिन वैद्यनाथ तो पच्चीस से तीस वर्ष की अल्पायु में ही इस उपमहाद्वीप का चप्पा-ख्प्पा छान आये थे। उन्हें तो रुका हुआ जल नहीं चाहिए था। वह बहता पानी देखने का अभ्यासी हो गये थे। उन्हें यह भासित हो गया था कि जिस समाज में उनका जनम हुआ है, उसमें जीवंतता के लक्षण अब शेष मात्र है। छाड़न ही रह गया है उसमें! फिर भी यहाँ की भूमि उन्हें हर हमेशा आकर्षित करती रही है। मिथिलांचल की मिट्टी और यहाँ के शस्य-श्यामल प्रकृति से उन्हें एक रागात्मक लगाव रहा है। यह लगाव मात्र जन्मभूमि होने के कारण ही नहीं है; उन्हें अपनी मिट्टी की शक्ति का ज्ञान हर हमेशा रहा है। वह यह समझ गये कि इस जमीन में विपुल शक्ति समाहित है। इसका ऐश्वर्य गरिमामय है।

> "कतहु रही पँड जन्मभूमि लए सदिखन आकुल प्राण
> अपना लोकक हित मे देखि हम विश्वक कल्याण,
> यश-अपयश हो, लाभ-हानि हो, सुख हो अथवा शोक
> सब सँ पहिने मोन पड़ई अधि अपने भूमिक लोक।"

इसी अपने लोगों के लिए वे वापस हुए थे अपनी जन्मभूमि। अपने पिता के रंग-ढंग के कारण युवा वैद्यनाथ अपने आँगन में मौन ही हो चले। घर में तो ऐसी स्थिति संभावित ही थी, पर गाँव में भी वैसा परिवेश नहीं मिल पा रहा था, जहाँ अपने मनोनुकूल वातावरण बनाया जा सके। एक छोटी-सी पारिवारिक जिम्मेदारी सिर पर सवार हो चली थी। उसके भरण-पोषण के लिए जीविकोपार्जन की जरूरत महसूस करने लगे थे। रोटी की समस्या का समाधान धन से ही सम्भव है। धन के लिए या तो पुश्तैनी संपत्ति हो अथवा कोई रोजी-रोजगार या धन कमाने की कला में आचार्यत्व हासिल। लेकिन युवा ब्राह्मण जो अब उस अर्थ में ब्राह्मण नहीं रह गया, जैसा ब्राह्मण का सामान्य अर्थ हुआ करता है। वह अच्छी तरह समझ गये थे कि ईमानदारी और मेहनत करके कोई विपुल संपत्ति वाला नहीं बन सकता है। धोखाधड़ी, छल-कपट, शोषण-निष्ठुरता, अन्याय-अत्याचार का सहारा लेकर ही लोग संपत्तिशाली बनते हैं। पर इनकी नियति लक्ष्मी-वाहन बनने की तो थी नहीं। इच्छा-अभिलाषा दोनों जून रोटी तक ही सीमित थी। ज्यादा इच्छा करते भी तो किस बूते पर। अपनी पैतृक जायदाद या खानदानी पेशा तो थी ही नहीं। निर्भरता का आधार नहीं। मात्र पेट की भूख मिटाने के लिए नागार्जुन को अपना इलाका छोड़ना पड़ता है। मिट्टी की मोह या शस्य श्यामल वातावरण से तो पेट की ज्वाला मिटेगी नहीं।

"बंधु, मेरे पास भी यदि
बाप-दादों की उपार्जित भूमि होती
धान होता बखारों में
आम-कटहल-लीचियों के बाग होते
पोखरा होता मछलियों से भरा
फिर क्यों न मैं भी
याद कर प्रथमा, द्वितीया या तृतीया (प्रेयसी) को
सात छेदों की रूपहली बाँसुरी में फूँक भरता
वैष्णवों की विरहिणी वृषभानुजा के नाम पर ही सही
फिर भी फूँक भरता
निकलता चाँदी मढ़ी ससुराल की वह छड़ी लेकर
बीच में मैं, हरित श्यामल खेत चारों ओर...
श्लील या अश्लील कुछ भी गुनगुनाता मदिर मुग्ध विभोर
किन्तु यह सब
असम्भव था वहाँ मेरे हेतु
इसी से तो भाग आता इधर ही, हे मित्र बारंबार।"

जहाँ कुछ करने की असीम लालसा थी, जिन लोगों के बीच एक नया समाज की ललक पैदा करनी थी, वहाँ से मात्र रोटी की तलाश के लिए दूर होना पड़ा। अपने कुल-देवता या ग्राम-देवता को याद कर निकल पड़ते हैं।

"छिन्नमस्ता भगवती
थिकी ओ कुल-देवता
हुनका करैत प्रणाम
छोड़ि कऽ हम तरौनी सन गाम
चल अबै छी दूर, बहुतो दूर..."

कहने भर के लिए ग्राम-देवता, कुल-देवता हुआ करते हैं। इनके बूते से बाहर की बात है, किसी के लिए दाना-पानी जुटाना।

और इसी कुल-देवता भगवती छिन्नमस्ता की आराधना-पूजा-अर्चना के चलते आज के युग में न चाहते हुए भी हमारा पूरा परिवार ग्राम-मुखी रहता आया है। ग्राम-केन्द्रित रहना आज के युग में कोई मतलब रखता भी नहीं है। नागरीय संस्कार आज के समय में सभ्य समाज के लिए एक महत्त्वपूर्ण अंग बन गया है। यह भी सही है कि आज तथाकथित सभ्य संस्कार का या तो प्रदर्शन होता है या बोलचाल में मुखशुद्धि की तरह प्रयोग। परिवेशगत परिवर्तन कहाँ कहीं ढंग का नजर आ रहा

है! बाबूजी ने अपने पिता को निश्चय ही अपनी समझ के अनुसार तत्कालीन परिवर्तनीय परिवेश में लाने की कोशिश की होगी। लेकिन इस प्रयास में सफलता न पाकर घर के दूसरे प्राणी की ओर मुड़े। घर में दूसरा प्राणी मेरी माँ ही थी। लेकिन आज तक, जबकि मेरी माँ इकहत्तर-बहत्तर की हो चली हैं और उसमें अभी भी वह साहसिकता अथवा जीवन-कूल्यों का वह ज्ञान कहाँ हो पाया है, जो आज जीने के लिए अनिवार्य है। कुल-देवता छिन्नमस्ता की पींडी उसके लिए परम सत्य है। उसकी अराधना उसकी दैनिक दिनचर्या का प्रमुख अंग है। मिथिला की तमाम रूढ़ियाँ पूँजीभूत होकर हमारे परिवार में प्रतिस्थापित हो चली हैं। रविवासरीय व्रत से लेकर छठ व्रत जैसा पारम्परिक रूढ़िवादी व्रत-त्योहार को हम अभी भी नकारने की स्थिति में अपने को कहाँ पा रहे हैं! धर्म का स्थूल रूप ही आज जन-साधारण के सामने रखा जाता हे। उसका ऐसा पक्ष सामने रखा जाता है जो उसके दार्शनिक अथवा तात्त्विक उद्देश्यों को भूलने में सहायक हो। इसके चलते धर्म का गलत उपयोग हम सब करने लगे। यह एक विचारणीय मुद्दा है कि आज के नागार्जुन उस समय से अब तक अपने परिवार में यह रूढ़िवादी परम्पराओं को किस तरह झेला है तथा उसके बीच गुजरते हुए अपना रास्ता चुना है।

सम्पूर्ण मानवता के लिए वह दुर्भाग्यपूर्ण काल रहा होगा जिस काल में धर्म अपने अस्तित्व में आया। धर्म ही वह तत्व है जिसके कारण इतिहास में न जाने कितने युद्ध हो चुके हैं। धर्म के चलते ही जातिगत भावना और जातिगत राजनीति का जन्म हुआ। समाज और सामाजिक अर्थतंत्र पर धर्म अपना दूषित प्रभाव छोड़ता है। धर्म के चलते आपसी वैमनस्य से लेकर दो राष्ट्रों तक में युद्ध तक हो गया है। आपसी वैमनस्य तो धर्म हमें सबसे पहले सिखाता है। परम्परावादी सामाजिक संस्थाओं की रक्षा के लिए धर्म के साथ कर्मकांड को जोड़ा गया। इसी कर्मकांड ने पूरी रूढ़िवादी परम्परा को खड़ा होने में रीढ़ का काम किया है। ऋग्वेद काल से लेकर अब तक धार्मिक रूढ़िवादी कर्मकांड ने हमारे जन-जीवन को इतने गहन रूप से किस तरह प्रभावित किया है, यह एक चिन्तनीय विषय रहा है। ऐसी बात भी नहीं कि इस विषय पर आज ही हम सब सोचने लगे हैं। आदिकाल से ही हर युग में इस मसले पर विभिन्न दृष्टिकोण से चिन्तन-मनन होता आया है। युवा ब्राह्मण पं. वैद्यनाथ मिश्र आर्यसमाजी संस्कार से प्रभावित होने के बाद बौद्ध धर्म में प्रवेश पाकर एक प्रतिष्ठित मठ तक जाकर फिर वहाँ से वापस लौटकर ऐसे लोगों की जमात की अगली कतार में आ गये जो वास्तव में परिवर्तन चाहता था, समाजवादी व्यवस्था में जिन लोगों का विश्वास था। समाज में फैली पारम्परिक रूढ़ियाँ भी उनके चिन्तन के दायरे में थीं। उसी काल वैद्यनाथ को लगा कि यदि जीने के ढंग में युगीन सन्दर्भों और परिस्थितियों के मुताबिक फेर-बदल नहीं हुआ तो निश्चित रूप से वर्तमान जीवन अत्यधिक कु-वृत्तियों से भरेगा और अन्त में जाकर यह त्याज्य ही सिद्ध होगा।

"नहि अबइ छथि काज कोनो ब्रह्म
नहि अबइ काज ई कुल गोत्र
शिखा-सूत्र त्रिपुंड-चानन-ठोप
अबइ अछि किछु काज नहि ई पुरना आटोप
फूसि सबटा थिक
थिक महाजंजाल
फूसि ब्रह्मा-विष्णु-दश दिक्कपाल
फूसि ऋति-स्मृति
फूसि शास्त्र-पुराण
फूसि व्रत-उपवास।"

निश्चित रूप से बाबूजी अकेले पड़ गये होंगे, अपने परिवार और गाँव घर के समाज में। पिता में इनकी मानसिकता समझने के लिए थोड़ी भी क्षमता नहीं थी और न उत्सुकता ही। उस समय समाज के तत्कालीन बुजुर्ग जो गोकुल मिश्र के हमउम्र थे इनको समझने की मानसिकता को गिरवी रख चुके थे। उस काल में गोकुल मिश्र की पूरी पीढ़ी कम-से-कम मिथिलांचल में मानसिक गुलामी का शिकार हो चली थी।

गोकुल मिश्र के जीवन में कुल-देवता छिन्नमस्ता और पंचदेव की आराधना सब कुछ था। इस 'तथाकथित काल्पनिक शक्तियों' के विरोध में वे कुछ सुनना महापाप मानते थे। उनका अपना तर्क और विश्वास था। अपनी समझदारी के अनुसार, पुत्र भी तो बाबा वैद्यनाथ की कृपा का फल था। वही पुत्र देव-पितर को काल्पनिक और असंगत बता रहा था। पुत्र के लिए जो कल्पित शक्ति थी, उसे वे अनर्थ की दुनिया समझते थे। वह किसी भी तरह यह समझने में अपने को असमर्थ पा रहे थे कि देव-पितर के अतिरिक्त भी कोई शक्ति है जो काल एवं युग को नियंत्रित करती है। यह उल्लेखनीय है कि मिथिलांचल शाक्त ब्राह्मणों की भूमि रही है। यहाँ के ब्राह्मणों की देन है दर्शन के क्षेत्र में नव्य न्याय और साधना में तंत्र। आज भी इस युग में, जब सब कुछ एक ढोंग-सा लग रहा है, तब भी किसी गाँव या नगर के किसी भी महाशक्ति के मंदिर में सवेरे-शाम आशीष लेनेवालों की संख्या अच्छी खासी रहती है। दस महाविद्याओं में से किसी एक को सिद्ध करनेवाले तांत्रिक दर्जनों की संख्या में नगर-नगर में मिलते रहते हैं। इन लोगों का दावा होता है कि वे अपने सिद्धि महाविद्या के सहारे त्रिकालदर्शी होते हैं। महाविद्या से साक्षात्कार का भी दावा वे किया करते हैं। फिर तो आज से पचास-साठ वर्ष पूर्व की बात कुछ और रही होगी। उस समय गाँव-गाँव में वैसे लोग मिलते रहते होंगे जो ललाट पर सिंदूर का टीका किये और गले में रूद्राक्ष या रक्तचंदन की माला डाले होते और किसी एक महाविद्याओं के बीज मंत्र बुदबुदाते रहते। आज जब हम एक ही छलाँग में इक्कीसवीं सदी की

ओर पहुँचने का कृत्रिम प्रयास कर रहे हैं या उसके मायामृग में खोये-खोये नजर आ रहे हैं, तब भी महानगरों में विभिन्न तांत्रिकों के तरह-तरह के कारनामे आये दिन अखबारों की सुर्खियों में देखते रहते हैं। इन तांत्रिकों से फूल, गंडे, ताबीज आदि प्राप्त कर देश के तथाकथित प्रगतिशील कर्णधार स्वयं को गौरवान्वित करते रहते हैं। फूल से आपरेशन या बिना अग्नि के हवन कुंड प्रज्वलित होते हम सब आये दिन देखते हैं। और तो और आधुनिकतम वैज्ञानिक तरीके से तैयार भवन या युद्धपोत को नारियल फोड़कर पंडितों द्वारा मंत्रोच्चारण करवाकर ही उद्घाटित करते हैं। ज्योतिषों से समय विचरवाकर और तांत्रिकों से तंत्र-क्रिया करवाकर मंत्रिमंडलों का शपथ ग्रहण तो प्रचलित हो ही गया है। फिर उस काल में यदि मिट्टी या भभूत देकर या अभिमंत्रित जल से किसी का बुखार छुड़ा दिया जाता होगा या पेट-दर्द खत्म कर दिया जाता होगा तो हमें अचरज क्यों होता है?

पारिवारिक दायित्व से मुक्त गोकुल बाबू सिद्ध पुरुष होने की कामना तो नहीं करते, लेकिन अपने ग्रामीण समाज में ब्राह्मणों के बीच कुछ न कुछ दिखावा तो करना ही पड़ता। अपने गाँव-घर में जहाँ वे रमे-जमे थे, लोग उन्हें अच्छी तरह जानते-पहचानते, वहाँ तो किसी तरह मात्र फूल-अक्षत, धूप-दीप से आराधना का काम निकल जाता, लेकिन जब कभी कहीं आना-जाना पड़ता अथवा अपने दरवाजे पर कटुंब-संबंधी आये होते तो ताम-झाम फैलाना ही पड़ता ताकि उपस्थित व्यक्ति यह समझे कि वह किसी खानदानी ब्राह्मण के सामने है। इस भूमि का दुर्भाग्य यह रहा है कि धार्मिक क्रिया-कलाप के साथ शिक्षा या आचार-व्यवहार को उस तरह साथ रखने की कोशिश नहीं की गयी, जिस तरह धर्म के साथ कर्मकांड को डेग-डेग पर चलाने की कोशिश की गयी है। बालकाल से ही वैद्यनाथ को शिक्षा दी जाती रही कि वाचस्पति और पक्षधर मिश्र जैसे मनीषियों की भूमि में पैदा हुए हो तो अपनी दैनिक दिनचर्या, पूजा-पाठ का सम्पादन गम्भीरता से करो। देव-कर्म के प्रति तत्परता रखनी चाहिए। एक तरफ तो पिता या उनके जैसे हमउम्र द्वारा उपदेशों की झड़ी और दूसरी ओर इसका व्यावहारिक रूप आसपास खोजता तो कुछ और ही पाता। वह देखता, जितनी बातें ये सब कहते हैं, उसको करने में ये लोग कुल मिलाकर पन्द्रह-बीस मिनट का समय भी नहीं दे पाते। लेकिन डींगे खूब हाँकते। अपने गाँव के बाहर होने पर जब दूसरों को दिखाना होता तो काफी टंट-घंट, तामझाम फैलाया करते।

बचपन से ही वैद्यनाथ सोचा करते कि ऐसा करने के लिए आखिर क्या मजबूरियाँ लोगों के पास हो सकती हैं? हर व्यक्ति मुखौटा क्यों रखता है? सब लोग नाटक के पात्र की तरह एक-दूसरे के सामने दिखते हैं। लोग अपनी मौलिक जीवन-दृष्टि भी अगली पीढ़ी के सामने नहीं रख पाते—इसका एक मात्र कारण इन लोगों का अपना ही चरित्र था जो आपस में एक-दूसरे को समझने नहीं दे रहा था। अगली पीढ़ी का विकास किस ढंग से हो रहा था, वह किस ओर बहक रही है—इन

बातों की थोड़ी भी चिन्ता उन लोगों के पास नहीं थी। पर वैद्यनाथ अब बालक तो रहे नहीं। बनारस में संस्कृत का अध्ययन, देशाटन आदि के द्वारा अर्जित युगीन संदर्भों का विवेकपूर्ण अनुशीलन और अन्य धर्मों के टंट-घंट से परिचित होने के कारण वह सब कुछ समझ रहे थे। अनुभवों का एक पिटारा ही था उनके पास। यों हर काल में पुरानी पीढ़ी और नयी पीढ़ी में एक तनाव बना रहता है। लेकिन "पुरानी पीढ़ी और नयी पीढ़ी के बीच ऐसी चौड़ी खाई शायद ही किसी अन्य सभ्य देश में हो।" अपने गाँव या समाज में वैद्यनाथ पिता या उनके जैसे लोगों के सामने स्वयं को युगोनुकूल युवक बनने में असमर्थ-सा पाने लगे। उन पर अपने समाज के बाहर ऐसा रंदा पड़ा था कि अपने आपको गाँव-घर के साँचे में फिट ही नहीं कर पा रहे थे। उनकी दृढ़ धारणा है कि युवकों के शिक्षक युवक ही हो सकते हैं। "ठस दिमागवाले, सिकुड़े हुए दिलवाले वयस्क भला नौजवानों को क्या सिखलायेंगे?"

गोकुल मिश्र उस काल के ब्राह्मण थे, जब समाज सामन्तवादी संस्कार से पूरी तरह ग्रस्त था। साथ ही उसी काल में सामन्तवाद को शिकस्त देने की पूरजोर कोशिश चल रही थी। इस प्रयास में यहाँ-वहाँ आंशिक सफलता भी मिलती जा रही थी। मिथिलांचल सामन्तशाही का हर हमेशा गढ़ ही रहा है। सैकड़ों वर्षों से चले आ रहे सामन्ती संस्कार आसानी से हटने को तैयार तो होंगे नहीं। तरह-तरह के हथकंडे का प्रयोग करके इसके पोषक इसे जिन्दा रखने का भरसक प्रयास करते रहते हैं। भारतवर्ष में पृथ्वी की सबसे प्राचीन वर्ण व्यवस्था है। अपने कट्टर रूप के कारण यह वर्ण-व्यवस्था यहाँ की सामन्तशाही व्यवस्था को पोषण ही करती रही है। इसी सामन्ती व्यवस्था के कारण आधुनिक यथार्थवादी चिन्तन के प्रसार में जमकर अवरोध होता रहता है। यह वह तत्व है जो हमारे स्वतंत्र चिन्तन को पनपने तक नहीं देते हैं। पूरा का पूरा समाज दिमागी रूप से गुलाम रहता है। "जिस व्यक्ति अथवा समाज की बुद्धि अन्य व्यक्ति या समाज पर निर्भर हो, समझना चाहिए कि उसकी मनोवृत्ति पंगु हो गयी है।" और यही पंगुता भय, अंधविश्वास और स्वार्थ भावना को जमकर प्रसार करता है। स्वतंत्र चिन्तन में यही सबसे अधिक बाधक होता है। यदि गोकुल मिश्र अपने युवा पुत्र के मनोनुकूल अपने में परिवर्तन नहीं ला पा रहे थे तो यह कोई बड़ी बात नहीं लगती है। यह मात्र उनका ही कसूर नहीं था, उस युग का सम्पूर्ण ब्राह्मण वर्ग ही क्यों, पूरे का पूरा सामाजिक तंत्र की यही दशा थी। "स्वाधीन मनोवृत्ति आन्तरिक स्वस्थता का सबसे बड़ा लक्षण है। परम्परा का बोझ और धारणाओं का जाल हमें खुलकर समस्याओं का समाधान नहीं करने देता—यह बिल्कुल सत्य है।" ऐसा नहीं कि स्वाधीन मनोवृत्ति या स्वतंत्र चिन्तनवाले रहे ही नहीं, उस काल में। अपवाद रूप में अवश्य ही रहे हैं लेकिन उनकी संख्या उँगली पर गिनने योग्य ही रही है।

नागार्जुन जैसे हजारों युवक उस काल में तत्कालीन समाज के लिए फालतू और

निरर्थक समझे जा रहे थे। इन सबों को अपने-अपने समाज-परिवार में कुछ-न-कुछ नया करने की इच्छा मन में आती रहती थी—पर कुछ भी करने का माहौल कहाँ मिल पा रहा था! बाहर के लोग भले नागार्जुन पर मुग्ध रह रहे हों, पर घर की मुर्गी दाल बराबर। यों बाबूजी आज भी दस लोगों के बीच बड़बोला नहीं रहे हैं। चुपचाप लोगों की बात सुनते रहते हैं, उस पर अपनी प्रतिक्रिया सोचते रहते हैं और मौका पड़ने पर वह सब कलमबद्ध कर निकाल देते हैं। हाँ, जब बोलनेवाला अपनी सीमाओं को कहीं और ही छोड़ देता है तो इनका गुस्सा देखने लायक होता है :

"चुप चुप तो मौत है
पीप है, कठौत है
बमको भी, खाँसो भी खुनको भी..."

यह आदत शुरू से ही रही है। पतली काठी होने के बावजूद सभी काम फुर्ती से करने की आदत रही है। अब तो खैर उम्र के एक छोर पर आ गये हैं। शरीर धर्म जीवन यात्रा पर हावी हो चला है। फिर भी वे मानसिक स्तर पर एक जागरुक युवक की तरह सजग रहते हैं। हाँ, तो घर से निकलकर परिव्राजक होने और पुनः घर लौटकर सद्गृहस्थ होने में सात-आठ वर्षों के काल खंड की दूरी है। इस अन्तराल में अपने पिता में किसी भी प्रकार के परिवर्तन नहीं लक्षित कर पाते। बदलाव का कोई चिह्न वे महसूस नहीं करते हैं। परिवार के प्रति रुक्ष व्यवहार पूर्ववत् ही बना रहता है। वैद्यनाथ खुद भी इस बीच स्वच्छंद और स्वतंत्र विचार रखनेवाले एक प्रबुद्ध प्राणी हो चुके थे। इस स्थिति में पिता उनके लिए ऊसर-बंजर धरती ही प्रतीत हो रहे थे। पिता को समझाने में असफल और तथाकथित अनुभवी बुजुर्गों की चलताऊ बातों से ऊबकर 'एकला चलो रे एकला चलो' ही श्रेयस्कर लगा होगा। उनकी यह धारणा सुनिश्चित हो चली कि स्मृतिकारों द्वारा निर्मित नियम और विधान आज के समय में बिल्कुल अनुपयोगी हो चले हैं। सामाजिक आचार-विचार और व्यवहार के नियम-विधान बनने के समय से अब तक के समय में आसमान-जमीन का अन्तर आ गया हे। उस काल के परम सत्य आज बिलकुल भ्रामक हो चले हैं। ईश्वर, वेद-पुराण, कर्म-कुकर्म, स्वर्ग-नरक आदि क्या हैं और इनका क्या औचित्य है—वह अब हम भली-भाँति समझ चुके हैं। इनके घेरे में आना या इसमें फँसना अपने को भ्रम में रखना ही आज के जमाने में समझा जाता है। कर्मशील जमाने में इनकी थोड़ी भी उपयोगिता नहीं रही है।

"नहि अबै अछि काज हमरा चारि हाथ वला ओ भगवान
नहि अबै अछि काज वेद-पुरान
छोड़ि अपन काज

अनेरे हम किए हैव हरान
नहि कुकर्म करै छी जे नरक जायब, यम पकड़त कान।"

पुरानी राहों पर चलना अब उन्हें पसन्द नहीं। नयी राह बना लेने का माद्दा उनमें हमेशा ही रही है। उनमें यह साहस है कि पतली पगडंडी को चौड़ा रास्ता बना देंगे। अपने पिता के सामने उनकी स्थिति दो पंक्ति में स्पष्ट कर देते हैं :

"कर्मक फल भोगथु बूढ़ बाप
हम टा संतति से हुनक पाप।"

गाँव-घर की परिस्थिति को यथावत् छोड़कर वहाँ से निकलना ही उचित लगा होगा। इसे हम पलायन तो किसी भी स्थिति में नहीं कह सकते हैं। छोड़कर भागना कहें तो अच्छा रहेगा। पलायन तो सोच-समझकर भावी कार्यक्रम तय करके ही होता है। भगोड़ापन नागार्जुन के स्वभाव में कुछ मात्रा तक है। उन्होंने स्वयं लिखा है—"भगोड़ापन बड़ा ही व्यापक है। उतना ही सनातन, उतना ही विविध। लेकिन मनुष्य साधारण पशु नहीं होता, वह तो विकसित पशु है, मिल-जुलकर सोचना-समझना, अपनी सुविधा के लिए कायदे-कानून बना लेना और उस पर अमल करना उसकी विशेषता होती है, प्रथाएँ पुरानी होकर रूढ़ियों के तौर पर अचल बन जाती हैं तो अगली पीढ़ी अपने सुभीते के लिए नयी प्रथाएँ कायम कर लेती है। भगोड़ा आगे बढ़कर और फक्कड़ होता है। रूढ़िभंजनवाली परम्परा उसको क्रान्तिकारियों की अनुशासित कतार में शामिल करा देती है..."

मोह का सूत्र जो एक बार टूटने पर जोड़ा गया था, पुनः टूटने को हो गया। लेकिन सम्भवतः गाँठ में कुछ ज्यादा ही लपेट लग गयी थी। घर में पिता के अलावा उनकी पत्नी अर्थात् मेरी माँ भी थी। फिर अपनी पत्नी से सम्पर्क तोड़ना उनके लिए मुश्किल ही नहीं असम्भव-सा लग रहा था। यों उस समय यदि चाहते तो अपनी विवाहिता को आसानी से छोड़ सकते थे। उसके साथ बँधे रहने की प्रत्यक्षतः कोई मजबूरी नहीं थी उनके सामने। जब घर से निकले थे तो मात्र वैद्यनाथ मिश्र थे, जो संस्कृत का एक होनहार छात्र था, लेकिन जब वापस होते हैं तो नागार्जुन/यात्री जैसा नाम उनके साथ था, जो हिन्दी और मैथिली साहित्य के लिए अपरिचित तो नहीं ही था। कई भाषा का ज्ञान हासिल कर चुके थे। राजनीति में एक पाँव पड़ा हुआ था। राजनीति और साहित्य दोनों क्षेत्रों में चहेतों की संख्या अच्छी-खासी थी। सबसे बड़ी बात यह थी कि अपनी कलम की ताकत पर भरोसा था। अपने घर लौटने के कुछ पूर्व ही तो बौद्ध परिधान बदन से अलग किया था। उसे पुनः धारण करने में कोई अतिरिक्त प्रयास नहीं करना पड़ता। जिस विवाहिता को छोड़कर गये थे, वह अपने पिता की छत्र-छाया में रह रही थी। अन्न-वस्त्र की कोई दिक्कत तो वहाँ थी

नहीं। मध्यवर्गीय किसान परिवार की लड़की थी वह। बाल-बच्चे उस समय तक हुए ही नहीं थे कि पारिवारिक दायित्व का बोझ भी कुछ रहे। बाल-बच्चों का मोह या ललक परिवार को टूटने या विखरने से अभी भी बचा लेता है। मेरी माँ तब भी साक्षर मात्र थी और अब भी। मेरे ननिहाल का परिवार कोई प्रतिष्ठित परिवार नहीं है कि कोई आकर्षण रहे। उस परिवार की शैक्षणिक योग्यता भी नाम मात्र की है। उस समय यदि बाबूजी चाहते तो अकेले रहने का संकल्प ले सकते थे या पारिवारिक दायित्व से मुक्ति पाकर कुछ भी अन्य व्यवस्था कर सकते थे। लेकिन कोई ऐसी व्यवस्था करने में मानसिक स्तर पर असमर्थ ही पा रहे होंगे स्वयं को।

"...मधुर हो तुम और बन्धन भी मधुर है
बेड़ियाँ है किन्तु इनमें दिव्य सुर है
देखकर अवसाद मेरा हिल गयी तुम
देखकर मुसकान मेरी खिल गयी तुम
भर गया मैं स्फूर्ति से, नवचेतना से
क्योंकि तुम परिपूर्ण थी संवेदना से

मात्र पत्नी ही थी परिवार में, जिसको अपने साथ चलने योग्य बनाना आवश्यक था। मेरी माँ को शादी के बाद काफी दिनों तक पितृगृह में रहना पड़ा। लेकिन उसे कभी यह महसूस नहीं हो पाया कि वहाँ रहना उसकी बाध्यता है। उसे तब भी उतना ही लाड-प्यार मिला, जितना शादी के पूर्व। मेरे नाना का पूरा परिवार रूढ़िवादी धार्मिक संस्कारों से जकड़ा तब भी था और अब भी है। उन लोगों की यह धारणा थी कि अपराजिता के भी दिन लौटेंगे नल-दमयन्ती की तरह। शादी के दिन से ही हमारे यहाँ महिलाएँ गौरी पूजन शुरू करती हैं। किसी धातु के डिब्बे में सिन्दूर के बीच किसी धातु से निर्मित गौरी की एक या आध इंच की प्रतिमा रखती हैं। पूजा के बाद इसी डिब्बे के सिन्दूर से महिलाएँ माँग में सिन्दूर भरती हैं। मेरी माँ भी अपने भागे हुए पति के नाम पर रोज माँग में सिन्दूर भरती रही। ज्योतिषों-तान्त्रिकों से उसकी भाग्य-रेखा, जन्मपत्री दिखलायी जाती रही होगी। उन लोगों ने उस किशोरी को बराबर ढाढ़स ही दिया होगा। उसके पिता की भौतिक संवृद्धि को देखकर या अच्छी दक्षिणा के लोभ में भले ही, वे लोग उस समय जो कुछ भी कह गये, वह आज अक्षरशः सत्य हो गया। वे सब बराबर कहते रहे—"बिटिया बड़े घर जाएगी। शिवदानी-सा महापुरुष इसका स्वामी है। नाती-पोतो से भरा-पूरा परिवार होगा।" उस समय चाहे जिस किसी कारण से कहने वाले यह सब कह रहे थे और सुनने वाले उस पत्यिक्ता का मन रखने को सुन रहे थे, लेकिन आज मेरी माँ अपने छः पुत्र-पुत्रियों के भरे-पूरे परिवार की परम आदरणीया है।

हाँ, तो वैद्यनाथ जब प्रवास से लौटे तो ससुराल में उत्सव मनाया गया।

सत्यनारायण भगवान की कथा सुनी गयी, प्रसाद बाँटा गया। गाँव के ग्राम देवता के समक्ष बलि प्रदान की गयी। ब्राम्हणों के साथ कुमारी कन्याओं को भोजन कराया गया। दक्षिणा देकर उनकी विदाई की गयी। वैद्यनाथ खुद भी कुछ वर्ष पूर्व तक इसी रूढ़िवादी समाज के अंग थे। अब नागार्जुन में उनका रूपान्तरण हो चुका था। ससुराल के लोग इन्हें वापस पाकर अपनी खुशी में डूबे हुए थे। अपराजिता के लिए माँ-बाप की आज्ञा, उन लोगों के क्रिया-कलाप ही अनुकरणीय थे। पूजा-पाठ, व्रत-उपवास, पर्व-त्यौहार, देव-पितर आदि तो अब तक उसके जीवन के अनिवार्य अंग हो गये थे। अपराजिता जैसी अशिक्षित ग्रामीण महिला के लिए पति के द्वारा रूढ़िगत परम्पराओं का विरोध समझना निश्चित रूप से मुश्किल रहा होगा। उसके अनुसार पति संन्यास त्यागकर गृहस्थ बने थे तो पूजा-पाठ, तंत्र-मंत्र, ताम-झाम आदि के प्रति झुकाव होना चाहिए। लेकिन वह इसके विपरीत देख रही थी अपने पति में। वह समझ नहीं पा रही थी कि कोई ब्राह्मण इन सबका विरोध क्यों और कैसे करेगा।

घर-वापसी के अन्य कारणों में पत्नी की भी एक महत्त्वपर्ण भूमिका रही है। प्रवास में रहते हुए अपराजिता को भुलना कठिन-सा रहा होगा उनके लिए। अपराजिता उनकी विवाहिता है—यह कैसे भूल सकते थे? उसे छोड़ रखा था चाहे जिस किसी मजबूरी के कारण। ऐसी परित्यक्ता नारियों की क्या दशा होती है—इसे वे आसानी से अंदाज लगा सकते थे। बनारस को निकट से देखनेवाले इस बात को आसानी से समझ सकते हैं। वे तो बनारस में वर्षो गुजार चुके थे। साथ ही सम्पूर्ण हिन्दुस्तान को देखा था। एक सजग संवेदनशील शब्दशिल्पी होने के कारण अपनी विवाहिता को अकारण छोड़ रखने का अपराध-बोध उन्हें निश्चित रूप से भीतर ही भीतर टीस रहा होगा—

'चिर वियोगक आगि मे—
तोरा जखन हम ठेलि, बनलहुँ
परिव्राजक एसगरे ओहि बेर सखि, चुपचाप
कते सहने रहऽतो परिताप?
बहुत दिन पर ज्ञान एतबा भेल जे हम
केहन निष्ठुर, केहन निर्मम, केहन पाषाण।'

निष्ठुरता के संग-संग अपनी प्रिया के लिए अनेकों भावनाएँ मन में आती होंगी। उसके साथ बिताये गये क्षण स्मृतियों की परतों से निकलकर कलमबद्ध होकर निकलने के लिए भीतर-ही-भीतर उफनने लगे होंगे। पत्नी के प्रति और अधिक उदासीनता स्वयं ही निष्ठुरता लगी होगी। पत्नी याद आते ही, अपना लक्ष्य, जीवन का उद्देश्य सभी कुछ याद आ जाता है। फिर यह भी ख्याल आया होगा कि पत्नी

भी अपने लक्ष्य की ओर बढ़ रही है या नहीं। प्रायः ऐसा देखा जाता है कि अपने जीवन सहयोगी के द्वारा किये गये कर्मों की तुलना स्वयं के कर्मों से करते हैं हम। नागार्जुन भी अपना ध्येय, लक्ष्य और पत्नी का लक्ष्य, ध्येय आपस में मिलाकर देखते हैं—

"देखना सब कुछ था स्वयं जाकर
नदी, नद, वन, गिरि, मरुस्थल और सागर
पार करना था, उदधि को तैर करके
नाप आना था चराचर सैर करके
नील नभ की परिधि की थी थाह पानी
उच्चतम अभियान की थी राह पानी
पर तुम्हारे सामने तो एक मैं था
लक्ष्य मैं था, ध्येय मैं था, टेक मैं था"

निश्चित रूप से कहा जा सकता है कि अपराजिता भी अपने लक्ष्य की प्राप्ति में अपने पति से पीछे नहीं रही। यह अलग सवाल हो सकता है कि दोनों के लक्ष्य में कोई तुलना नहीं। समानता के सूत्र जोड़ना सरासर अन्याय ही है। जहाँ एक का जीवन-लक्ष्य काफी व्यापक और विशाल है, वहीं दूसरे का अति लघु। एक जनहित के लिए चिन्तन करता रहता तो दूसरे की सोच बिल्कुल व्यक्तिगत स्तर पर है। जिस तरह बाबूजी को अपने अध्ययन-अनुभव-पर्यटन के कारण सम्पूर्ण मानवता और उसके विकास पर आस्था जमी होगी, उसी तरह मेरी माँ को भी अपने देवी-देवताओं पर काफी गहराई तक निष्ठा जमी होगी। उसे गौरी-पूजन का फल मिल गया, व्रत-उपवास की महिमा वह अच्छी तरह समझने लगी होगी। गाँव के बूढ़े-बूढ़ियों द्वारा की गयी मनौतियाँ या इस-उस-देव-देवी के फूल-प्रसाद कितना फलदायी है—यह वह समझने लगी। नागार्जुन भी तो इस सबको देख चुके थे एक जमाने में। धर्म की आड़ में कुलीन वर्गों की तथाकथित दमित इच्छा-सपने कैसे-कैसे रंगीन अठखेलियाँ करती हैं—यह सब उनको पता था। उनकी अब जैसी मानसिक बनावट हो गयी और जहाँ वह वापस आये थे—दोनों एक बड़ा फासला था—

"छोड़कर प्रासाद खोजूँ खोह
कह रहा है पूर्वजों का मोह
जोर देकर कह रहे ये वेद और पुरान
मूल से चिपटे रहो नादान
बनूँ मैं सज्जन सुशील विनीत
हार को समझा करूँ मैं जीत

क्रोध का अक्रोध से कर अन्त
बनूँ मैं आदर्श मानव संत
रह न जाये उष्णता कुछ रक्त में अवशिष्ट
गुरुजनों का भी यही था इष्ट।"

इसके साथ ही वह दिन भी याद करने लायक है, जब अपने पिता की मृत्यु के बाद गाँव वापस आये। लोगों की राय हुई कि श्राद्ध-कर्म नहीं करने का प्रायश्चित तो उन्हें करना ही पड़ेगा। तय किया गया कि गया जाकर पिण्डदान और श्राद्ध-कर्म पूरा करें। यह किये बिना गोकुल बाबू को मोक्ष होगा ही नहीं। गया जाने की तनिक भी इच्छा नहीं। पर गाँव के दस जनों का आग्रह मानना ही पड़ा। महापात्र को साथ लेकर गया के लिए गाँव से प्रस्थान किया। महापात्र मृत्युपरान्त श्राद्ध-कर्म आदि में प्राप्त दान-दक्षिणा पर जीवन-यापन करने वाला निकृष्ट ब्राम्हण होता है मिथिलांचल में। साथ चल रहे महापात्र की स्थिति की पूरी जानकारी इन्हें थी। साथ चलते हुए घण्टे-दो घण्टे में ही उसको पूरी तरह अपने विश्वास में कर लिया। चप्पलविहीन फटा पाँव और फटे कपड़ों से ढँके तन पर इन्हें दया आ गयी। गया जाने के रास्ते में दरभंगा पहुँचने पर पहला काम यही किया कि उसके लिए जूते और कपड़े खरीदे। एक छाता भी ले दिया। महापात्र अपने जीवन में ऐसा जजमान देखा नहीं था। वह आज्ञाकारी बन्धु की तरह हो गया। अब वह अपने दयालु जजमान को किसी भी तरह का कष्ट नहीं देना चाहता। पटना पहुँचते ही उसने इनसे कहा—"आपसे अच्छा पुत्र तो मैंने देखा ही नहीं था। आप जैसा पुत्र का पिता कहीं मोक्ष के लिए भटके! आपके पिता तो सीधे बैकुंठ गये। आपसे कोई क्रिया-कर्म का औचित्य मुझे कहाँ लगती! आप काफी व्यस्त लोग हैं। आपको जहाँ जाकर, जो करना हो, निश्चित होकर करें। गाँव जाकर मैं सब कुछ सँभाल लूँगा।" उन्हें महापात्र से मुक्ति मिली और इनके पिता को तो मोक्ष महापात्र की कृपा से मिल ही गयी होगी।

हम सब आज भी इस तरह के अनेकानेक रूढ़िवादी परम्पराओं के जाल में फँसे रहते हैं। पारम्परिक रूढ़ियों के नाम पर समाज का खाऊ-पकाऊ वर्ग इशारे पर हमें नचाता रहता है। हम सब जाने-अनजाने 'उस लोक' के लिए ज्ञात-अज्ञात रूप में कुछ-न-कुछ अवश्य करते रहते हैं।

"सड़ गयी है आँत
पर दिखाये जा रहे हैं दाँत
छोड़कर संकोच तजकर लाज
दे रहा है गालियाँ जीण-शीर्ण समाज
खोलकर बन्धन मिटाकर नियति के आलेख
लिया मैंने मुक्तिपथ को देख।"

बाबूजी को अपना मुक्ति पथ निश्चित रूप से मिल गया। उनकी नियति में एक ब्राम्हण-पुत्र होने के नाते जो कुछ भी लिखा रहा होगा, उसे उन्होंने अपने जागरुकता के बल पर बदल डाला। परन्तु घर के अन्य लोगों में यह क्षमता कहाँ आ पायी है! आज के इस तथाकथित अत्याधुनिक समाज में पनपती हुई रूढ़िवादी परम्पराओं को चुनौती देने की ताकत हमें कहाँ मिल पा रही है! मेरे छोटे पुत्र की उम्र चार वर्ष की है। उसके माथे में घाव है। लेकिन बाल कटवाकर उसका इलाज हम नहीं करवा सकते, क्योंकि कुल-देवता के समक्ष अभी तक उसका मुण्डन संस्कार नहीं हो पाया है। जब तक छिन्नमस्ता के सामने उसका बाल नहीं कट जाता, तब तक बाल में कैंची तक लगवाने का अधिकार नहीं है उसे।

दाम्पत्य जीवन के प्रारम्भिक दौर में बाबूजी ने मेरी माँ को अपनी जीवन-यात्रा में साथ-साथ चलकर सहभागी होने के लिए बराबर प्रेरित अवश्य ही किया। गाँव में माँ का अकेले रहना भी ठीक नहीं लगा। उससे बाबूजी की यही अपेक्षा रही होगी कि जीवन के हर मोड़ पर वह संग-साथ रहे। यों हर पत्नी का पहला कर्तव्य भी यही है कि पति के जीवन-पथ की सहचरी रहे वह। बाबूजी को यह तो पता था ही कि मेरी माँ प्राचीन परम्परावादी संस्कार की जीती-जागती प्रतिमूर्ति है। फिर भी बाबूजी को ऐसा लगा होगा कि उसे अपने योग्य बनाया जा सकता है। उनके मन में यह अभिलाषा अवश्य ही रही होगी कि उसे युगीन परिस्थितियों के अनुकूल ढाला जाय। "मैं चाहता था कि शीघ्र से शीघ्र ही इसको कुछ साहसिकता के पाठ पढ़ा दिये जायें। मिथ्या संकोच की कृत्रिम भावना जो औसत हिन्दू परिवार में घर किये हुए है, उसके विरुद्ध मैं अपराजिता को तैयार करना चाहता था।"

मेरी माँ को मिथिलांचल की रूढ़ि और परम्पराओं से उतना ही लगाव रहा है, जितना बाबूजी को यहाँ की जमीन से। बाबूजी को यहाँ की शस्य-श्यामल धरती, तथा समय से मुकुलित-पुष्पित और फलवती हो रही प्रकृति अपनी ओर खींचती रहती है। यहाँ के कोटि-कोटि कर-चरण, जो हर-हमेशा नयी सृष्टि रचने को तत्पर हैं, से एक रागात्मक लगाव रहा है। लेकिन रीति-परम्परा आदि को देखने का जो नजरिया बाबूजी के पास है, उसका सौवाँ भाग भी माँ के पास होता तो स्थिति कुछ और ही रहती। यही दृष्टि नहीं रहने के कारण वे बाबूजी के किसी यात्रा में सहभागी तो दूर की बात, सहयोगी भी नहीं हो सकीं। पूरी जिन्दगी मेरी माँ शाब्दिक अर्थों में शुद्ध पतिव्रता पत्नी और आदरणीया माँ मात्र रह पायीं। साधारण ग्रामीण महिला, जो अपढ़ हो, उससे साहसिकता की आशा करना बेकार है। गाँव ही क्यों, शहरों में भी पति ही परमेश्वर वाली मान्यता महिलाओं में घर किये हुए है। पति-गृह ही उनके लिए स्वर्गधाम है। मेरी माँ भी इसी मानसिकता में जी रही है तो क्या अपराध है!

बाबूजी प्रवास से जब वापस लौटे होंगे तो यही लगा होगा कि गोकुल मिश्र के खानदान का उत्तराधिकारी जो लापता हो गया था, वह सही-सलामत वापस मिल

गया। उसके साथ ही एक नारी जो परित्यक्ता कहलाती, उसे पूरी सामाजिक प्रतिष्ठा मिल गयी। इनके नहीं आने से वह न जाने किस तरह अपना जीवन-यापन करती! लेकिन वे सभी प्रयास निष्फल हुए जो उसके युगीन विकास के लिए किये गये होंगे। परिस्थिति के मुताबिक समयोजिचत बदलाव किसी के प्रयास से पूरी तरह तो क्या, आंशिक रूप से भी किसी व्यक्ति के भीतर नहीं आ पाता। परिवर्तन स्वतः अपने भीतर की एक खास अणु है। यदि बाबूजी उन्हें हर हमेशा साथ रखते तो शायद सत्संगे गुणा दोषः के मुताबिक कुछ न कुछ बदलाव अवश्य आता। उस समय की परिस्थिति यह रही होगी कि जीवन के भावी दिनों के प्रति दोनों में से किसी को भी निश्चिंतता नहीं रही होगी। यह चिन्ता हर हमेशा सताती रहती होगी कि आनेवाला कल कैसा और कैसे गुजरेगा। मैं अपने अनुमान और समझ के मुताबिक यही समझता हूँ कि उस समय यही समस्या रही होगी और इसी के समाधान के लिए माँ ने गाँव में रहने का इरादा स्थायी भाव की तरह बनाया होगा। उसने सोचा होगा कि गाँव में रहने से आपद-विपद में मायके से तुरन्त सम्पर्क किया जा सकता है। हर हमेशा मदद के लिए आश्वासन उसे मिलता रहा है वहाँ से। तरौनी में अपने पास जमीन-जायदाद तो नहीं रही फिर भी अपना स्वजनीय समाज तो था ही, जिससे खून का रिश्ता है। वह समाज उसके अनुकूल रहा है। हर हमेशा उसने महसूस किया होगा कि गाँव में अपने लोगों के बीच किसी तरह जीवन बसर कर ही लेगी।

जीवन-यापन सम्बन्धी पति की अस्थिर-शैली आज के जमाने में शिक्षित महिलाओं के लिए भी भयानक मानसिक अशांति का कारण हुआ करती है। फिर आज से पचास-साठ वर्ष पूर्व पति पर आश्रित शत-प्रतिशत नारियों की मानसिकता की कल्पना करना कठिन नहीं है। न जमीन-जायदाद, न मासिक आमदनी का कोई जरिया। सम्बन्ध के नाम पर न सास-ससुर, न देवर-ननद और ऊपर से पति वैसा जिसे लोग पगलेट ही कहते थे उस समय। उसका पेशा भी कुछ वैसा नहीं कि कुछ भी प्राप्त हो सके। साहित्य को अब भी यहाँ प्रोफेशन नहीं माना गया है। हाँ, राजनीति आज के समय में आकर लाभकारी व्यवसाय हो चला है, पर उस समय में वह भी जीवन में फालतू ही माना जाता था। उस स्थिति में माँ ने गाँव में रहना पसन्द किया तो उसकी अपनी समझदारी और चिन्तन के अनुसार सही ही कहा जा सकता है। गाँव में उन्हें सुरक्षा मिली तथा अपनापन मिला। यदि पढ़ी-लिखी होती तो नगरीय परिवेश में अपने को खपा लेती। कहा जा सकता है कि मेरी माँ और बाबूजी दो विपरीत मानसिकता के प्राणी हैं। माँ उस मार्ग को समझ ही नहीं पा रही थीं, जिस पर बाबूजी चल रहे थे। परिवर्तन के लिए जिस तरह का पारिवारिक परिवेश महिलाओं के लिए चाहिए, वह उसे प्राप्त नहीं था। जिस परिवेश से वह उस समय निकली थी, उससे तत्काल मोहभंग होने के लिए जो कुछ होना चाहिए वह शायद नहीं हो पाया हो। बाबूजी अपनी सीमाओं के भीतर जो चाह रहे होंगे, वह नहीं

हो पा रहा था।

बाबूजी जैसे प्रखर चिन्तक के जीवन में मेरी माँ को नगर-नगर, डगर-डगर साथ-साथ भटकाना भी एक समस्या रही होगी। सामाजिक जीवन, साहित्य और राजनीति के जिस परिवेश में बाबूजी तेजी से अपने को झोंके जा रहे थे, माँ का उस परिवेश में प्रवेश तो दूर की बात, उसे समझना-बूझना सपने में भी सम्भव नहीं। रूढ़िवादी ग्रामीण परिवेश की महिला अपने संस्कार में किस प्रकार परिवर्तन करे—परिवर्तन और परिवेश—दोनों की समझ उसे नहीं थी। बाबूजी के विकासात्मक परिवर्तन में सबसे प्रमुख कारण उनके पैतृक आर्थिक परिस्थिति ही है। लेकिन मेरी माँ में परिवर्तन न आने का मुख्य कारण उन दिनों की रूढ़िवादी सामाजिक परिस्थिति ही रही है—इसे नकारा नहीं जा सकता। जरा कल्पना कीजिए कि मेरे नाना जैसी भौतिक स्थिति जो मध्यवर्गीय किसान थे, मेरे बाबा (गोकुल मिश्र) की होती तो क्या बाबूजी का विकास नागार्जुन के रूप में हो पाता? जहाँ तक मेरा अनुमान है कि विकास होता अवश्य—वह नागार्जुन के रूप में नहीं। "मैं उन व्यक्तियों में से नहीं था जिनका जन्म संभ्रान्त, सु-शिक्षित, सम्पन्न परिवारों में हुआ था। मेरी मूल शिक्षा घरेलू ढंग की परम्परावादी ब्राह्मण खानदान की सामान्य स्थिति की थी। पिता अकिंचन थे और पारिवारिक जिम्मेदारियों से कतराने की उनकी लत स्पष्ट नजर आती थी। उस स्थिति में पिता की दृष्टि में मेरे लिए दो ही विकल्प थे—या तो मैं निरक्षर छोड़ दिया जाऊँ और खेतिहर बन अपनी छोटी-सी गृहस्थी आगे चलकर सँभाल लूँ; या फिर मूर्खता के विकल्प में संस्कृत की शिक्षा के लिए ग्रामीण पंडिताऊ पाठशाल में बैठकर 'लघु कौमुदी' की रटन्त शैलीवाली पढ़ाई में लग जाऊँ; लगता है, अपठित होने के कारण मेरे पिता को घुटन भरी ग्लानियाँ झेलनी पड़ी थीं और इसी से पिता ने अपने एकमात्र पुत्र को संस्कृत पाठशाला में बैठा दिया..." यदि सम्पन्नता होती तो अंग्रेजीवाली शिक्षा दी जाती जैसा कि हमारे गाँव के उनके समकालीनों को दी गयी। उन लोगों की तरह ये भी कहीं प्रशासनिक अधिकारी या चिकित्सक या इंजीनियर होते। साथ ही यह भी कहना पड़ता है कि उस समय की तमाम महिलाएँ चाहे आई. सी. एस. परिवार की रही हों या उच्च किसान घर की या फिर निम्न स्तर से जीवन-यापन करनेवाले परिवार की—उन सबकी मानसिक बनावट प्रायः एक सी रही है। ग्रामीण आंचलिक परिवेश, अपने गाँव के स्वजनीय सामाजिक वातावरण और पैतृक परिवार की ओर से सुरक्षात्मक आश्वासन ने मेरी माँ को गाँव में रहने के लिए सहजता दी। आखिर वहाँ नहीं रहती तो कहाँ जाती! बाबूजी को उस समय एक लम्बी यात्रा तय करनी थी। उन्हें भी माँ को गाँव में ही स्थिर करना श्रेयस्कर लगा होगा। अपने साथ उन्हें भटकाने की अपेक्षा साल में दो-तीन बार दस-दस, पाँच-पाँच दिनों के लिए संग-साथ गाँव में रह लेना ज्यादा सहज लगा होगा।

माँ ने गाँव में जीवन बिताने का निर्णय लेकर पिछले पचास वर्षों से अपने को ग्राम-केन्द्रित कर रखा है। हम सभी भाई-बहनों का जन्म गाँव में हुआ। वहीं के स्वजनीय परिवेश का दुलार-प्यार बाल-काल से किशोरावस्था तक हमें मिलता रहा। वहाँ की सामाजिक रूढ़ियों और परम्पराओं के मुताबिक हम सबों के छठी से लेकर शादी तक से संस्कार पूरे किये गये। इस तरह के सामाजिक उत्सवों में गाँव की महिलाएँ और बच्चे काफी उत्साह से भाग लिया करते हैं। मेरी माँ का भी मन इन बातों में खूब रमता है। गाँव-घर में मनोरंजन के नाम पर और कुछ साधन तो है नहीं। ऊँची जाति की महिलाओं के सामने समय बिताने की भी समस्या रहती है। निम्न वर्ग की महिलाएँ दिन भर अपना समय मेहनत-मजदूरी में गुजारती हैं, लेकिन हमारे उच्चवर्गीय घरों की महिलाएँ तो खेत-खलिहान में जाकर मजदूरी करेंगी नहीं। बाबूजी का एक पात्र 'बलचनमा' एक जगह कहता है—"बड़ी जात वाले चाहे कितना ही गरीब हों, उनके घर की औरतें रोजी-धन्धा के कामों में मर्दो का हाथ नहीं बंटा सकतीं। उनके यहाँ औरतें निकम्मी-निठल्ली बैठी रहती हैं। जितना ही बड़ा खानदान होगा, औरतों में उतना ही जास्ती निठल्लापन पाओगे।" बलचनमा का कथा-काल नमक सत्याग्रह सात-आठ वर्ष पहले से 1937 के बीच का है। हिन्दी प्रदेशों का महिला वर्ग हजारों वर्षों से चले आ रहे रूढ़िगत विश्वासों से ग्रस्त रहता आ रहा है। अब भी मिथिलांचल में उच्च जाति की नारी अपने आँगन से बाहर पैर रखने में हिचकती है। सामान्य जीवनोपयोगी अनिवार्यता में घर से बाहर कदम रखने पर इन दिनों भी व्यंग्य-बाण झेलने पड़ते हैं। 'श्रमेत जयते' का स्लोगन तो अभी इस विशाल भूखण्ड में पुरुषों के लिए भी फिट नहीं हो पाया है। हमारी आधी जनसंख्या के लिए घर के व्यवस्थापन के अतिरिक्त श्रम का और भी उपयोग अभी बहुत ही दूर है। महानगरों में आफिस जाती या उच्च शिक्षा प्राप्त करने वाली महिलाओं के बारे में सामान्यतः आम राय क्या संकेत देते हैं! यह आम संकेत ही पर्याप्त है हमारी विकसित मानसिकता के लिए!

गाँव में फुर्सत के समय आस-पड़ोस की पाँच-सात महिलाएँ तकली, ऊन के लच्छे, सीने-पिरोने की सामग्री आदि के साथ संग-सुख लेती हुई बतियाती रहती हैं। बातचीत का मुख्य प्रसंग होता है कि कब किसके आँगन में शादी-गौना है, कब किसके यहाँ लड़का-बच्चा पैदा होगा या आस-पड़ोसा में किसके यहाँ मुँडन-जनेऊ है या फिर कौन-सा पर्व-त्योहार बीत चला या आनेवाला है! ये तमाम अवसर ग्रामीण महिलाओं के लिए उत्साहवर्धक टॉनिक होते हैं। इन सभी अवसरों पर गाँव-घर में टोल-पड़ोस की महिलाओं की उपस्थिति मात्र खानापूरी या दिखावे की नहीं होती है, बल्कि पूरी शक्ति और सामर्थ्य से अपने को इसमें वे लगा देती हैं। बीमार से बीमार महिलाएँ इन अवसरों पर गीत गा-गाकर अपने को स्वस्थ कर लेती हैं। रात-रात भर उल्लासपूर्वक गाती-झूमती महिलाओं के झुण्ड को रोकना पुरुषों के लिए खतरे की

घण्टी होती है। तरौनी गाँव के ब्राह्मणों में प्रचलित पारम्परिक रीति-रीवाज को जानने-समझने वाली दो-चार महिलाओं में से एक मेरी माँ भी है।

इसी परम्परावादी ग्रामीण परिवेश में हम सभी भाई-बहनों ने अपने जीवन को माँ के साथ समझना-बूझना शरू किया। नये-नये कपड़े पहनकर हम अत्यन्त आह्लाद से पड़ोस के गाँवों के मन्दिर या पूजन-स्थल जाते। रास्ते भर साथ चलती महिलाओं के गीतों पर नाचते-थिरकते। रामनवमी और कृष्णाष्टमी के अवसरों पर मेरे गाँव में इन देवों की वृहत पूजा का आयोजन किया जाता है, न जाने कब से। साथ ही बड़ा भारी मेला भी लगता है। हम इन अवसरों पर सुबह-सुबह ही नहा-धोकर नये कपड़े पहनकर उमंग के साथ प्रसाद लेकर चढ़ाने जाते। दिन-भर कई-कई बार मेला का चक्कर मार आते। प्रत्येक चक्कर के लिए माँ से पैसे माँगते। छठ, दुर्गा पूजा या दीपावली हो अथवा मकर संक्रान्ति या चौठचन्द्र जैसा घरेलू पर्व—माँ अमूमन नया कपड़ा पहनने को दिया करती। उस दिन फल-मिठाइयाँ और पकवान खाने को मिलता। हमारे लिए पर्व-त्यौहार या पड़ोस का पारम्परिक सामाजिक उत्सव काफी आनन्ददायक होता। इस तरह के दिन देखते-देखते शाम में बदल जाते तो हम मायूस ही उठते। उन दिनों हम यही सोचते, कई-कई दिनों तक लगातार रात न हो तो कितना मजा आये! उन दिनों हमें लगता कि ध्रुव प्रदेश के बच्चे कितने भाग्यशाली होते होंगे। हम अक्सर आपस में इस बात के लिए अफसोस जाहिर करते कि यह पर्व-त्यौहार रोज-रोज क्यों नहीं होते हैं। हमारी खीज या गुस्सा यों ही रहते और पर्व-त्यौहार एक ही दिन में खत्म हो जाते। अगली सुबह से फिर वही दिनचर्या।

बाबूजी छठे-छमाहे गाँव आते तो खूब ढेर-सा फल-मिठाई-टाफी-बिस्कुट आदि लाया करते। माँ बिस्कुट-टाफी तो तत्काल हम सबमें बाँट देती, लेकिन फल कुलदेवता छिन्नमस्ता को भोग लगाने के बाद ही देती। उन दिनों हम सोचते रहते कि क्या देव-पितर को टाफी-बिस्कुट नहीं भाता है? संयोग यह कि यह सोच अभी भी हमारे बच्चों में है। बाहर से आने पर हमारे द्वारा लाये संदेशों में फल-मिठाई को पत्नी देवता के नैवेद्य के लिए अलग रख लेती है। वैसे खाद्य-पदार्थ तत्काल बच्चों में बाँट दिये जाते जो तथाकथित मान्यता के मुताबिक देवताओं के लिए वर्जित हैं। हाँ, तो बचपन में ताखे पर रखी देवताओं के निमित्त फल-मिठाई को हम ललचाई नजरों से निहारा करते और तत्काल वह सामग्री न मिलने के कारण देवताओं पर गुस्सा आता रहता था। जो नये कपड़े बाबूजी लेकर आये होते, उन्हें माँ सम्भालकर बक्सा में रख देती और कहती—“फलाँ आँगन में शादी है या अमुक के यहाँ जनेऊ है—उसी में पहनना।” हम सब उन अवसरों की प्रतीक्षा में दिन गिनते रहते। अब जरा सोचिए कि उन दिनों जब संस्कार सीखने की उम्र थी हमारी, तब हम इस तरह के कौलिक और पारम्परिक त्योहार के लिए कितना व्यग्र रहा करते? यदि अपने आँगन में इस तरह का त्योहार या समारोह आयोजित होता तो हम चार दिनों तक

पगलाये रहते। उछलते-कूदते हुए सारा-सारा काम किया करते। देवी-देवताओं के पराक्रम के किस्से-कहानी सुन-सुनकर कभी तो खुब खुश होते और कभी डर कर घर में दुबकते। हमें यह बात अच्छी तरह समझाया जाता कि गाँव के किस वृक्ष पर भूत रहता और कहाँ ब्रह्म बास करता है। किस मैदान में डाइनें नाचती हैं और किस रास्ते में चुड़ैलें घेरती हैं। हमारे दिल दिमाग में बचपन से ही न्याय और अन्याय के बदले पाप-पुण्य के सहारे धर्म और देव-देवी के महत्त्व की घुट्टी पिलायी जाती है। देवी-देवता की सत्ता के विपरीत सोच को अपराध मानने पर मजबूर किया जाता तथा धर्म-कर्म के प्रति रुचि रखना संस्कारवान होने का सर्टिफिकेट देता था।

बीमार होने पर माँ घर के कुल-देवता के ऊपर चढ़ाये फूलों से सम्पूर्ण देह स्पर्श कराती। स्वस्थ होने के लिए मनौती माँगी जाती। स्वस्थ होने पर फल-मिठाई-खीर-पूड़ी से पूजा करने का संकल्प लिया जाता। हस स्वस्थ भले ही डाक्टरी सलाह, महँगी दवा और नियमित पौष्टिक पथ्य से होते पर यश कुल-देवता छिन्नमस्ता को ही मिलता। अभी भी अस्वस्थ से स्वस्थ होने पर यह कहा जाता है कि भगवान की कृपा से हम ठीक हो गये हैं। किसी सांघातिक रोग होने पर देवस्थल जाकर पूजा-पाठ, मनौती मानना आम बात हो गयी है। उन दिनों बीमारी के बाद जब हम स्वस्थ होकर उठ बैठते तो बड़ी धूम-धाम से पूजा-पाठ किया जाता था। उस समय यही लगता कि यदि देवी-देवता की कृपादृष्टि न होती तो हम शायद फिर कभी उठकर खड़े तक नहीं हो पाते। धार्मिक रूढ़ि को हमारे जीवन में बहुत गहराई तक प्रवेश कराया जाता, वह भी बाल्यावस्था में। मैं खुद जिन्दगी भर भयंकर प्राणघाती रोगों से जूझता रहा हूँ। पथ्य-पानी, दवा-दारू के सहारे मेरी जिन्दगी चलती रही है। उम्र के सातवें वर्ष में ही छाती की हड्डी में रोग ने अपना स्थायी आवास बनाया। फिर उसने शरीर के भीतर वशंवृद्धि की। सुनता हूँ कि जन्म से ही रोग मुझसे आकर्षित होते रहे हैं। सम्बन्ध की कोई धार्मिक महिला ने छठ पूजा के अवसर पर छठ मैया से मनौती माँगी कि यदि लड़का जी गया और विवाह-शादी होगी तो लड़के की माँ प्रतिवर्ष छठ व्रत पूजा करेगी। सन् 1972 में मेरी शादी के बाद से माँ प्रति वर्ष छठ पूजा-व्रत करती आ रही है। पूरी डाक्टरी चिकित्सा के बावजूद मैं विकलांग हो गया—फिर भी न जाने मेरे लिए कितने व्रत-उपवास घर में किये जाते है। जाने-अनजाने पता नहीं कितनी मनौतियाँ हमारे लिए कटुम्ब और समाज में मानी जाती हैं। उनमें से कोई भी मनौती पूरी होती है या नहीं, यह जाँचने का कोई पैमाना हमारे पास नहीं है। आज भी तमाम अशिक्षित या अर्ध शिक्षित समाज की रूढ़ियाँ मुट्ठी भर सामन्ती संस्कारवान 'सामाजिक कर्ता-धर्ता' के इशारों पर चलती है। यह अजीब विडम्बना है कि सारे सामाजिक सुधारों का दायित्व आज भी कुछ ही लोगों के पास सुरक्षित रूप से गिरवी पड़ा है और यही लोग तथाकथित 'सामाजिक सुधारक' है इन दिनों। "आजादी हासिल करने से पहले हमारे राष्ट्रीय नेताओं का ध्यान समाज की छोटी-बड़ी

विसंगतियों की ओर अक्सर जाता था। वे सामाजिक समस्याओं का हल निकालने को उद्यत दिखते थे, रूढ़ियों के खिलाफ वे अक्सर लोहा लेते थे। स्त्रियों, शुद्रों निर्धनों, पीड़ितों का पक्ष लेने में हिचकते नहीं थे। लेकिन अब इन मामलों में उन्होंने देहातों को अनाथ छोड़ दिया है। जनता से हमारे प्रभुओं का उतना भर मतलब रहता है, जितने से चुनाव में जीत हासिल हो। बाकी भाड़ में जायें गाँव के लोग! चुनावों में जीत हासिल करके जब वे ऊपर पहुँचते हैं और गद्दियों पर बैठते हैं तो उनका सारा ध्यान दलीय एवं वर्गीय स्वार्थ साधना में लग जाता है। सामाजिक समस्याओं की रत्ती भर भी परवाह उन्हें रह नहीं जाती।" देहात ही नहीं, पूरा-का-पूरा समाज अनाथ है। हम धीरे-धीरे अपनी सामर्थ्य खोते जा रहे हैं। अखबारों में जब कभी यह दिखाई पड़ता है कि अमुक राजनेता ने किसी तान्त्रिक हवन में हिस्सा लिया या जहाँ-तहाँ से ताबीज बँधवायी तो हमें सोचना पड़ता है कि हम अति सामान्य जन और इन सुधारकों में क्या अन्तर है।

किसी इलाके की मौलिक विशेषता का मुख्य कारण उस अंचल की जलवायु, वहाँ की मिट्‌टी, तथा क्षेत्र विशेष की पारम्परिक उत्सव और उस इलाके क़ी लोक शैली होती है। इस लोक शैली में कहीं न कहीं धर्म का जुड़ाव अवश्य ही नजर आता है। बाबूजी ने अपनी मिट्‌टी के रूप-रंग अपने इलाके के गाछ-वृक्ष की धड़कन, यहाँ के जन-जीवन की हर साँस को हमेशा महसूस किया है। शब्दों के द्वारा उन सबको एक रूप दिया है। मिथिलांचल में रूढ़ियाँ, परम्पराएँ कब क्या-क्या रूप ग्रहण करती हैं—यह सब माँ के सीधे प्रयोग के बाद जानने का मौका मिला होगा। माँ के अनुभव को एक रूप दिया शब्दों के द्वारा बाबूजी ने। प्रत्येक पर्व-त्यौहार को बड़े ही मनोयोग से माँ ने आयोजित किया है। इस आयोजन के सिलसिले में बाबूजी से मात्र नोक-झोंक तक हुई हो तो गनीमत, होता तो भयंकर विवाद। दोनों के अपने-अपने तर्क होते हैं। दोनों की जीवन शैली अलग-अलग। हम भाइयों के लिए वह समय संकट का होता है। हम अपना झुकाव किस ओर दिखावें—यही हमारी समस्या है। समूचा पारिवारिक वातावरण में तनवा ही तनाव रहता है। हमारे दो भाइयों का यज्ञोपवीत संस्कार किन्हीं कारणो सें पटना में करवाना पड़ा। मुझे अच्छी तरह याद है कि माँ को उन दोनों मौके पर कितने मानसिक कष्ट झेलने पड़े थे। उन दिनों न जाने उनकी नींद कहाँ उड़ गयी थी। वे गूँगी जैसी हो चली थीं। यन्त्रवत् चुपचाप सब कुछ किया उन्होंने। उनकी मुखाकृति बता रही थी कि अपने घर से बाहर यह सब करना व्यर्थ ही नहीं, अनिष्टकारी भी है। माँ के मिथिलांचल की परम्परागत परिवेश में रहने के कारण बाबूजी को छठे-छमाहे गाँव आना उस समय आवश्यक ही रहा होगा। गाँव आने पर बाबूजी को तमाम पनपती-मिटती रूढ़ियों की अक्षरशः जानकारी माँ से मिलती रही होगी, जिनके कारण सामाजिक जन-जीवन प्रभावित

होता रहता है। इन पारम्पिरक परम्परा और रूढ़ियों के चलते कभी तो समाज के विघटनकारी तत्व उभरकर सामने आ जाते हैं तो कभी पारम्परिक रूढ़ियाँ तात्कालिक परिस्थितियों से चरमराकर टूट जाती हैं। परम्पराओं की गहनता का उतार-चढ़ाव व्यक्तिगत स्तर से सामाजिक स्तर तक होता है। धार्मिक टंट-घंट के सम्पादन करने में लोग अपनी आर्थिक स्थिति के अनुसार खर्च करते हैं। मात्र इन पर कौन कितना खर्च करता है, यदि इस पर सर्वेक्षण हो तो समाज की विसंगतियों का ज्ञान आसानी से हो जाएगा। बाबूजी ने माँ के स्थानीय परम्परा सम्बन्धित अनुभव बहुत ही मनोयोग से धैर्यपूर्वक सुना है। फिर उन बातों पर सोचा होगा, उस पर मन ही मन मंथन किया होगा। उसको नया रूप देकर साहित्य में रखा। जहाँ रूढ़ियाँ गलित कुष्ट की तरह हैं, उन्हें चीर-फाड़कर असली स्थिति दिखाने का प्रयास रहा है और जहाँ कहीं परिवर्तन की सम्भावना रही है वहाँ टॉनिक देकर स्थितियों का पोषण किया है।

अपनी संस्कारगत या परम्परागत ज्ञान के मुताबिक एक अनिवार्य कर्तव्य मानकर उन तमाम परम्पराओं को परिवार में जीवित रखने का प्रयास माँ ने किया है। पहले भी बाबूजी ने बड़े ही विवेकपूर्ण ढंग से माँ को समझाया और अब यह सारा दायित्व हम भाइयों पर भी आया है। यों हम प्रबुद्ध नागरिक अभी भी इन तमाम चीजों को दिखावें के तौर ही रूढ़ियाँ कहते हैं। माँ ने युगोनुकूल परिस्थितियों के मुताबिक अपने में बदलाव लाने की चेष्टा भी की है—

“आ एहि साल
की मुड़न नहि करबइ ओकर
इ चैत थिकइ
जेठहि सँ चारिम चढ़ि जेतइ
तकवा क कोनो नीक दिन
नहि बेशी त खाली पातड़ियों त द दिएन्हि भगवती के
दू टा छागर छनि कबुला से तावे रहौन्ह
तइयो तऽ चाही एक गोट दसटकही हमरा तत्काल
मुदा अहाँ
नहि करी एहि सब कथुक चिंता
देखल जयतई
चिन्ता कैने की हैत फल...”

मुण्डन होना है। जेठ महीने से चौथा वर्ष लग जाएगा। सम संख्या वाले वर्ष में मुण्डन तो होता नहीं। अभी वह स्थिति नहीं है कि मनौती भी चढ़ायी जाय। तब मामूली खीर-पुड़ी की प्रसादी डालकर मुण्डन कराना ही श्रेयस्कर। पूरी परम्पराओं का निर्वाह

करने में लगभग सौ रुपये खर्च पड़ेगा। वह भी सन पैंतालिस के जमाने में। काफी सोच-विचार के बाद माँ ने साधारण ढंग से मुण्डन करने का निर्णय किया! बाबूजी को चिन्ता न करने को कहती है।

उत्तर बिहार की तत्कालीन सामाजिक स्थिति पर जरा भी ध्यान देने पर कई बातें स्पष्टतः नजर आएँगी। नारी शिक्षा का नाम ही सुना जाता था उस काल में। सामन्तवाद की काली छाया सम्पूर्ण मिथिलांचल पर फैली पड़ी थी। प्रसारण माध्यम (मीडिया) सीमित क्या थे, अत्यन्त क्षीण होने के कारण आधुनिक चिन्तन को जनसाधारण तक पहुँचने का प्रश्न ही नहीं था। मनोरंजन के साधन अभी भी सर्वजनसुलभ नहीं हैं। देहातों में तो मनोरंजन के नाम पर पर्व-त्योहार और सामाजिक उत्सव सदा से ही चले आ रहे हैं। उत्तरी बिहार की धरती पर कोई युद्ध भी नहीं लड़ा गया। राजनैतिक आन्दोलन की लहर भी यहाँ की हवा में नहीं चली। यह सब सामाजिक परिवर्तन के लिए आवश्यक है। सामन्तवादी व्यवस्था तथा साम्राज्यवादी शक्ति के विरोध में जो काम किया करते, वे लम्बे समय तक अपने परिवार से सम्पर्क रख ही नहीं पाते। उनका तो फरारी जीवन हुआ करता था। तत्कालीन समाज तो सीधी नजर से उन्हें देखता भी नहीं था। उस समय राष्ट्रीयता का अर्थ जिस गहनता से सामाजिक या राजनैतिक कार्यकर्त्ता ग्रहण करता, उसका सौवाँ भाग भी आज किसी में नजर नहीं आता। उस समय समाज और देश के लिए अपने-अपने परिवार को हवन कुण्ड में झोंकनेवाले हुआ करते थे और आज होते हैं देश को बेचकर अपने-अपने ड्राइंगरूम सजानेवाले। इस विशाल देश की समस्याओं के सामने अपने परिवार जैसी छोटी इकाई की समस्याओं पर सोचना हो ही नहीं सकता है। हाँ, कुछ लोगों के सम्बन्धी वर्ग में 'समयोचित सूझ-बूझ' वाले कुछ निकले हैं तो फिर "उनकी दमित आकांक्षाएँ अनुकूल अवसर पाकर अब सौ गुनी अधिक आनन्द पाने के लिए बेचैन हैं। वस्तुतः भौतिकवाद को गालियाँ देते-देते अनजाने ही वे स्वयं भौतिकवादी हो उठे हैं। सोचते हैं, जितनी मौज लेनी हो, ले लो। लोग कुढ़ते हैं, कुढ़ने दो।" ऐसे ही लोगों ने कई पीढ़ियों के लिए सुरक्षा प्राप्त कर ली। मेरी माँ ही क्यों, देश के नब्बे-पंचानबे प्रतिशत महिलाओं को यह ज्ञान नहीं है कि 'फ्रीड़म फाइटर पेंशन' क्या बला है। हमारे देश की सामाजिक व्यवस्था ने एक लम्बे काल-खण्ड से श्रम के महत्त्व को भुलाने की भरपूर चेष्टा की है और इसको सफल बनाने का सारा श्रेय मुट्ठी भर लोगों पर ही है। इसके चलते पूरी सामाजिक व्यवस्था का आयाम ही बदल गया है। इस परिस्थिति में हम जैसे निम्नवर्गीय लोग जी लेते हैं तो क्या कम है?

गाँव में माँ ने अपना सारा जीवन क्षीण आय के सहारे परिवार को चलाने के साथ-साथ पारम्परिक धार्मिक त्योहार और कौलिक उत्सवों में लगाया। इन्हीं कामों

के द्वारा उन्हें शान्ति और सन्तोष मिलती रही है। इन सब कामों में थोड़ी भी दखल डालने का अर्थ है, उनकी मानसिक स्थिति को अस्थिर करना। अब जब हम सभी भाई पूर्ण वयस्क होकर नागरीय जीवन के अभ्यस्त हो चले हैं तो माँ को नगर में साथ-साथ रखने का सतत् प्रयत्न करते हैं। शहर में रहने सम्बन्धी प्रयास को पहले तो वे नकार डालती हैं और अन्त में जबाब मिलता है—"जनम भर कहीं गयी नहीं, अब बुढ़ापे में क्यों कुल-देवता और ग्राम-देवता की पूजा मुझसे छुड़वाते हो? पर्व-त्योहार के दिन देवता-पितर आयेंगे, घर सूना रहेगा तो निराश लौटा जायेंगे।" यात्री के अनुरूप जीवन-पद्धति और नागार्जुन की मानसिकता के बीच में पण्डित वैद्यनाथ मिश्र का गायब होना स्वाभाविक है। मेरे माँ-बाबूजी दोनों अपने-अपने जीवन जीने के तरीकों में थोड़ा भी परिवर्तन नहीं चाहते हैं। बाबूजी की अपनी मजबूरियाँ और व्यस्तताएँ रहीं कि परिवार में क्या हो रहा है—इसकी पूरी जानकारी भी समय पर नहीं हो पायी होगी। माँ को युगीन संदर्भों का ज्ञान ही नहीं। फिर हम सब रूढ़िगत पारम्परिक बन्धन से कैसे पूरी तरह मुक्त होते?

बहुत इधर की एक घटना है, सन् 85 की। मिथिला के प्रत्येक ब्राह्मण को अपनी पवित्रता के लिए खास प्रकार के मंत्र से दीक्षित होना पड़ता है। जिस किसी श्रेष्ठ के प्रति श्रद्धा हो, उससे मंत्र ग्रहण किया जा सकता है। अर्थात् उसे गुरू बनाया जा सकता है। हमारे कुल की यह परम्परा रही है कि अपने ही कुल का कोई श्रद्धेय गुरु हो सकता है। साधारणतः लोग अपनी माँ अथवा पिता से ही दीक्षित हो लेते हैं। लेकिन एक धारण यह भी है कि पिता से दीक्षा लेने पर दरिद्रता संग हो जाती है। मैं शुरू में पिता से ही दीक्षा लेना चाहता था, पर माँ इस बात के लिए बराबर विरोध ही करती रहीं। उनका तर्क यह था कि वे विधर्मी हैं, सर्वभक्षी रहे हैं। वे ब्राह्मण तो रहे ही नहीं। माँ के विरोध के साथ ही मुझे यह सोचने के लिए मजबूर होना पड़ा कि पिता से दीक्षा लेने के बाद माँ की मानसिक स्थिति क्या होगी! माँ बराबर मंत्र लेने के लिए जोर देती रहीं। अतः मैं उनसे ही दीक्षा लेने को तैयार हो गया। रेखा (मेरी पत्नी) भी मेरे साथ ही इस कर्म से निवृत्त हो लेना चाहती थी। वह पहले से ही अपनी सास से मंत्र लेने में अपनी अनिच्छा व्यक्त कर चुकी थी। सास-बहू का सम्बन्ध अमूमन कैसा रहता है, इस पर कुछ भी कहना व्यर्थ है। रेखा का तर्क है कि गुरु का शाप-आशीर्वाद फलित होता है। उसकी इस धारणा को मैं अभी तक बदल नहीं सका हूँ। वह बराबर यह कहावत रटती रहती है—"पानि पीबि छानि क आ गुरु बनाबी जानि क।" संयोग ऐसा हुआ कि उस वर्ष दशहरे के दिनों बाबूजी मेरे साथ गाँव आये। रेखा को मेरी माँ की अपेक्षा मेरे बाबूजी से ज्यादा पटरी बैठ पाती है। बाबूजी ने भी उसे पितृवत स्नेह और दुलार दिया है। उस वर्ष मैं मंत्र लेने की तमाम तैयारी कर चुका था। महाष्टमी का दिन तय किया गया मंत्र ग्रहण करने के लिए। सवेरे-सवेरे रेखा और बाबूजी में जाने क्या-क्या बात होती रही और उसने

कहा कि वह या तो उनसे मंत्र लेगी, अन्यथा किसी से भी नहीं। और बाबूजी एकदम से तैयार हो गये। हम लोगों को विश्वास नहीं हो पा रहा था। पूरी पारम्परिक विधि के साथ छिन्नमस्ता का बीजमंत्र, जो पूरे उन्नीस अक्षरों का है, बाबूजी ने रेखा के कान में तीन बार फुसफुसाकर पाठ किया। उस घटना पर हम पति-पत्नी आपस में अभी भी बहस कर लेते हैं। यों रेखा उस दिन के बाद इस घटना की चर्चा करने पर विजयी मूड में रहती है। कहती है, "असली गुरु तो मेरे ही हैं।"

बाबूजी ने अपनी किसी बेटी की कन्यादान की रस्म नहीं निभायी। अपने किसी पुत्र के यज्ञोपवीत संस्कार में 'आचार्य गुरु' नहीं बने हैं। गाँव के कई लोग उनसे कई पारम्परिक रिवाज में हिस्सेदारी का आग्रह कर चुके हैं, लेकिन किसी की बात उन्होंने कहाँ मानी है। रेखा का मंत्रदाता होना क्यों स्वीकारा? मैं इसी निष्कर्ष पर पहुँचा हूँ कि रेखा का जो असीम विश्वास उन पर है, उसे खण्डित होने नहीं देना चाहते। दोनों के बीच स्नेह और श्रद्धा का जैसा सामंजस्य है, वह दस मिनट के इस निरर्थक कर्मकाण्ड के न होने पर अवश्य टूटता। रेखा के मन में गाँठ बन सकती थी कि देश भर में पढ़े-लिखों के बीच तो गुरुआई करते रहते हैं और मात्र अपढ़ होने के कारण ही उसे शिष्या नहीं बना सकते। पढ़ाई-लिखाई के अलावा यह सहज मार्ग मिला उसे नागार्जुन को अपना गुरु बनाने का। बाबूजी के सामने संवेदना ही समस्या है। संवेदनशील प्राणी ठहरे। रेखा की श्रद्धा, उसके सेवा-भाव, आदि उन्हें इस दस मिनट के निरर्थक कर्म के लिए तैयार कर डाला। उनके लिए इसका जौ बराबर भी उपयोग नहीं है, लेकिन रेखा की भावना है इसमें। रेखा के मंत्रदाता न बनने से रेखा के मन में गाँठ बन सकती थी। गुरु वैसा ही होगा जो जीवन भर गाइड की भूमिका का पालन करे। परिवार या समाज का हर वयस्क या बुजुर्ग सलाहकार हो नहीं सकता। हम सबको माकूल गाइड की जरूरत रहती है। "आज की नयी पीढ़ी कई दृष्टियों में अनूठी है। वह पुरानी पीढ़ी का आदर दिखावे के तौर पर नहीं करती है, वह वयस्कों को बेहिसाब आदर नहीं देती, नाप-तोलकर आदर देती है। श्रद्धा का अनुपात पुरानी पीढ़ी के आचरण को ध्यान में रखकर घटता-बढ़ता रहता है। नवयुवकों के अपने प्रतिमान होते हैं। वयस्क व्यक्तियों को नापने का उनका अपना अलग फीता होता है।" और इस फीते में बाबूजी बिल्कुल फिट बैठते हैं। नागार्जुन से बड़ा प्रतिमान आज हमारे लिए गाँव-घर में और कौन होगा?

नाम मात्र साक्षर होने के बावजूद रेखा को यह ज्ञान है कि उसके ससुर एक 'खास तरह के व्यक्तित्व' वाले हैं जबकि माँ की नजरों में यह बात अब तो आ ही जानी चाहिए थी। पर ऐसा नहीं हुआ। उसके लिए पचास वर्ष पूर्व के वैद्यनाथ मिश्र वृद्ध भले ही हो गये हैं, पर नागार्जुन का व्यक्तित्व उसकी समझ के बारह की बात है अब भी। माँ और उसके पुत्रवधुओं में यह समझदारी का अन्तर युगीन और परिवेशगत फासला का अन्तर है। आज युगीन परिस्थितियों के चलते हमारे घर की

महिलाएँ पति के साथ रहना पसन्द करने लगी हैं। वे गाँव की ओर माँ की तरह नहीं मुडीं। यों हमारे परिवार में हम भाइयों को अभी भी आर्थिक निश्चिंतता प्राप्त नहीं है। आज के युग में यह निश्चिंतता हो भी नहीं सकती है। फिर भी हमारी कोशिश रही है कि महिलाओं को युगबोध अवश्य ही करा दिया जाये। "हम बड़ी जातवालों ने महिलाओं को पंगु बना रखा है, जीवन का सारा रस निचोड़कर सिट्ठी बनाकर छोड़ दिया है। अपवाद हो सकते हैं...लेकिन वह तो दूसरी बात हुई न? कालेज से निकलते ही लड़कियाँ बहू बन जाये और लेटी-बैठी सारा दिन उपन्यास पढ़ती रहे तो वह आत्मविश्वास कहाँ से आएगा? श्रम, प्रज्ञा, सहयोग, विवेक और सुरुचि—सभी आवश्यक है। जीवन में इन पाँचों का समन्वय करना होगा। पुरुषों की बपौती नहीं है, स्त्रियों का भी साझा है इसमें।" अभी भी अर्द्धशिक्षित ही क्यों, शिक्षित रूढ़िवादी-परम्परावादी परिवारों की महिलाएँ घर के भीतर कैद होकर पूरी की पूरी जिन्दगी बिता देती हैं। लेकिन हम जिस क्रम से आर्थिक और सामाजिक परिस्थितियाँ जनसाधारण के लिए सहज करते चलेंगे, महिलाओं में भी रूढ़ियाँ टूटेंगी—

"उथल-पुथल है जन जीवन में
सभी ओर उत्क्रान्ति हो रही
टूट रहे हैं अंतःपुर के ढाँचे
आज या कि कल
तुम भी तो निकलोगी बाहर
हवेलियों से, ड्योढ़ियों से
फिर जनपद के खण्ड नरक ये मिट जाएँगे
शब्दकोश को छोड़ कहीं भी
नहीं असूर्यम्पश्या का अस्तित्व रहेगा।"

यह स्थिति तो अभी हमारी इस भूमि में दूर की बात है। मेरी माँ और उसके पुत्र-वधुओं में एक कालखण्ड की दूरी से उत्पन्न परिस्थितिगत विभिन्नता होते हुए भी एक जगह बिल्कुल समानता है। वह है व्रत, त्यौहार और कौलिक पारम्परिक रीति-रिवाज। इन बातों में घर की सभी महिलाएँ एक ही हैं। गाँव गये भले ही वर्षों हो गये हों, लेकिन मुण्डन, जनेऊ कुल-देवता और ग्राम-देवता के समक्ष गाँव में ही करेंगे। विवाह के पूर्व और बाद अपने कुलदेव की आराधना अनिवार्य है। हमारे यहाँ महिलाएँ अपने सुहाग की रक्षा, पति और सन्तानों की स्वास्थ्य-रक्षा के लिए तथा समृद्धिशाली बनने के लिए जाने कहाँ-कहाँ मनौती मानती रहती हैं और न जाने सप्ताह में कितने दिनों दाना-पानी त्यागती हैं। आज रूढ़ियाँ अप्रत्यक्ष रूप से

अमरलत्ती की तरह फैल रही हैं। आज से पचास-साठ वर्ष पूर्व यह सब सामने होता था। आज कपड़े के नीचे ताबीज रखते हैं और दिखने पर झेंपने के बाद उसके समर्थन में दलीलों की बौछार करते हैं। परम्पराओं के जाल में फँसना या उलझना अपनी नियति मान लेते हैं। रूढ़िगत पारम्परिक विश्वासों को तोड़ने के लिए हम वैसा कुछ नहीं कर रहे हैं जैसा बाबूजी ने किया। कुछ भी नयापन लाने की थोड़ी भी क्षमता हम में नहीं है। जिस राह को वे बना चुके हैं उस पर चलने में भी हम लड़खड़ाने लगते हैं। हमारी तमाम इच्छा-अभिलाषा कृत्रिम होने लगी है।

जितने भी संस्कार होने चाहिए—सभी हमारे हुए हैं। यह अलग प्रश्न है कि उनमें से कितने का पालन हम कर पाते हैं। दाहिने कान में अपने जनेऊ को तीन बार लपेटकर जलपात्र में जल लेकर पेशाबखाना हम नहीं जाते—यह आज के युग में सम्भव भी नहीं है। आज के व्यस्त और तनावपूर्ण जीवन में सवेरे-शाम गायत्री और संध्या-वन्दना के मन्त्रों का विधिवत् पाठ होना सम्भव नहीं है। डायनिंग टेबुल पर भोजन को 'त्वदीयम् वस्तु गोविंदम् तुभ्यमेव समर्पितम्' भी कहना भूल चुके हैं। फिर हम किस मानसिकता के तहत मुण्डन-जनेऊ-व्रत-उपवास-पर्व-त्यौहार आदि के रूढ़िवादी परम्परा में फँसे हैं? आज के वैज्ञानिक युग में हम अतीत की दम्भपूर्ण रूढ़िगत परम्पराओं की कहानियों पर जीवित रहने के आदी हो गये हैं। बाबूजी को माँ के प्रति संवेदना के कारण इन बातों को मात्र देखने भर के लिए अपने नजरिये में 'साफ्ट कार्नर' लाना पड़ा। देखने भर से इन बातों का जमकर प्रतिकार करते रहे। लेकिन हमारे साथ क्या मजबूरी है? बाबूजी के शब्दों में ही हम उनके संतान "यह तो हम भूल ही जाते हैं कि जीवन में क्रान्तिकारी सूझ-बूझ और ऊँचे आदर्शोंवाली बातचीत अपने अनुरूप आचरण की भी माँग करती है—क्रान्तिकारी और ऊँचे आचरण की। ऐसा नहीं कि सूझ-बूझ और बातों में तो हम सौ प्रतिशत से भी ज्यादा क्रान्तिकारी व आशावादी लगें, लेकिन अमल में यही साबित हो कि कभी नब्बे प्रतिशत और कभी पाँच प्रतिशत भी नहीं और कभी एक प्रतिशत भी नहीं!..."

वैद्यनाथ मिश्र...नागार्जुन : पिताश्री बनाम बाबूजी

जो नाम परम्परा के रूप में बाबूजी का हमारे हिस्से में पड़ा है, उसे सबसे ज्यादा जीवनोपयोगी और परिवार के लिए उपजाऊ रहना चाहिए था, लेकिन दुर्भाग्यवश ग्रामीण शिशु ठक्कन से बढ़कर वैद्यनाथ मिश्र, फिर यात्री-नागार्जुन होने पर बीच का वैद्यनाथ न जाने किधर कैद हो गया इस व्यक्ति के भीतर! मेरे पास जो कोई शोधार्थी इनके सम्बन्ध में पूछने या इन पर कुछ सामग्री की तलाश में आता है, वह नागार्जुन से अधिक वैद्यनाथ मिश्र को जानना चाहता है। मेरे बाबूजी यात्री-नागार्जुन प्रकृतिगत कहीं भी अपना चिमटा गाड़कर धुनी रमाने के सम्बन्ध में स्थायी भाव नहीं रखते। नागार्जुन को इस देश में जिस सामाजिक-राजनैतिक व्यवस्था की चाह है, वह तो अभी हो नहीं पायी है और होने की मंजिल बहुत दूर है। 'यात्री' शब्द ही अपने-आपमें यात्रा और मुसाफिरी का बोध करा देता है। इसमें ठहराव की गुंजाइश कहाँ! ठक्कन मिसर को याद करनेवाला बाबूजी के ग्रामीण बंधु-मित्र थोड़े-बहुत बचे जरूर हैं अब तक। वैद्यनाथ मिश्र हमारे पिता ही ठहरे। इनसे दुलार-प्यार-स्नेह तो इतना ज्यादा मिला कि हम अति लाडले होकर युगीन संदर्भ में 'सुपुत्र' तक नहीं हो सके। संग यह बात भी है कि 'अभिभावकीय कर्तव्यबोध' की जब-जब समस्या उठ खड़ी हुई तो वहाँ हमें अपने पिता वैद्यनाथ मिश्र की जगह बाबूजी बेफिक्री से मुस्कराते मिले।

अधिकांश बार अपने अभिभावक पिताश्री वैद्यनाथ मिश्र की तलाश में उनके हर ठौर-ठिकाने को तलाशना पड़ता है। उन जगहों पर बाबूजी के जिस रूप का दर्शन मिलता है, वह निश्चित तौर पर वैद्यनाथ मिश्र न होकर नागार्जुन होते हैं। जो मात्र मेरे बाबूजी ही नहीं, बल्कि मेरे जैसे सैकड़ों पर अपनी पैनी अभिभावकीय दृष्टि के संग ही पारिवारिक बुजुर्ग की स्नेहिल छाया बिखेरते नजर आते हैं। उन सबों की जनमुखी समस्यायों के बीच हमारी नितांत पारिवारिक या व्यक्तिगत समस्या स्वतः गौण होती है। उन क्षणों में मुझे तो यही लगता है कि किस तरह की क्षुद्र मसलों में मैंने स्वयं को उलझाये रखा है। तरौनी-दरभंगा-पटना-कलकत्ता-इलाहाबाद-बनारस-लखनऊ-जयपुर-विदिशा-दिल्ली-जहरीखाल—कहीं भी मैं अपने बाबूजी नागार्जुन से बातें कर ही लेता हूँ—वह भी अच्छी तरह। लेकिन चाहकर भी अपने अभिभावक

पिताश्री वैद्यनाथ मिश्र से बात नहीं हो पाती है। कभी-कभी लगता है कि इस बहुआयामी व्यक्तित्व वाले व्यक्ति के भीतर शायद एक ऐसा सेल है जिसके भीतर वैद्यनाथ मिश्र को बन्द कर दिया गया हो और एक भारी-भरकम ताला डाल दिया गया हो। उस ताले की चाभी फक्कड़ नागार्जुन अपनी यात्रा के क्रम में कहीं रखकर भूल गये हों। साल-दो साल में कभी-कभार अचानक वह चाभी हाथ आती है मात्र कुछ क्षणों के लिए। वैद्यनाथ मिश्र यात्री नागार्जुन का एक संयुक्त रूप बी. वाई. नागार्जुन गाहे-बगाहे सामने आता है, उस क्षण जब किसी महत्त्वपूर्ण वैधानिक कागजात और हाथ में कलम होता है। वहाँ भी मूड की बात है अन्यथा वहाँ भी सर्वव्यापी नागार्जुन सबको पीछे ढकेलकर आगे आ जाता है। बाबूजी नागार्जुन के रूप में—"कहाँ नहीं हूँ/कौन नहीं हूँ/जहाँ चाहिए, वहाँ मिलूँगा/—सबके लेखे सदा सुलभ मैं" लेकिन परिवार के लिए—"अति दुलर्भ मैं/अति दुर्लभ मैं।"

बाबूजी के द्वारा लिखे गये कुल पत्रों में यदि साठ-सत्तर प्रतिशत भी उपलब्ध हो जाये तो एक अद्भुत विशाल परिवार का चित्र बनेगा। उस परिवार के एक-एक सदस्य पर नागार्जुन की अभिभावकीय नजर दिखेगी। शायद किसी कोने से मैं भी झाँकता दिख जाऊँगा। उस चित्र में से एक-एक से जान-पहचान करके मुझे स्वयं हैरत में रह जाना पड़ेगा कि उनमें और मुझमें कहाँ-कहाँ पर समानता के सूत्र हैं। जब कभी भी बाबूजी द्वारा रचित साहित्य पढ़ने के लिए पढ़ता हूँ, तो यह सोचने पर मजबूर हो जाता हूँ कि अपने किशोरावस्था के अन्तिम चरणों में सामान्य से सामान्य मौलिक समस्या को पूरा करने में जाने क्या-क्या न किया होगा उन्होंने! खुलकर हँसना-रोना भी दूर की बात रही होगी। अब तक की जिन्दगी में भी अपनी मौलिक समस्याओं पर सिर पकड़कर रोते, अफसोस में डूबे बाबूजी को कहाँ देखा है मैंने। उनके जीवन की मौलिक समस्याओं का समाधान कितनी जटिल रही है—यह बात एक छोटी सीमा के बाहर किसी को पता नहीं लग पाता। इस सीमा के भीतर बाबूजी में वैद्यनाथ मिश्र के गुण देखे जा सकते हैं। उस क्षण नागार्जुन मौन हो जाते हैं। नागार्जुन को यह पता है कि यह मौन मात्र कुछ क्षणों के लिए है। वैद्यनाथ मिश्र के इस क्षीण सीमा रेखा के भीतर अनधिकार प्रवेश करना नागार्जुन ने कभी चाहा भी नहीं। नागार्जुन आखिर जनकवि हैं—जन-जन का। उन्हें वैद्यनाथ मिश्र की व्यक्तिगत परिवार से क्या लेना-देना!

नियमित तिथि से तीन-चार दिन पूर्व ही मेरी माँ बाबूजी से मिलने दरभंगा, पटना या दिल्ली पहुँच चुकी रहेगी। परन्तु उनके पतिदेव वैद्यनाथ मिश्र का अता-पता उन नगरों में नहीं रहेगा। हफ्ते-दस दिनों के बाद हाथ में छड़ी और कन्धे से लटकता थैला लटकाये नागार्जुन प्रकट होते है...भए प्रकट कृपाला दीन दयाला...। माँ के सामने बाबूजी एक आज्ञाकारी पतिदेव की हैसियत से अक्सर खामोश ही रहेंगे, समस्यामूलक बातों में। दोनों को बातें न करके गप्पें लड़ाना ज्यादा पसन्द है। किसी

पुराने प्रसंग को लेकर घंटो आत्मविभोर होकर दोनों बतियाते रहेंगे। गुस्साने या चीखने का अवसर वर्षों में शायद एकाध बार ही आता है। यह स्थिति तब आती है जब मेरी माँ के सामने वैद्यनाथ मिश्र को परे ढकेलकर नागार्जुन सामने आ जाते हैं। वैद्यनाथ मिश्र के बदले हुए नागार्जुनी तेवर को मेरी माँ श्रीमती अपराजिता देवी भी पहचानने की इनकारी मुद्रा में आ जाती हैं। वैद्यनाथ मिश्र के नागार्जुनी तेवर को यात्री का संग-सुख भी सुलभ है। नागार्जुन का गुस्सा और यात्री का परिवार से पलायनमूलक प्रवृत्ति...घर में भूचाल की स्थिति ला देता है। मेरी माँ इस व्यक्ति के भीतर वैद्यनाथ मिश्र के अलावा और किसी रूप को स्वीकारने के लिए तैयार नहीं। यात्री-नागार्जुन को कुछ काल के लिए ही सही, वैद्यनाथ मिश्र को अपनी पत्नी के सामने अकेले छोड़ना ही पड़ता है। अपनी पत्नी की सारी बात सुनेंगे, उसकी तकलीफों पर अफसोस जाहिर करेंगे, उसके दुख में भागीदार होने का संकल्प लेंगे—लेकिन यह सब, कुछ ही क्षणों के लिए। नागार्जुन-यात्री के हाथों में ही तो वैद्यनाथ मिश्र की नकेल है। ढील देंगे तो कर्तव्यबोध की भावना पनपेगी। कर्तव्य-बोध की भावना पैदा हो इससे पूर्व ही वैद्यनाथ मिश्र यात्री होकर किसी रेलवे स्टेशन या बस अड्डे के बुक स्टाल पर अथाव मुसाफिरखाना में नजर आएँगे।

अपने किसी भी ठौर-ठिकाने पर क्यों न रहे हों लेकिन याददाश्त के मामले में नागार्जुन न होकर वैद्यनाथ मिश्र हुआ करते हैं बाबूजी। उम्र अस्सी वर्ष की ऊँचाई छूने जा रही है, लेकिन जीवन में आये स्थान और पात्र तथा परिस्थितियों को अभी तक याद रखे हुए हैं। नागार्जुन को जहरीखाल में नासपाती के पेड़ के नीचे बैठकर शकुन के साथ ठक्कन मिसर युगीन तरौनी की चर्चा प्रिय है। इसी तरह दरभंगा में रेखा के द्वारा बनाई गयी मंगुरी मछली से बीच का काँटा निकालते हुए ऋचा को श्रीनगर की प्राकृतिक वनस्पतियों के बारे में समझाते रहेंगे। दिल्ली स्थित सादतपुर के अपने आँगन में सब्जी काटती सरिता के पास मोढ़े पर बैठकर कणिका के साथ खेलते थोलिङ महाविहार के बारे में बातें बताते रहेंगे। रामचन्द्र खान के डाइनिंग टेबल पर चूड़ा-दही के नाश्ते के साथ मीनी से मेरी माँ द्वारा आँकी गयी अरिपन (अल्पना) की चर्चा छेड़ देंगे। गाँव में ठक्कन मिसर सरयु राउत से उसके द्वारा माँ-बाप की स्मृति में निर्मित 'जोड़ा मन्दिर' की प्रशंसा करते हुए किसी ईसाई चर्च के सम्बन्ध बताते नजर आएँगे। बलचनमा या भोला सहनी जैसे पात्र बंगट यादव या सोने राउत की खाट पर गन्ना के गुल्ली को चूसते हुए मास्को के किसी बड़े रेस्तराँ के सम्बन्ध में बात करेंगे और उसकी उन जगहों के बारे में जिज्ञासा शान्त करते मिलेंगे। आज के समय में सृजनशील प्राणियों ने अपना एक अलग ही गोत्र बना रखा है। सामान्य घरेलू या पड़ोस की समस्याओं में प्रत्यक्षतः सम्बन्ध रखने में अपने को छोटा समझते हैं। भले ही उन समस्यों पर ड्राइंग रूम में बैठकर लम्बी-चौड़ी बहस कर लें। इस स्थिति में जब मैं बाबूजी को देखता हूँ तो आश्चर्य लगता है कि सामान्य

से सामान्य बातें किस चाव से सुनते-सुनाते हैं। अपने समानधर्मा के साथ लम्बी-चौड़ी बहस करते कभी बाबूजी दिखाई नहीं पड़ते। हम अति सामान्य लोग उनके लिए महत्त्वपूर्ण हैं तो वे भी हमारे लिए अनिवार्य हैं। कभी उन्होंने कहा था—"कथित भद्रलोक, सुगन्धित व्यक्तित्ववाले हमको बहुत ही गुस्से में डालते हैं" नागार्जुन जैसा जन्मजात घुमक्कड़ को मैं कुछ भी जानने-समझने का दावा नहीं करता। हाँ, अपने बाबूजी को मैं अच्छी तरह जानता हूँ और नागार्जुन को मात्र पहचानता भर हूँ।

नागार्जुन-यात्री के अत्यधिक दबाव के बावजूद वैद्यनाथ मिश्र का अस्तित्व खत्म नहीं हो पाया। हो भी तो कैसे? पंडित वैद्यनाथ मिश्र संस्कृत के विद्वान हैं, कुलीन मैथिल ब्राह्मण हैं और साथ ही हम छः भाई-बहनों के परमादरणीय पिता हैं। बाबूजी को अपने गाँव/घर/इलाके, मिथिलांचल के अन्नों के प्रकार और स्वाद, सब्जियों की विविधता और उनके उपयोग का ज्ञान मेरी माँ अपराजिता देवी के कारण है। अपराजिता देवी के पति परमेश्वर वैद्यनाथ मिश्र हैं, नागार्जुन नहीं। नाना प्रकार की मछलियाँ और सैकड़ों तरह के आमों के रंग-रूप-स्वाद का प्रथम परिचय ठक्कन मिसर को ही हुआ होगा, फिर वैद्यनाथ को, तब जाकर कहीं सही रसबोध के अधिकारी नागार्जुन हुए हैं। एक ओर नागार्जुन को तो मात्र बौद्ध साहित्य का प्रकांड पंडित होना चाहिए और दूसरी ओर रचनाकार नागार्जुन को देश की माली हालत पर सिर पकड़कर रोते रहने में ही कल्याण है। लेकिन वैद्यनाथ मिश्र भी तो इस व्यक्ति के भीतर कहीं न कहीं अपना अस्तित्व—सूक्ष्म रूप में ही सही—मौजूद रखे हुए है। जो इस देश की मिट्टी-पानी, अन्न-फल और फूल-पत्ते आदि को परम्परागत रूप से जानता-पहचानता ही नहीं है, बल्कि भरपूर भोक्ता भी है उन सबका। मात्र वैद्यनाथ ही होता तो उन्हें देश-दुनिया की तात्कालीन स्थिति से क्या लेना-देना! उन्हें तो सब कुछ सत्यम्-शिवम्-सुन्दरम् ही दिखना चाहिए। यही वह लाइन है जहाँ वैद्यनाथ मिश्र आज के यथार्थवादी समय में नागार्जुन से पीछे ही नहीं रहे, अपितु परास्त हो गये। बाबूजी आज मेरे लिए अत्यधिक प्रासंगिक हैं, जबकि वैद्यनाथ मिश्र मात्र होते तो प्रासंगिक होना दूर की बात, युगीन भी नहीं हो पाते।

मुझे तो अपने घर में भी बाबूजी का वैद्यनाथ मिश्र वाला हाव-भाव कभी-कभार ही दिखाई पड़ता है। अब मुझे ऐसा लग रहा है कि बाबूजी शायद पंडित वैद्यनाथ मिश्र की जिन्दगी को हिकारत-भरी नजरों से देख रहे हैं, उन्हें बार-बार अपने उन मित्रों की याद आती है जिन्होंने आग्रहपूर्वक अपने-अपने मठ अर्पित करने की बात की थी। अधिक उम्र की अपनी अलग तरह की लाचारी होती है। शारीरिक क्षय के साथ ही मस्तिष्क की चिन्तन क्षमता में भी न चाहते हुए ठसपन आने की सम्भावना बनी रहती है। यह दूसरी बात है, बाबूजी के शारीरिक क्षीणता के साथ मस्तिष्क में कोई परिवर्तन नहीं हो पाया है अब तक। पूर्णकालीन मठाधीश होना दूर की बात

है, किसी भी मठ में चौमासा बिताने तक की सुविधा का उपयोग नहीं कर पाये। "थकित-चकित-भ्रमित-भग्न मन को/स्फूर्ति देता है किसी समर्थ का सहारा/तो क्या मुझे भी प्रभु की सत्ता स्वीकारनी होगी/तो क्या मुझे भी आस्तिक बन जाना होगा?" लेकिन बाबूजी को खुद ही यह सब कहाँ पसंद पड़ेगा! वैद्यनाथ मिश्र होते तो शायद यह सम्भव होता भी। लेकिन बाबूजी से ...अब क्या खाक मुसल्ला होंगे...आचार्य वैद्यनाथ मिश्र के जीवन की अन्तिम चरण को हम किस तरह देखते हैं—यह प्रश्न बाबूजी के मन में भी है। हमसे नागार्जुन पूछते हैं—"सूक्ष्म, सूक्ष्मतर, सूक्ष्मतम—/ चाटुकारिता के सहारे/अभिनव प्रभुओं को अनुरंजित करता/पदे-पदे स्वार्थ साधन परायण/अनुकूलन कला प्रवीण पदे-पदे/वंशधरों को वंचना का प्रशिक्षण देता/पसन्द आएगा तुम्हें ऐसा सुदीर्घ जीवन?" प्रश्नवाचक चिह्न लगाकर उत्तर स्पष्ट कर दिया गया है।

बाबूजी के भीतर गृहस्थ वैद्यनाथ मिश्र और रचनाकार नागार्जुन के सम्मिलित अस्तित्व को यदि मेरी माँ देख-समझ पाती तो शायद हमें नागार्जुन के साथ वैद्यनाथ मिश्र की उपस्थिति का बोध आसानी से हो पाता। ब्राह्मणीय कर्मकाण्डी रूढ़ियों के बीच पली, शिक्षा से कोसों दूर रहनेवाली उस महिला ने नागार्जुन को समझने का प्रयास नाममात्र भी न की। वैद्यनाथ मिश्र को समझना मेरी माँ के परिवेश में आसान था। नागार्जुन उस काल में बहुतों की समझ से बाहर थे, फिर उसी महिला को क्यों दोष दिया जाय? आज भी नागार्जुन को मेरी माँ दस-बीस प्रतिशत भर समझ ले तो शायद वैद्यनाथ मिश्र का कुछ न कुछ अस्तित्व वापस लौट सकता है। आज के समय में परिवार को 'सही-सलामत' रखने के लिए पति-पत्नी में वैचारिक सामंजस्य बहुत ही जरूरी है। किसी तरह से अपनी पुत्रियों को ससुराल की देहरी तक दे आना और पुत्रों को अठारह-बीस की उम्र तक स्वादिष्ट भोजन कराकर अथाह भवसागर में छोड़ देना ही क्या मेरी माँ के कर्तव्य की सीमा रही है? यह प्रश्न मैं अब अपने बाबूजी और माँ से चाहकर भी नहीं पूछ पाता। क्योंकि मुझे लगता है कि इन सवालों का अब कोई औचित्य नहीं है। न मेरे लिए ही और न उन सबके लिए। आज के समय में इन सवालों के जवाब में आम तौर पर सारा दोष पुरुष-वर्ग पर आ जाता है कि अपनी पत्नी को अपने जीवनोनूकूल नहीं बना पाता। संभवतः बाबूजी भीतर ही भीतर इस बात को स्वीकारते भी हैं कि उनका दिलोदिमाग अपनी पत्नी के साथ उस तरह एकाकार नहीं हो पाया जो आज के निम्नवर्गीय समाज में भी जीने के लिए अनिवार्य तत्व है।

कुछ वर्ष पूर्व कहीं किसी प्रसंग के दरम्यान बाबूजी ने कहा था—"ऐसा होता है कि तरुणाई में हम ज्यादा उमंग-भरी स्थितियों से गुजरते हैं। जरा-जरा सी बात पर लगता है कि सब गलत हो रहा है, उम्र बढ़ने के साथ जब दायित्वपूर्ण पद सम्भालने पड़ते है तो हम धीरे-धीरे यथास्थिति की ओर बढ़ते हैं कि हम एक ही दिन

में सम्पूर्ण दुनिया को स्वर्ग थोड़े ही बनाएँगे। फिर वहाँ समझौता करते हैं कि स्थितियाँ जितनी बुरी हैं उससे और बुरी न होने पायें।" काश, पिछले चालीस वर्षों से बाबूजी परिवार की स्थिति देख पाते या उसे भली भाँति समझ पाते! अवश्वय ही वे उस स्थिति में यथास्थितिवादी हो जाते। जहाँ-तहाँ से समझौता करते। उस हालत में बाबूजी नागार्जुन न होकर आचार्य वैद्यनाथ मिश्र होते—समझौतापरस्त परम्परावादी विद्वान। दरभंगा-पटना-दिल्ली आदि जगहों में जब-जब माँ रहती है तो बाबूजी पन्द्रह-बीस दिनों से ज्यादा नहीं रह पाते। यह क्रम पिछले चालीस वर्षों से चल रहा है, अर्थात बाबूजी के सैंतीसवें-अड़तीसवें वर्ष से। माँ के सामने रहने पर नागार्जुन पर वैद्यनाथ मिश्र को हावी होने का मौका मिलता है। नागार्जुन की शक्ति को क्षीण होने का खतरा हो जाता है। परिवार को ढंग से जीवित रखने के लिए कई कोणों से बहकने का मौका आता है। भूलों की सम्भावना अलग से बनी रहती है। स्पर्धा के अंकुर में समझौतावादी फल भी तो पैदा होता है मनुष्य के अन्दर।

सन् 1941 से 1952-53 तक मेरे माँ-बाबूजी दो-दो, चार-चार माह साथ-साथ रहे हैं देश के विभिन्न नगरों में। उस समय को भी दोनों ने घर बसाने की नीयत से नहीं गुजारे। बढ़ रहे पारिवारिक बोझ को किसी तरह ठेलते रहने के लिए बाबूजी यहाँ-वहाँ भटकते रहे। मेरी माँ उस स्थिति में एक उत्साहित जीवनसंगिनी न होकर निराशा के सागर में तैरती हुई भाग्यवादी होती गयी और गाँव में घर बसाने के मधुर स्वप्न में बार-बार गाँव की ओर पलायन करती रही। माँ कई बार गाँव से शहर आयी लेकिन थोड़ी-सी भी दिक्कत होते ही या तो स्वयं गाँव चली जाती या बाबूजी गाँव भेज देते। इसी का नतीजा है कि नागार्जुन के लिए कहीं भी यात्री निवास नहीं बन पाया, जहाँ शायद कभी-कभी नागार्जुन के साथ वैद्यनाथ मिश्र भी आराम कर पाते।

बाबूजी के लिए कुछ गाँव-नगर बहुत महत्त्वपूर्ण रहे हैं। उन जगहों को अपनी जगह कहने में मुझे कोई हिचक नहीं है। तरौनी तो अपना गाँव ही है। तरौनी के हवा-पानी हमारे लिए उतने ही अनिवार्य हैं जितना माँ और बाबूजी। तरौनी के बाद जिस जगह का सबसे ज्यादा प्रभाव हमारे परिवार पर पड़ा, वह है ननिहाल। बाबूजी का तो ससुराल ही ठहरा। शादी के समय बाबूजी अठारह-उन्नीस वर्ष के थे। शादी के समय उनकी यही उम्र थी, यह बात वे स्वयं भी कहते हैं। मेरा दिमाग इस गणित को हल करने में असमर्थ है कि 1911 में जन्म और शादी 1932 में, तो अठारह वर्ष कैसे, 21 वर्ष होना चाहिए। माँ और इलाके के अन्य लोगों के अनुसार शादी के समय अठारह वर्ष के ही थे। इस हिसाब से जन्म वर्ष 1913 होना चाहिए। जन्मकुंडली तो प्राप्त नहीं है। फिर बाबूजी ही जैसा कहें मान लिया जाय। वैद्यनाथ मिश्र की बात होती तो बहस या खोज की गुंजाइश थी, लेकिन नागार्जुन से कौन बहस करे, वह भी इस बात को लेकर जिसे मान्यता प्राप्त हो चुकी है, माँ की उम्र थी बारह-तेरह वर्ष की। स्त्री-विहीन परिवार का युवक अचानक

अपने को सभी उम्र की महिलाओं से घिरा पाता है। मानो रेगिस्तान में भयंकर बारिश और हरियाली का शैलाब आ जाय ते कैसा रहेगा! हाँ, बीच में एक मौका आया था, जब किशोर वैद्यनाथ को पारिवारिक सुख-स्नेह और दुलार मिला था। बारह-तेरह वर्ष की उम्र रही होगी, मध्यमा परीक्षा का लिए तैयारी कर रहे थे। गनौली (जि. मधुबनी) में सम्पन्न गृहस्थ रघुनाथ झा के पास रह रहे थे। झा जी से कोई रिश्ता तो था नहीं। झा जी को तेज विद्यार्थी अपने घर रखकर पढ़ाने का बेहद शौक था। उस जमाने में मिथिला के सम्पन्न परिवार विद्या के प्रसार में इसी तरह से अपना योगदान दिया करते थे। रघुनाथ झा जैसे सैकड़ों लोग अपने दरवाजे पर तेज छात्रों को रखा करते थे। तो किशोर वैद्यनाथ को अपनी याददाश्त में इसी परिवार से पारिवारिक माहौल और स्नेह मिला। झा जी की पत्नी ने मातृवत् दुलार दिया। उनकी एकमात्र दसवर्षीय पुत्री ने इस किशोर को बहन और मीता का स्नेह अवश्य ही दी होगी। मध्यमा की सफलता में उन लोगों के स्नेहपूर्ण अवदान को वैद्यनाथ ही क्यों, यात्री नागार्जुन तक याद रखेंगे।

इसके बाद बनारस। यहाँ तक ठक्कन से वैद्यनाथ और वैदह तक की यात्रा रही है। ठक्कन अपनी माँ की आँखों का तारा था। माँ चल बसी तो क्या—ठक्कन तो उसी का बेटा है न। वैद्यनाथ गोकुल मिश्र के पुत्र। गाँव का होनहार छात्र। सम्पत्ति नहीं है तो क्या? बनारस आकर वैदेह हो गये। वैद्यनाथ और वैदेह मिथिला की परम्परा और संस्कृति के ज्ञान परिपूरित थे।

बनारस में ही युवक वैद्यनाथ कलमघिसुओं के संसार में अपने को शामिल करने के लिए तैयार करता है। भीड़ से अलग अपनी पहचान बनाने के लिए कलम पकड़ना आज के जमाने में भले ही महत्त्व न रखता हो, परन्तु उस काल-खंड में कलम चलाना निश्चित रूप से प्रतिष्ठा और हिम्मत की बात समझी जाती थी। बनारस में ही कलम पकड़ने से वैद्यनाथ मिश्र को थोड़ा खिसकाकर वैदेह आ जमा। वैदेह ने ही वैद्यनाथ मिश्र को पटकनिया देना शुरू किया था। यह बात भी सही है कि वैदेह टिक नहीं पाया। लगता है, वैद्यनाथ मिश्र को उस समय थोड़ी-सी अपनी इज्जत-आबरू का खयाल था। जाने क्या बात हुई कि वैदेह के तमाम चिह्न को हटा दिया वैद्यनाथ ने। पर्यटक यात्री से बोद्ध भिक्षु नागार्जुन का रिश्ता इतना ठोस होता गया कि वैद्यनाथ क्षीण होने लगे। यात्री-नागार्जुन किसी भी डूह को ध्वस्त करने में सक्षम थे उस काल में भी। यात्री-नागार्जुन की जोड़ी से भिड़ंत की सम्भावना को देखकर वैद्यनाथ मिश्र ने खामोश रहने में ही अपनी खैरियत समझी। यात्री-नागार्जुन ने सार्वजनिक रूप से वैद्यनाथ मिश्र को अपने चंगुल में जकड़ लिया। सार्वजनिक ही क्यों, वैद्यनाथ को इन दोनों नामों ने पारिवारिक भी नहीं रहने दिया।

जुलाई, 1988 के मध्य में बाबूजी दरभंगा पहुँचे तो लगा कि सचमुच वयोवृद्ध पंडित वैद्यनाथ मिश्र आये हैं। वेशभूषा में उस दिन नागार्जुन को पीछे कर वैद्यनाथ मिश्र

सामने हो गये थे। खादी की साफ-सुथरी धोती, धुला-धुला कुर्ता, पैर में बढ़िया-सी चप्पल और कंधे पर एक सफदे गमछा। साथ में झोला ढोने के लिए एक बटुक। बच्चों ने पहली बार अपने बाबा को धोती-कुर्तावाले इस 'मैथिलीय' रूप में देखा था। उन सबको आश्चर्य हो रहा था। बाबा का यह रूप बच्चों को विस्मित करने के साथ मोह भी रहा था। मैंने स्वयं ही एक अर्से के बाद इस वेश में देखा था। हुआ यह था कि श्रीकांत (मेरे तीसरे भाई) के ससुराल जाना पड़ा था। वहीं से विदाई लेकर नागार्जुन के बदले वैद्यनाथ मिश्र लौटे थे। सीधे पटना-दिल्ली या कहीं से भी आना होता तो शायद यह परिधान नहीं रहता। यों इस वर्ष गर्मी में बाबूजी के थैला में रंगीन पाजामों के साथ सफेद पाजामा भी दिखाई पड़ा है। घर के तीसरी पीढ़ी के बच्चे अपने बाबा/नाना को वैद्यनाथ मिश्र के रूप में शायद ही जानना चाहेंगे। वैद्यनाथ मिश्र का परिचय हमारी पीढ़ी तक ही सीमित है। नागार्जुन के भीतर यदि वैद्यनाथ मिश्र के तत्व पर्याप्त मात्रा में होते तो अपनी तीसरी पीढ़ी के बच्चों को कंधे से लगाये दालान या आँगन में चहलकदमी करते हुए नजर आते। यों बाबूजी को बच्चों से अत्यधिक लगाव है। लेकिन यह लगाव मात्र अपने घर के बच्चों तक ही सिमटा हुआ नहीं है। जिस किसी परिवार में बाबूजी का आना-जाना हुआ करता है, वहाँ के बच्चे इनकी दाढ़ी अवश्य ही छेड़ते है। यह छेड़छाड़ निश्चित रूप से पंडित वैद्यनाथ मिश्र को पसन्द नहीं आता। वे तो मात्र अपने पुत्र-पुत्रियों की संतानों को गले की ताबीज की तरह लटकाये रहते। बच्चों को सवेरे-सवेरे नहला-धुलाकर सूर्य नमस्कार से लेकर गायत्री और अमरकोश तक रटवाते। मिथिला के पंडितों की यह विशेषता रही है कि वे अपने तीसरी-पीढ़ी के बच्चों को धार्मिक श्लोक और अमरकोश दस-बारह वर्ष की उम्र आते-आते कंठस्थ करा देते हैं। अब स्थिति यह है कि मेरे गाँव में शुद्ध रूप से संस्कृत पढ़ने वाले इने-गिने ही मिलते हैं। बाबूजी अपने पुत्र-पुत्रियों के शादी-जनेऊ या तीसरी पीढ़ी के बच्चों के पारिवारिक संस्कारोत्सव में या तो शामिल नहीं होते, यदि शामिल होने की अनिवार्यता है तो नागार्जुनीय रूप-रंग में ही नजर आते हैं। यदि वैद्यनाथ मिश्र होते तो इन अवसरों पर लाल-पीली धोती पहने, भाल पर सिंदूर का टीका और गले में रुद्राक्ष की माला डाले और हाथ में जुलाहे-वाला लाल गमछा लेकर पसीने से तर-बतर नजर आते। न जाने कितनी परेशानी रहती उन्हें! तांत्रिक कुल के महापंडित वैद्यनाथ मिश्र के ऊपर औघड़ नागार्जुन ने वह लगाम लगाया कि पूजा-पाठ-ध्यान आदि कौन कहे, पिछले अनेक वर्षों से स्नान तक भूल गये। फिर भी नागार्जुन की सफाई ऐसी है कि बाबूजी का स्नानरहित देह स्वच्छ है और गंधहीन। खैरियत है कि माथा भी ठीक है अर्थात ठंडा है, गरम नहीं हुआ है। चिन्तन में उत्तेजना नहीं है।

बच्चों के प्रिय बाबा/नाना को हमसे ज्यादा याद हमारे बच्चे करते हैं। जुलाई '88 की ही बात है। बाबूजी को दरभंगा आना था। हमारे परिवार का सबसे छोटा

सदस्य हिन्नू (हेमेन्द्र) मई से ही बाबा के आने की बाट जोह रहा था। बाबूजी का लाडला पोता 'बिलड़वा' (बिलौटा) के नाम से अपना परिचय देता है। हिन्नू का 'बिलड़वा' नाम बाबूजी ही ने दे रखा है। 1986 में जब बाबूजी बीमार होकर यहीं सघन चिकित्सा करवा रहे थे तो उनका भोजन भी खास तरह का होता था। प्रोटीन की मात्रा ज्यादा ले रहे थे। दूध और दूध से बनी सामग्री (दही, छेना आदि) दिन में तीन-चार बार लेते। चूल्हे के पास से उन तक इन सबको पहुँचाने का काम हिन्नू ही किया करता था। स्वाभाविक है, उनमें से कुछ-न-कुछ का दावेदार वह हो जाता। बाबूजी ने उसी समय उसका नाम बिलड़वा रख दिया। यह नाम उसे स्वयं भी बहुत प्रिय है। दरभंगा स्थिति परिवार की इकाई में बाबूजी का पत्र आये और उसमें बिलड़वा का जिक्र न हो तो वह यह मानने को तैयार नहीं होग कि यह पत्र बाबूजी ने ही लिखा है। इधर अक्सर बाबूजी मोटे अक्षरों में पत्र लिखते हैं। यदि एकाध पत्र बारीक अक्षरोंवाला पत्र आ जाता है तो यह बालक साफ-साफ कहता है–"बाबा के पास ऐसी कलम तो है नहीं, यह उनका पत्र नहीं है।" अपने बाबा के मोटे अक्षरों को उसने अपने दिमाग में बैठा रखा है। यह बात मात्र हिन्नू के साथ ही नहीं है, कणिका, सानू, मुन्नी, कुंदन आदि सभी अपने बाबा/नाना की एक-एक आदतें, हरकतें अपने-अपने दिमागी कागज पर परामनेंट ननवासेबुल इंक से लिख चुके है। यह हाल है नितांत पारिवारिक बच्चों का। इस तरह देश भर में न जाने कितने बच्चे हैं जो नागबाबा का आँखें फाड़कर इंतजार करते रहते है।

कई बार एक पुत्र होने के नाते अपने पिताजी के समक्ष अपनी और पारिवारिक समस्या लेकर जाना पड़ता है। मन में कई बातें रहती हैं जिन पर अपने पिता से एक पुत्र होने के कारण विचार-विमर्श करना अनिवार्य लगता है। लेकिन पिताश्री वैद्यनाथ मिश्र की जगह मिलते है नागार्जुन। इनमें अब वह मानसिकता नहीं रही कि हमारी समस्या को सुनें। बाबूजी ने अपने को उन सब पारिवारिक समस्याओं से अलग कर लिया है जिन सबको लेकर निन्नानबे प्रतिशत लोग रिटायरमेंट के बाद जानबूझकर हाँफते रहते हैं। हम तो है नागार्जुन के बेटे लेकिन हमारी मानसिकता परंपरागत ही है। हमारे भीतर कहीं न कहीं यह बात अवश्य ही बैठी रहती ही है कि बाबूजी औसत अभिभावक की तरह हम सब भाई-बहनों के लिए सोचे। हमें अपने पिताश्री वैद्यनाथ मिश्र की तलाश रहती है, जो हमारी बातें, समस्याओं को चिन्तित और शंकालु मन से सुनें। अपनी अभिभाविकीय नजर हमारे चेहरे पर गड़ाये रखें। उनकी कपाट की रेखाएँ समस्या की गम्भीरता के हिसाब से बनती-बिगड़ती रहें। युग की आपाधापी से पकी उनकी आँखों से हम अपनी आँख न मिला पाते। हमारा दिल धड़कता होता कि न जाने क्या कुछ कहंगे हमारे पिताश्री। फिर अपनी भौंहों पर युगोनुकूल कुटिलता को लाते हुए हमारे ऊपर अपना अभिभावकीय निर्णय ठोकते। हम मन ही मन आगे के लिए योजना बनाते हुए

पिताश्री की बात मान लेते। इसके अलावा और कुछ उपाय भी तो नहीं रहता। पर, ऐसा सौभाग्य हमें कहाँ प्राप्त हुआ कि अपने प्रमाणपत्री अभिभावक श्री वैद्यनाथ मिश्र का दर्शन हो। हमें जिस व्यक्ति से हर हमेशा वास्ता पड़ता है वह नागार्जुन हैं। इस व्यक्तित्व को अपने परिवार से कभी उस प्रकार का मोह नहीं रहा है जो आज जरूरी समझा जाता है। इस व्यक्ति ने पारिवारिक जिम्मेदारी निभाने के लिए कर्तव्यबोध की शिक्षा ली ही नहीं है। मुझे खुद आश्चर्य होता है कि हमारा परिवार आखिर किस तरह आज की हालत तक आया है।

कलम के ही बल पर ख्याति प्राप्त करनेवाले हमारे बाबूजी ने समकालीन अन्य कलमबाजों की तरह कोई भौतिक सम्पन्नता नहीं अर्जित की है। अपने परिवार की अगली पीढ़ी के लिए कुछ भी नहीं रख पाये है अब तक। इस मामले में गोकुल मिश्र के एकमात्र पुत्र ही ठहरे। कहने के लिए कहा जा सकता है कि पुस्तकों की अच्छी भली सजी-सजाई पंगत तो है ही। इस मुल्क में बिना पाठ्य-क्रम में प्रवेश पाये पुस्तकों के बल पर लेखक या उसका परिवार संपन्न होता तो हमारा परिवार आज से पच्चीस-तीस वर्ष पूर्व ही खुशहाल हो जाता और मेरे बाबूजी बिना सरकारी पुरस्कार के न जाने कब लखपति बन गये होते।

बाबूजी को आर्थिक मामले में अपने पिता गोकुल मिश्र के उत्तराधिकारी बने रहने में रास आया है। शायद मेरी माँ यह सोचा करती है कि नागार्जुन के बजाय वैद्यनाथ मिश्र आर्थिक मामले में ज्यादा संपन्न होते। जिस प्रकार हम बाबूजी में अपने अभिभावक को तलाशते हैं, उसी प्रकार संभवतः माँ अब भी उस व्यक्ति में वैद्यनाथ मिश्र की तलाश में अवश्य रहती होगी जिसने आज से छप्पन-सत्तावन वर्ष पूर्व उसकी माँग को सिंदूर से भर डाला था। दांपत्य जीवन के शुरूवाले वर्षों में न जाने किस तरह के सपने संजोये होंगे। कल्पना के विपरीत कोई भी भौतिक सुख प्राप्त न होने से जाने क्या गुजरा हो माँ के दिल में। माँ बाबूजी से अपनी तमाम सुविधा-असुविधा बतियाना चाहती है। सत्तर वर्षीया मेरी माँ यदि यह सोचती है कि बाबूजी उसके दुख-सुख को समझें, उसमें सहभागी हों—तो गलत क्या सोचती है? वह देखती आ रही है कि सभी अपनी पत्नी की उचित-अनुचित बात मानते ही है तो फिर उसके ही पतिदेव विकट पांतर में अकेले ताड़ के पेड़ की तहर क्यों खड़े हैं? पंडित वैद्यनाथ मिश्र तो अब तक मेरी माँ को लेकर 'तीर्थ यात्रा स्पेशल' से चारों धाम की यात्रा कर ही आये होते...लेकिन मेरी माँ को हरिद्वारा जाकर गंगा में एक डूब लगाना संभव अब तक नहीं हो पाया है। यहाँ तक कि उसकी इस प्रार्थना पर हम सभी भाई नागार्जुन के वंशज ही अपने को साबित करने में लगे रहते है।

हमारा यह प्रयास रहा है कि अपने पूर्वजों के वंशानुगत नामोपाधी को साथ रखा जाय। लेकिन दुर्भाग्य देखिए कि किसी ने 'मिश्र' छोड़ा तो किसी ने अपने नाम के आगे कुछ और जोड़ा। हम यह देखते हैं कि हमारे इलाके में ही अपने पूर्वजों के

'सरनेम' का सबसे ज्यादा तिरस्कार होता है। माँ-बाप के द्वारा रखा गया स्नेहयुक्त नाम कभी कमजोर तो होता नहीं है। हाँ, नाम बदलने की जरूरत महसूस हो तो वैद्यनाथ मिश्र की तरह ताल ठोककर मैदान में उतरना पड़ेगा। मेरी माँ श्रीमती अपराजिता देवी के बजाय श्रीमती अपराजिता 'नागार्जुन' बनना कभी नहीं चाहा। वह आसानी से नागार्जुन के नाम को सिंदूर की तरह धारण कर सकती है कभी भी। हाँ, युगोनुकूल प्रभाव घर की अन्य महिलाओं पर पड़ा ही है कि उनके मायके का परिवार भले ही झा, पाठक अथवा चौधरी सरनेमवाला रहा हो, लेकिन मेरे परिवार की पुत्रवधू होकर आने के बाद अपने-अपने नामों के बाद मिश्र लगा लिया। लेकिन यह सोच-सोचकर मैं भीतर से हिल-सा जाता हूँ कि सनक में आकर अथवा उपयोगिता को दृष्टि में रखकर परिवार का कोई सदस्य कहीं अपने नाम के साथ 'नागार्जुन' न जोड़ ले। मेरे लिए वह समय चुल्लू भर पानी में डूब मरने जैसा होगा जब मेरा बेटा अपने नाम के आगे 'मिश्र' हटाकर नागार्जुन टाईटिल लगा लेगा। उसके बाबा वैद्यनाथ मिश्र ही हैं जो कुलीन मैथिल ब्राह्मण रहे हैं। नागार्जुन पर हमारा या हमारे परिवार का कितना अधिकार है अथवा हम किस तरह उनके उत्तराधिकारी हैं, यह तो इतिहास ही बतलाएगा, पुत्र होने से क्या होता है! लेकिन मैथिल ब्राह्मण परम्परा के वैद्यनाथ मिश्र के उत्तराधिकारी रूप में हम ही रहेंगे।

पिताश्री वैद्यनाथ मिश्र की तलाश में न जाने कहाँ-कहाँ भटकना पड़ता है। उनकी पुस्तकों के फ्लैप पर रचनाकार के परिचय में मूल नाम की जगह यह नाम मिलता अवश्य है। इससे तो अपना काम चलता है नहीं। बाबूजी को चाहने-जाननेवालों की संख्या हजारों में है; ठक्कन मिसर को जानने-पहचानने वाले गाँव में कोई न कोई मिलता ही रहता है। लेकिन वैद्यनाथ को ढूँढना अब कठिन-सा है। हाँ, बनारस-पचगछिया-गनौली आदि संस्कृत पाठशाला के उनके समकालीन शायद वैद्यनाथ को याद करते हों। बनारस से अध्ययन करके आगे बढ़े अनके शिष्यों के परमादरणीय गुरु पंडित मधुसूदन शास्त्री को वैद्यनाथ की याद अवश्य आती होगी। और, हमें अपने पिता श्री वैद्यनाथ मिश्र की तलाश अभिभावक के रूप में हर हमेशा बनी रहती है, भले ही हम स्वयं भी अब अपने-अपने बच्चों के अभिभावक बन गये हैं।

दिल्ली एक बहुत बड़ा नगर है इस महादेश का। यह अर्थतंत्र और उपयोगितावाद से जकड़ा हुआ है। पिछले दस-बारह वर्षों से बाबूजी अपना अधिकांश समय इसी नगरी में गुजारा करते हैं। वहाँ भी हमें नागार्जुन नजर आते हैं। इस नगर में आकर बड़े-बड़े ऋषि 'मुक्ति' पा जाते हैं; लेकिन मेरे बाबू जी इस नगर के सेवन करने के उपरान्त भी हमारे अभिभावक नहीं बन सके। दरभंगा में मैथिली के रचनाकार यात्री होते है। मिथिला की बहुरंगी छवि से प्रसन्नचित, वहाँ के स्वादों पर बात करते मिलेंगे यात्री जी। गाँव की ओर कदम अब काफी धीरे से बढ़ता है, फिर मुझे वैद्यनाथ बाबू

के दर्शन कहाँ होंगे? ऐसा नहीं है कि बाबूजी ने वैद्यनाथ मिश्र को बिल्कुल ही भुला दिया हो। साहित्यशास्त्र के शास्त्री और त्रिपिटिकाचार्य वैद्यनाथ मिश्र की याददाश्त बाबूजी को हाथ लगी है। बाबूजी ने जिस तरह रचना-सृजन कर्म को गम्भीरता से लिया है उसी तरह जीवन के एक-एक अनुभव को भोगा है, देखा है और समझा है। उन्हें शिशु ठक्कन की बाल सुलभ हरकतें और किशोर वैद्यनाथ की उमंग के साथ युवा वैदेह का उत्साह—सभी कुछ भली भाँति याद है। पचास-साठ वर्ष पूर्व के मित्रों के लिए जितना नेह-छोह इनके पास है उतना शायद हमारी पीढ़ी के लोगों के पास अपनी संतानों के लिए भी नहीं है। हम अपने निकटतम मित्र के अवसान के गम को तत्काल चाय के प्याले और सिगरेट के धुआँ के साथ उड़ा देते हैं। मैंने बाबू जी को ऐसे अवसरों पर घंटों मूक होकर एक ही आसन पर बैठे देखा है। निगाहें शून्य में तैरती रहती हैं। कई दिनों तक भोजन में नमक-मिर्च तक का बोध नहीं हो पाता।

उनका अपने आत्मीय के प्रति व्यवहार की तुलना हम उस गाय से कर सकते हैं जो कुछ क्षण के वियोग के उपरान्त अपने बछड़े की सम्पूर्ण देह चाटने लगती है। आज की युवा-पीढ़ी से बाबूजी का जो लगाव है, वह तो आचार्य वैद्यनाथ मिश्र का व्यवहार लगता है मुझे। संस्कृत के आचार्यों की यह परम्परा रही है कि अपने सम्पूर्ण अध्ययन के निचोड़ को निश्चित रूप से आनेवाली पीढ़ी को अर्पित करना चाहिए। प्राचीन और मध्यकालीन विद्वानों को इस बात की चिन्ता हमेशा रही है कि उनके द्वारा अर्जित ज्ञान को भावी पीढ़ी अच्छी तरह आत्मसात कर ले। मिथिला के विद्वान तार्किक और अन्वेषक हुआ करते हैं। निराशावादी सिद्धांत यहाँ प्रचलित हुआ ही नहीं। तार्किक और अन्वेषक होते हुए जन-जीवन के प्रति पूर्ण आस्था ने बाबूजी को यथार्थवादी बनाया। एक सफल अध्येता को यह परेशानी तो रहती है कि अपने अध्ययन का जितना उपयोग उसे करना चाहिए, उतना शायद नहीं हो पा रहा है। ज्ञान को बाँटना और प्रसार करना ही प्राचीन विद्वानों का मुख्य लक्ष्य रहा है। अनुभव के द्वारा उपार्जित ज्ञान की एक-एक बात को आनेवाली पीढ़ी में बिखेरना अनिवार्य मानते रहे होंगे हमारे आचार्य-परम्परा के लोग। इस तरह के मनीषियों को किसी आराध्य देव की सेवा कभी नहीं भाया। हालाँकि 'देव-पुरुष' के लिए स्तुति वाचन की परम्परा रही है इस भूमि में। बाबूजी वह सारा अनुभव हमारी पीढ़ी को सौंपने के लिए हर हमेशा तत्पर रहते हैं, जिसे एक लम्बी उम्र के क्रम में प्राप्त किया है। हमारा दुर्भाग्य यह है कि हम 'दून स्कूल' वाले उपयोगितावादी युग के लोगों के बीच अपने को ढालना-पालना चाहते हैं। हम अपने पिता आचार्य वैद्यनाथ मिश्र वाली गुरु-शिष्य परम्परा का ज्ञान चाहकर भी नहीं ले पाते या यों कहें कि इस परम्परा को बिल्कुल फालतू समझते हैं हम। बाबू इस उम्र में भी काशी के पंडित मधुसूदन शास्त्री के सामने बैठने पर वैसे ही दिखते हैं—जो गुरु के पांडित्य से सहमा-सहमा और जिज्ञासु हो। और, आज हमारा 'आचरण' अपने गुरु को 'सर' कहने की

व्यंग्यपूर्ण लहजे से ही प्रकट हो जाता है। गुरु तो क्या अपने माँ-बाप के प्रति हमारा आचार-व्यवहार क्या हो गया है—यह कहने की जरूरत नहीं है। आज तो हम रातोंरात तीसमार खाँ बनने की होड़ में शामिल हैं। 'छन में छनाक' होना चाहते हैं। और तो और, हम नागार्जुन के परिवार के लोग न जाने क्या समझने लगे हैं स्वयं को! हमारा दिखावा तो यही होता है कि हम सक्षम हैं, सब कुछ जानते-बूझते हैं। लेकिन मुझे यह कहने में तनिक भी संकोच नहीं है कि बाबूजी के सहारे के बिना हम अपने बच्चों के अभिभावक एक कदम भी चलने का साहस नहीं बटोर सके हैं अब तक। बाबूजी के सम्मान को कहाँ तक हम सुरक्षित रख पायेंगे—यह तो कहना मेरे लिए मुश्किल है, लेकिन यदि मौका मिला तो हम उन्हें ठगने की कोशिशों में पीछे भी नहीं रहेंगे। उनकी भावनाओं, उनके मौन का मजाक तक उड़ाने में औरों के सहयोगी होंगे।

बाबूजी को पुश्त-दर-पुश की अपनी दरिद्रता सन् '50-52' तक अवश्य ही टिसती रही होगी, क्योंकि उस समय तक उनके भीतर सद्‌गृहस्थ होने का बीज बिल्कुल निर्जीव नहीं हो पाया था। गृहस्थ वैद्यनाथ मिश्र को युग की समस्याओं से जूझते नागार्जुन ने फूलने-फलने का मौका दिया ही नहीं। बाबूजी को शायद यह भी सोचने का मौका नहीं मिला हो कि युग की समस्याओं से लड़ने के लिए समर्पित जीवन के अतिरिक्त उनका एक व्यक्तिगत जीवन भी है जो समकालीन आबोहवा में साँस लेता है। इस समाज में किसी को यह मतलब नहीं कि एक निष्ठावान समर्पित व्यक्तित्व के नितांत व्यक्तिगत जीवन में उसका परिवार किस तरह होम होता है। अपनी जनमुखी प्रतिबद्धता के कारण चाहकर भी परिवार के लिए समुचित व्यवस्था नहीं कर पाये बाबूजी। वहीं यदि वैद्यनाथ मिश्र का अंश बीस-प्रतिशत भी उनके भीतर होता तो निश्चित रूप से युगीन सुख-सुविधा के तमाम साधन बटोर लेते। उन्हें कहीं जाने की जरूरत भी नहीं होती; दरभंगा में ही बैठे-बिठाये उनको सभी कुछ सुलभ होता। महाराज दरभंगा के दरबार में सम्मान मिलता और आराम से सफेद दग-दग धोती-कुर्ता पर कीमती रेशमी चादर ओढ़कर अकड़ते फिरते। शायद वैद्यनाथ बाबू के परिवार हेतु यही ठीक होता। उनके चारों पुत्रों को निश्चित रूप से तथाकथित 'जनसेवकों' के चरण-चुंबन के कारण अच्छी-खासी नौकरी मिली होती। पर दुर्भाग्य है कि सन्, 31 के बाद ही वैद्यनाथ मिश्र यात्री-नागार्जुन के संग लगकर मिथिला और मैथिली दरबारी संगत से बिछुड़ गये। फिर नागार्जुन ने अपने को तपा-तपाकर वैसा दाहक चमक स्वयं में पैदा किया कि दूर से ही उसकी धाह से गलत नंबरवाले घबराते रहे। परिवार तो जैसे-तैसे खाँसता-घिसटता भवसागर में तैरता रहा। बिना आलंबन के इस परिवार को नागार्जुन के नाम का ही एकमात्र सहारा है। इस युग में इस तरह के परिवार के लिए आचार्य वैद्यनाथ मिश्र डूबते को तिनके का सहारा भी नहीं हो पाते।

प्रत्यक्ष तो नहीं, अप्रत्यक्ष रूप से बाबूजी ने अपनी संतानों के लिए काफी कुछ यश-प्रतिष्ठा संचित कर रखा है जो आचार्य वैद्यनाथ मिश्र सात जन्मों में नहीं कर पाते। यह भी ठीक है कि अपने समकालीन समगोत्रियों की तरह अपने पुत्रों के लिए नगरों में कोठियाँ नहीं बनवायीं। अपने उत्तराधिकारियों के लिए दूर की बात, स्वयं अपने आपत्ति-विपत्ति के लिए घर में कानी कौड़ी तक नहीं रखी। घर ही नहीं तो संचय किसके लिए? पर बाबूजी ने अपनी सीमा के भीतर जब जो चाहा, वह किया है। न मालूम कैसे अपना विकास एक औसत हिन्दुस्तानी की तरह करते रहे हम! नागार्जुन की संतान होने का गौरव ही क्या कम बड़ी बात है अपने-आपमें? एक व्यक्ति के रूप में भी बाबूजी का व्यक्तित्व बहुआयामी रहा है अपने-आपमें। इनको सामने पाकर अपनी समस्या भूलना ही पड़ता है। कहा जाता है कि पुराने जमाने में ऋषियों के पास जाकर ज्ञान के साथ शान्ति की भी प्राप्ति हो जाती थी। ऋषियों की कुटी में किसी के भी जाने-आने पर कोई रोक-टोक नहीं था। परन्तु अधकचरे ज्ञान-गरिमा से मंडित आज के विद्वान, अपने को छोटे-से ड्राइंग रूम में बन्द रखना पसन्द करते हैं, सर्वजन का वहाँ प्रवेश वंचित है, अपनी शंकाओं के साथ। अपने समकालीनों के प्रति सशंकित रहते हुए आनेवाली पीढ़ी पर भी पूर्ण विश्वास नहीं करते हैं। ऐसे लोग अपने को मनीषी कहलवाने के लिए जाने क्या-क्या खुराफात करते रहते है! बाबूजी में भी यदि आचार्यत्व के तत्व प्रबल होते तो वे नयी पीढ़ी के लोगों से इतना ज्यादा घुले-मिले नहीं होते। वैसे विद्वानों की कमी नहीं है जो दरबारी वृत्ति से पुष्पित-पल्लवित हुए हैं, ऐसे लोगों में अपने गोत्र के लोगों के प्रति शंका-भरी दृष्टि रहती है।

हम चार भाइयों का विकास वैसा नहीं हो पाया—जैसा होना चाहिए था। इसके कई कारण रहे हैं। यदि नागार्जुन के बदले वैद्यनाथ मिश्र हमारे गार्जियन होते तो वे अवश्य ही कुंठित होते रहते। हताशा और निराशा के मारे भीतर-ही-भीतर किसी अस्पष्ट अभाव का हाहाकार झेलते। उन्हें लगता रहता कि इस कमाऊ जमाने में भी चारों पूत कपूत ही निकल गये। दो-चार पैसे कमाएँगे सो होगा नहीं, ऊपर से फुटानी करते फिरते है। ऐसे ही लोगों के लिए कहा गया है, 'पढ़े फारसी बेचे तेल...! और, हमारे साथ समस्या यह है कि हमें साक्षात्कार वैद्यनाथ मिश्र से शायद होता भी नहीं है, यदि हो भी जाये तो उन पर नागार्जुन बैठा रहता है। वहाँ वैद्यनाथ मिश्र अपनी खैर मानएँगे या हमारी खबर लेंगे? बाबूजी ने उस दुनिया को देखा जिसे हम शायद ही देख पायें! उन्हें यह पता है कि पसीने की कमाई के अतिरिक्त एक छदाम भी कमाने में क्या-क्या करना पड़ता है और क्या-क्या बेचना पड़ता है। जब वे स्वयं ही कमाऊ हथकंडे से दूर भागते रहे तो अपने बेटों को उन आचरणों के बीच पाएँगे तो न जाने कितना अपमानित महसूस करेंगे। हम भाइयों को अर्थतंत्री विकास के लिए न तो बाबूजी ने किसी तरह से 'कोच' ही किया और न कोई प्रवचन ही सुनने

का मौका मिला कभी। जो जैसा रहना चाहे रहे, अपना दुख-सुख झेले। उनके पास देने के लिए कभी कुछ रहा है तो दिल खोलकर दिया, अन्यथा न शिकवा और न शिकायत।

वैद्यनाथ मिश्र को संस्कृत के प्रकांड पंडित होने के घमण्ड के साथ ही झूठी प्रतिष्ठा के भाव आ ही जाता। फिर यूगोनुकूल लाभ-लोभ के सम्बन्ध में भीतर ही भीतर गहन चिन्तन करते। अपनी औकात से हटकर भी बहुत कुछ करना पड़ता अनाप-शनाप। लेकिन मेरे बाबूजी इन बातों से काफी दूर हैं। ऐसा नहीं कि उन्हें यह पता नहीं है कि वे प्रतिष्ठित रचनाकार हैं—यह भी उन्हें भान है कि वे देश के कुछ इने-गिने साहित्यकारों में एक हैं। परन्तु इसके कारण अहं भाव या घमंड का नाम नहीं। गरिमामंडित प्रतिष्ठा के दायित्वपूर्ण बोझ को ढो-ढोकर बाबूजी जर्जर हो गये। उनसे बात करना, उनसे स्नेह पाना, उनको विश्वास मे लेना बहुत ही आसान है। न उम्र की सीमा, न बौद्धिकता का बंधन। आर्थिक संपन्नता और सामाजिक यश-ख्याति की तो कहीं कोई जरूरत ही नहीं। हाँ, उनके पास से असली फटकार और घृणा का पात्र बनकर वही लौटता जो किसी न किसी प्रकार के दंभ में डूबा होता। अति सामान्य ढंग से जीने की कला हमें बाबूजी से प्राप्त है। वैद्यनाथ मिश्र के जीने का ढंग कुछ और ही होता। आज के बनावटी रंगीन दुनिया में कभी-कभी लगता है कि काश, हम वैद्यनाथ मिश्र के पुत्र होते तो बहुत कुछ ठीक होता। 'कमाऊ' पड़ोसी जब अपने खानदान का प्रसंग छेड़ता है तो न चाहते हुए मौन हो जाना पड़ता है क्योंकि दिखाऊ तौर पर हमारे पास कुछ है भी तो नहीं। आज के समाज में ट्रेन, बस और सड़कों पर जब नागार्जुन मामूली टुच्चों से झिड़की खा जाते हैं तो हमारी या हम जैसे अति सामान्य नागरिकों की क्या हस्ती है। वैद्यनाथ मिश्र के पुत्रों की स्थिति कुछ और ही होती। वैद्यनाथ मिश्र के पास मात्र हमारी समस्याएँ होतीं, लेकिन नागार्जुन के निकट उनके बेटे होकर हम विशाल जन समुद्र के एक बूँद भर ही तो हैं। वैद्यनाथ मिश्र के पुत्र होकर हम उछल सकते थे, पर नागार्जुन के बेटे होकर खौल सकते हैं। यह ठीक है कि उन्हें अपने परिवार के सुख-दुख में साथ रहना चाहिए था, परिवार को सुदृढ़ बनाना उनका प्रथम कर्तव्य होना चाहिए था; परन्तु जिसकी प्रतिबद्धता सम्पूर्ण मानव समाज के विकास मात्र के लिए है उससे हम कैसे और क्यों उम्मीद करें कि वह अपने निज के लिए सोचे? निज की चिन्ता रहती तो वैद्यनाथ मिश्र ही बने रहते। "मैं न अकेला, कोटि-कोटि हैं मुझ जैसे तो/सबको ही अपना-अपना दुख है वैसे तो..." जब सब जन चिन्ताविहीन, बेफिक्र होंगे तो 'खास' को अपनी स्थिति ठीक करनी ही पड़ेगी। उसे 'आम' में आना पड़ेगा। नागार्जुन होकर बाबूजी सबके अपना ही नहीं, नितान्त निजी हो गये।

पन्द्रह-बीस दिन अथवा दो-चार माह बाद जब भी बाबूजी से देश के किसी भी कोने में भेंट होगी तो पहला सवाल मुझसे किया जाता है कि सोकर आये या बैठे-बैठे। फिर 'बच्चों का क्या हाल है'—पूछते हैं। फिर जहाँ से मैं आ रहा होता

वहाँ के सम्बन्ध में एक-एक बात विस्तार से पूछते हैं। उन जगहों पर उत्पन्न समस्या पर बात करेंगे। इन बातों के बीच ही मेरे लिए चाय-भोजन हेतु भी सचेष्ट हो जाएँगे। फिर उनकी चिन्ता यह रहती है कि मेरे पनडब्बी में पान है या नहीं। इन सबमें मुश्किल से बीच-पच्चीस मिनट का समय लगेगा और अब सुनने की बारी मेरी और सुनाएँगे वे। विगत भेंट से अब तक की तमाम घटनाएँ सुनाएँगे। जहाँ वे रह रहे होते हैं—उसके इर्द-गिर्द की तमाम घटनाओं की विस्तृत जानकारी देंगे। संयोगवश यदि मैं उन जगहों से अपरिचित हुआ तो वहाँ के मौसम-बाजार और सामाजिक वातावरण के सम्बन्ध में बताएँगे। साहित्य-समाज, इतिहास-राजनीति, अर्थतंत्र-दर्शन आदि पर हम दोनों खूब बातें करते हैं। पर क्या मजाल है कि पारिवारिक समस्याओं पर बात हो जाये! साथ-साथ रहते हुए रोज रात सोते समय यह निर्णय लूँगा, अगले सवेरे पारिवारिक समस्या पर बात चलाऊँगा। सवेरे-सवेरे छः बजे का समाचार सुनने के बाद खबरों पर चर्चा शुरू हो जाती है। फिर रात में उनके मन में आयी कुछ प्रमुख बातों पर बात करने लगेंगे।

यों बुढ़ापे में नींद कम आती है। आँखों से काम लेने की शक्ति कम होने लगती है। बिजली की रोशनी में तो कमजोर आँखों से पढ़ाई हो नहीं सकती है। रात के शान्त वातावरण में एकान्त पाकर बुढ़ापे में पूरा जीवन चक्र की तरह घूमता है आँखों के सामने। पूरे हुए कामों पर संतोष होता है। अधूरे सपनों पर क्षोभ और ध्वस्त हुए अरमानों से दिल में एक टीस उठती रहती है। एक उम्र के बाद इन बातों का हमला बहुत तेजी से होता है। “रात को दो बजे के बाद/नींद नहीं आती है/यह तो प्रकृति का वरदान ही मानता हूँ/...” रचना-कर्म के लिए भी इधर वर्षों से इसी समय का उपयोग प्रायः किया करते है। “नीरव निशीथ में अक्सर/टेलिप्रिंटर की तरह लाइनों पर लाइनें/निकलने लगते हैं मेरे अन्तस्/...” रात में रचित कुछ पंक्तियाँ सुनाएँगे। बहुत चाहने पर भी मैं अपनी व्यक्तिगत या पारिवारिक समस्यामूलक बातें नहीं कर पाऊँगा। जब भी मैं चाहकर कोई इस तरह का प्रसंग छेड़ने की कोशिश करूँगा तो बड़ी ही चालाकी से इन बातों से बचते हुए कोई रोचक प्रसंग ले आएँगे। कभी-कभी यह भी होता है कि बाबूजी पारिवारिक समस्या पर बिल्कुल मौन हो जाएँगे। मात्र सुनेंगे। न हस्तक्षेप होगा और न ही कोई सुझाव। स्थिति यह हो जाती है कि इन बातों को बन्द करने के अलावा और कोई रास्ता नहीं रहता है मेरे लिए।

इस उम्र में भी यात्रा मूलक चर्चा में बाबूजी का मन खूब लगता है। आखिर यात्री ही ठहरे न! यदि वैद्यनाथ ही रहते तो ऐसी स्थिति नहीं आती। सवेरे-सवेरे हम दोनों पिता-पुत्र खुसुर-फुसुर करते रहते। कमाने के नये-नये गुर उनसे लेता। गाँव में पड़ोसियों को किस दाँव से चित किया जाय—यह कला वे मुझे बताते। परिवार में यह आम धारणा है कि बाबूजी की सबसे अधिक बातें मुझसे ही होती है और मेरी बात वे मान भी लेते हैं। काश, ये दोनों बातें सत्य होतीं! इनमें से पहली बात

शत-प्रतिशत ठीक है। दूसरी तीस प्रतिशत भी सही होती तो...! वह कौन-कौन सी बात है जो मेरी मानते हैं—वह है पुस्तकों का संयोजन-प्रकाशन और यात्रा-प्रसंग। लेकिन इन दोनों मामलों में भी मेरी राय मानते तो स्थिति कुछ और ही होती। मेरी ही क्यों—वह शायद किसी की भी राय-विचार-सलाह-मशविरा पूरी तरह नहीं मानते। वह हमारी-आपकी या किसी की भी बात उतनी ही दूर तक मानेंगे जितना उन्हें रुचेगा, पचेगा या जँचेगा! उतना ही करेंगे जितना कुछ उनके लिए करणीय हो—माफ कीजिएगा, परिवार को ध्यान में रखकर नहीं।

बाबूजी यात्रा या घुमक्कड़ी के शौकीन ही नहीं हैं, बल्कि यात्रा-प्रसंग शुरू होते ही उठ बैठते हैं—एटेन्शन की मुद्रा में मानो! 'क्वीक मार्च' के लिए पाँव उठाने को उद्धत! यात्रा-प्रसंग या यात्रा में जितना मन और समय लगा है अथवा लगता है उतना इस उम्र में भी और किसी काम में नहीं। वैद्यनाथ मिश्र बने रहते तो चुपचाप अपने पैतृक गाँव में बैठकर पूजा-पाठ में मन लगाते। अपने किसी पुत्र को साथ करके चारों धाम घूम-घाम आये होते। उसी एक मात्र यात्रा के संस्मरण को रंगीन और चटपटा बनाकर जीवन भर सुनाते रहते। जब आज तथाकथित सजग नागरिक ही नहीं बल्कि रचनाकार भी अपने को छोटे फ्लैटों में कैद कर रखा है वहाँ संस्कृत के पंडित वैद्यनाथ मिश्र के लिए घुमक्कड़ी क्यों अनिवार्य रहता! हम तो टेलीविजन के रंगीन पर्दे में हिमालय के ऊपर जमे बर्फो को देखकर सर्दी महसूस करने लगे हैं अब। "कहाँ गया धनपति कुबेर वह/कहाँ गयी उसकी वह अलका/नहीं ठिकाना कालिदास के/व्योमप्रवाही गंगाजल का/ढूँढ़ा बहुत परन्तु लगा क्या/मेघदूत का पता कहीं पर,/कौन बताये वह छायामय/बरस पड़ा होगा न यहीं पर/जाने दो, वह कवि-कल्पित था,/मैंने तो भीषण जाड़ों में/नभ-चुंबी कैलाश शीर्ष पर,/महामेघ को झंझानिल से गरज-गरज भिड़ते देखा है।" सुनी-सुनायी स्थिति या अब तो दूरदर्शनीय दृश्यांकन को देखना और परिस्थितियों के भीतर जाकर स्थिति से सीधे साक्षात्कार में कितना अन्तर है, यह तो एक समर्थ और सार्थक कलाकार ही कह सकता है। फिर सृजन के क्षण में अनुभव ही अपनी पूंजी होती है, किसी सृजनकर्ता के लिए।

बाबूजी इस उम्र में भी देश-दुनिया की दशा जानने-समझने के लिए किसी का सहारा लेकर ही सही यात्रा करते रहते हैं। मात्र यात्रा ही नहीं करते बल्कि खतरे के निशान को पारकर परिस्थितियों से सीधा साक्षात्कार करने की आदत बना ली है। इस तरह की आदत हमारे समकालीनों के लिए अकल्पनीय ही नहीं अव्यावहारिक भी मानी जाती है। फिर हम आचार्य वैद्यनाथ मिश्र से क्या और क्यों कुछ उम्मीद करते! 'पैर खुजलाना' मुहावरा औरों के लिए दर्शनीय स्थलों का पर्यटन करने के लिए भले ही हो, लेकिन बाबूजी के लिए घुमक्कड़ी से प्राप्त अनुभव रचना-कर्म के लिए है। रचनाओं को एक सीमातीत विस्तार मिला है उससे। एक अर्थ में यात्री शब्द की व्यापकता प्रदान किया गया है। जिस तरह घूम-घूमकर अपने भीतर ऊर्जा लिया है

उसी तरह इस यात्री ने अपने घुमक्कड़ी अनुभव से समकालीन साहित्य में नयी जान दी है।

उम्र-मापक यंत्र में जो सूचक निशान है वह अब अस्सी के पास पहुँचने की ओर बढ़ रहा है। लेकिन बाल सुलभ अकड़ और जिद मौजूद है अब भी। प्राचीनकाल में चाणक्य ने कुश गड़ने पर उसकी जड़ को खोद ही नही डाला बल्कि मट्ठा डालकर निर्मूल कर दिया था। उस कुश का इतना ही अपराध था कि राह चलते चाणक्य के पाँव में चुभ गया। बाबूजी वही कुछ करेंगे जो मन आयेगा, लेकिन मन में आना जिद की सीमा को पार कर जाता है। बाबूजी अपनी उम्र के एक मात्र विद्वान हैं जो चश्मा का प्रयोग पिछले पन्द्रह वर्षों से नहीं करते। यों आज के जमाने में उम्र का पचासवाँ वर्ष बिना नाक पर चश्मा आये पार हो जाय तो बड़ी बात मानी जाएगी। बाबूजी ने भी उम्र के पैंतालिस-पचास के आसपास चश्मा ले ही लिया था। दूरदृष्टि तब भी ठीक थी। आँखों के बिना सब कुछ हो सकता है, पर देखना-लिखना और पढ़ना बिल्कुल ही नहीं हो सकता। "लेखनी ही हमारा फार/धरा है पट, सिंधु है मसि पात्र/तुच्छ से अति तुच्छ जन की जीवनी पर हम लिखा करते/कहानी, काव्य, रूपक, गीत/"...काम चलता रहा। हुआ यह कि चश्मा कहीं खो गया। फिर जो नया चश्मा नाक पर चढ़ा, उसने थोड़ी खुराफात की। बाबूजी के साथ खुराफात! वे भड़क उठे। एकाध घण्टे में ही उस चश्मे को उतार फेंका। मैगनीफाइंग ग्लास का नक्शा दिमाग में घूम गया। राहुल के साथ काफी समय गुजारा है। उनको नक्शा और बारीक अक्षरों का अध्ययन इसी तरह के शीशे से करते देख रखा था। बस, उठा लाये बाजार से। अर्थात् यही मोटा शीशे वाला मैगनीफाइंग ग्लास। आँखों की चीर सहेली हो गयी तब से। नकचढ़ी से नाता टूट गया।

शब्दों की जादूगरी करनेवाले दिमाग के हाथ इतने अभ्यस्त हो गये हैं कि हल्के-फुल्के काम लायक लिखाई में शीशे की जरूरत पड़ती ही नहीं। यों कविता और पत्रों के अलावा और कुछ (अर्थात गद्य) लिखा भी तो नहीं है नाक पर से चश्मा उतारने के बाद। इस मोटे लैंस से पढ़ाई करने के कारण आँखों में पानी ज्यादा आने लगा है। रोशनी दिन-ब-दिन कमजोर होने लगी है। पर बाबूजी को इसकी चिन्ता नहीं। चश्मा की चर्चा शुरू होते ही नकचढ़ी खुराफात याद आती होगी—शायद। आँखों की चिन्ता करने का अधिकार तो वैद्यनाथ मिश्र का होता। वैद्यनाथ मिश्र अपने किसी पुत्र की गर्दन पर सवार होकर आँखों के किसी बड़े डाक्टर से मिलते। आँखों को जँचवाते/आँखों में दवा डलवाकर दो-चार दिन अँधेरे में बिस्तर पर आराम से लेटे रहते। फिर सुनहरे फ्रेम में पावरवाला चश्मा एक खूबसूरत चश्मा-केश में तकिये के पास रखते! हम अपने बाबूजी से इस अस्वस्थकारी मोटे लैंस के सम्बन्ध में कई बार कह चुके हैं। लेकिन इस तरह की व्यक्तिगत फायदे की बात हमारे पिताश्री वैद्यनाथ मिश्र मानते! नागार्जुन तो अपने मन मुताबिक चलने और जीनेवाले

ठहरे न! बाबूजी की चश्माविहीन आँखों में क्या कुछ नहीं देखा जा सकता है। "नफरत की धधकती भट्ठियाँ.../प्यार का अनूठा रसायन.../अपूर्व विक्षोभ.../जिज्ञासा की बाल-सुलभ ताजगी.../ठगे जाने की प्रायोगिक सिधाई.../प्रवंचितों के प्रति अथाह ममता.../क्या नहीं झलक रही/ इन घुच्ची आँखों से?/" हम मोटे फ्रेम के संग न जाने कितने पावर का शीशा आँखों में लगाये मात्र घूमते रह जाते हैं! दूर-दृष्टि की बात तो दूर रहे, पाँवों से खिसकती जमीन भी नहीं देख पाते!

बाबूजी के भीतर यदि वैद्यनाथ के बीज दमदार होते तो वह किसी भी तरह से सत्ता का विरोध नहीं कर पाते। यों भी संस्कृत के अधिकांश पंडित भीरू हुआ करते है। हाँ, अड़ियल भी होते हैं, मात्र पारम्परिक शास्त्रीय ज्ञान के प्रदर्शन में/आपत्ति-विपत्ति के समय मैदान छोड़ने में भी अपनी बहादुरी समझते हैं। मुझे तो लगता है कि सत्ता-पक्ष को निकट रखना संस्कृत पंडितों की एक परम्परा सी रही है। आज भी दिग्गजों की जमात सत्ता द्वारा प्रायोजित सुविधा के भरपूर रस चूस रही है। आचार्य वैद्यनाथ मिश्र गाँव के छोटे-बड़े बाबू-बबुआन से लेकर दिल्ली दरबार तक जाते और अपनी कुटिल कौशल से दक्षिणा बटोरते। लेकिन वैद्यनाथ मिश्र के बीज को युगीन आँच से जलाकर नागार्जुन पैदा हुआ है। कृषक दशकम्, लेनिन स्तोत्रम्, भारत भवनम, हिमालय पुत्री आदि रचनाएँ जिन लोगों ने सुन रखा है, वे अच्छी तरह अनुभव कर सकते हैं कि पंडित वैद्यनाथ मिश्र और नागार्जुन में क्या अन्तर होना चाहिए। उन्हें यह भी महसूस हुआ होगा कि संस्कृत आचार्यों को अब कहाँ होना चाहिए।

यह अलग और हमारा बिल्कुल पारिवारिक प्रश्न है कि नागार्जुन हमारे लिए सही हैं अथवा पंडित वैद्यनाथ मिश्र उपयोगी होते! वैद्यनाथ मिश्र के वंशज होकर हम भौतिक सुख-सुविधा से परिपूर्ण होते, लेकिन सीमित और क्षुद्र होते। एक खास लक्ष्मण रेखा के भीतर ही रहते। नागार्जुन की संतान होकर हम जिस शानदार ढंग से फाके मस्ती करते हैं और इस युग में बिना जेब गरम रहे घूमते हैं—यह शायद न हो पाता, हिम्मत ही नहीं बटोर सकते। बाबूजी के विशाल परिवार से जितना स्नेह और अपनापन मिला, वह पिताश्री पंडित वैद्यनाथ मिश्र की जमींदारी में कभी नसीब भी नहीं हो पाता।

बाबूजी के पुत्र होकर "संबद्ध हूँ, शतधा संबद्ध हूँ।...रूप-रस-गंध और स्पर्श से, शब्द से.../नाद से, ध्वनि से, स्वर से, इंगित-आकृति से.../सच से, झूठ से, दोनों की मिलावट से.../विधि से, निषेध से, पुण्य से, पाप से.../उज्जवल से, मलिन से, लाभ से, हानि से.../गति से, अगति से, प्रगति से, दुर्गति.../यश से, कलंक से, नाम-दुर्नाम से..."

श्रम ही जिसकी अपनी पूँजी

औसत हिन्दुस्तानी की तरह हमारे परिवार के लिए श्रम को ही पूँजी माना गया। पैतृक सम्पत्ति के अभाव में अनिवार्य जीवन-यापन के लिए अपनी-अपनी शिक्षा बीच में ही छोड़कर हमें शुद्ध श्रमजीवी बन जाना पड़ा है। यों श्रमजीवी शब्द का प्रयोग अब तो आराम के साथ किये गये श्रम के लिए भी किया जाने लगा है। शुद्ध श्रमिक के लिए अपने श्रम की कमाई से साल भर पेट भर दाना पाना अभी कोसों दूर है—स्वतंत्रता के इतने दिनों बाद भी हमारे देश में। बाबूजी ने किशोरवस्था में प्रवेश करते ही अपने को आर्थिक रूप से बेसहारा देखकर, स्वयं को जीवित रखने के लिए श्रम के अलावा और कुछ पाया नहीं होगा। अपने पाँव पर खड़ा होने की ट्रेनिंग में उनका मातृविहीन होना लाभकारी हुआ। माँ का अत्यधिक दुलार हमें उस तरह से ठेठ श्रमिक नहीं होने देता—जो आज औसत भारतीय के लिए जरूरी है। सम्भवतः उन दिनों यह भी ख्याल नहीं आया होगा कि समूची जिन्दगी खालिश श्रमिक के रूप में बीतेगी और बाद की पीढ़ी मात्र श्रम पर ही जीवित रह सकती है। बाबूजी के पिताजी को काम से जी चुराने की आदत थी। पुत्र को कुछ न कुछ करने की अदम्य लालसा। इस लालसा को पूरा करने के लिए श्रम के अलावा और कोई पूँजी तो थी नहीं। "श्रम ही जिसकी अपनी पूँजी/छल से जिसको सहज घृणा है/... लवण-उदधि का खारा पानी/मुझसे बार-बार हारा है..."

इस देश का औसत आदमी अपने बच्चों को मुश्किल से मिडिल तक किसी तरह शिक्षा दिलवा सकता है—यह बात बाबूजी अच्छी तरह जानते हैं। उन्होंने हम भाइयों को हाई स्कूल की दीवार पार करवा दिया। उत्साह में आकर हम भाइयों ने महाविद्यालय परिसर में पाँव तो रखा—लेकिन हमारे पाँव में ताकत नहीं कि महाविद्यालय/विश्वविद्यालय परिसर को पार कर सकें। किसी तरह साल-दो साल या अधिक से अधिक तीन वर्ष तक लंगड़ाकर चलने के बाद घर वापस आकर थककर बैठ गये। फिर सामान्य नागरिक की कतार में रोजगार की तलाश में भटकने के लिए खड़े हो गये। हमें याद है कि किन परिस्थितियों में न चाहते हुए भी शिक्षा के बीच में ही नमक-रोटी के लिए कोई भी काम पाने की जुगाड़ में लगना पड़ा।

जब हम सभी भाई-बहन छोटे रहे होंगे तो अन्न मात्र की व्यवस्था करने में

बाबूजी को बहुत ही कठिनाई हो रही होगी। स्थायी नौकरी तो थी नहीं। प्रखरता, ईमानदारी, जागरुकता, विद्वता आदि आज के तथाकथित सम्भ्रान्त युग में कोई बढ़िया गुण तो माना जाता नहीं है। उसमें भी ऊपर से वामपंथी-राजनीति से गहरा लगाव का बिल्ला लगा हो और यायावरी का नशा हो तो नौकरी कोई क्यों और किस तरह देगा? ऐसी स्थिति में नौकरी तो दूर, स्थायी निवास भी समस्या रही है हर हमेशा। सन् 1960-62 तक वामपंथियों को सरकार अपने पास फटकने नहीं देती थी और आज देखता हूँ कि एक से एक गरममिजाजी लोग सत्ता द्वारा परिचालित-संचालित पदों पर विराजमान हैं। ऐसा नहीं कि शासक वर्ग को पता नहीं है, उसे सब पता है। लगता है कि आज के इन गरममिजाजियों से तत्काल कोई खतरा शासक वर्ग को नजर नहीं आता। 30 वर्ष पूर्व वामपंथियों से सरकार बहुत ही घबराती थी। पता नहीं आज वामपंथी बनकर स्वयं को छलते हैं या जन को या शासक वर्ग को? ऐसी जगहें पाकर "जुगाली ही जुगाली करता रहेगा/पद्मासन की मुद्रा में बैठा दीखेगा।" क्योंकि यहाँ तो क्रांतिधर्मी और घनघोर नास्तिक को अध्यात्म की ओर मुड़ते भी देखा जाता है। "सुख-सुविधा और ऐश आराम के साधन/डाल देते हैं दरार प्रखर नास्तिकता की भीत में/बड़ा ही मादक होता है यथास्थिति का शहद/बड़ा ही मीठा होता है, गतानुगतिकता की संजीवनी।"

बाबूजी ने परिवार को स्पष्ट रूप से भासित करा दिया कि सत्ता पक्ष से वे किसी भी स्थिति में संपर्क नहीं रख सकते। हाँ, हम भाइयों में कोई मधुलोभी होना चाहे तो उन्होंने प्रकटतः विरोध नहीं किया है। पर, व्यवहार से यह भासित करा देते हैं कि यह उन्हें पसन्द नहीं है। हम उनके इस इशारे को अपनी निजी वैयक्तिकता के कारण नहीं समझने का नाटक किया करते हैं। यह हमारी मजबूरी तो नहीं; नीयत अवश्य ही कही जाएगी—"मैं नाम तुम्हारा बेचूँगा/मारूँगा तुमको रोज-रोज/"... सम्पत्तिहीन और सत्ता के विपरीत होने पर पास में श्रम ही एक मात्र पूँजी बची रहती है—इतना तो हम सब अच्छी तरह समझ चुके हैं। न जाने फिर हम क्यों चूक जाते है! हम याद करने की कोशिश नहीं करते कि बाबूजी हमारी उम्र में किस प्रकार रह रहे होंगे। हम आज के नागार्जुन का उपयोग करने को सतत प्रयत्नशील रहते हैं।

शुद्ध मजदूर वर्गों में जीवन-यापन करनेवालों से बाबूजी का लगाव बहुत ही गहरा है। उनके दुःख को हर तरह से बाँटने की कोशिश करते रहते हैं। तम्बाकू से कत्थई हो गये दाँतों, बेतरतीब मूँछों की थिरकन, फटी बिवाइयों वाले खुरदुरे पैर आदि मेहनती जीवन के सौन्दर्य उन्हें अपनी ओर बार-बार क्यों आकर्षित करते हैं? पतली मूँछोवाला साँवला ग्रामीण खेतिहर मजदूर, पीठ पर फटी बनियाइनवाला रिक्शा चालक, गढ़वाल की पहाड़ियों में सड़क के लिए पत्थर कूटती चौथी पीढ़ी की माँ गुट्ठल-घट्ठोवाले कुलिश-कठोर पैर आदि के साथ जीने का आनन्द कुछ और ही है। इसी तरह बाबूजी को जितना स्नेह अपने ग्रामीण बुद्धू राउत, बंगट यादव,

रामचरण, रामा माय आदि से मिला है उतना शायद अपने स्वजातीय स्वजनों से नहीं प्राप्त हुआ है। ये तमाम लोग इनके साहित्य में अनेक रूपों में हमारे सामने से होकर गुजरते हैं। जबकि ऐसे जीवित पात्रों को संस्कृति और साहित्य से दूर-दूर का रिश्ता भी नहीं होता है। इन पात्रों को हम मजदूर की श्रेणी से भी नीचे समझते हैं। पर, यह भी सत्य है कि साहित्य और संस्कृति के निर्माण में इन सबकी अहम् भूमिका होती है।

कलकत्ता हो या दिल्ली, पटना हो या दरभंगा, गाँव हो या जहरीखाल का पहाड़ी—बाबूजी का अधिकांश समय ठेठ श्रमिकों के बीच गुजरता है। मुझे पता है कि मेंडोला जी अपनी कई शंकाएँ रख छोड़ते हैं बाबूजी से समाधान पाने के लिए। मेंडोला भाई जहरीखाल जैसे पहाड़ी ग्रामांचल में अपनी जीविका के लिए एक छोटी-सी दुकान चलाते हैं। किसी भी प्रखर बौद्धिक को जितनी बाबूजी से निकटता प्राप्त है, उससे तनिक भी कम इन्हें नहीं है। पटना में उषा किरण खान के पास काफी बड़ा सरकारी आवास है। वहाँ प्रायः जीवनोपयोगी तमाम सुविधाएँ उपलब्ध हैं। उनकी इच्छा रहती है, उनके पितूतुल्य चाचा (नागार्जुन) जब भी पटना रहें, उनके पास ही रहें। बाबूजी उन्हें मानते भी बहुत हैं। पर, एक-दो दिन में सुविधा और बेफिक्री इनके मूड को खराब करने लगता है। फिर तो वहाँ से निकल भागकर हप्ते-दस दिन उन जगहों में रहेंगे, जहाँ रोजमर्रे की परेशानियाँ हो...जहाँ मेहनत-मजदूरी के बाद भी लोगों को प्राथमिक सुविधाओं का भयंकर अभाव रहता है।

बाबूजी का नाम-यश जितना है, उस अनुपात में सुविधा तो उन्हें अपने व्यक्तिगत परिवार में नहीं मिल पाया और सम्पन्नता तो है ही नहीं। सुविधा और सम्पन्नता के लिए, श्रम के अतिरिक्त छल और प्रपंच का सहारा अनिवार्य होता है। इसी जगह आकर बाबूजी को उस वर्ग से घृणा होने लगती है जो औसत लोगों को ठगकर या धूर्त बनाकर अपनी चहारदीवारी का विस्तार करने में लगा रहता है। इस देश के किसी भी भाग में हमें जहालत और गरीबी की नंगी तस्वीर खुलेआम दिखते हैं। मुट्ठी भर ही ऐसे लोग मिलेंगे जो आज के तथाकथित सन्दर्भ में 'युगीन सम्भ्रान्त' हैं। बाबूजी को ऐसे लोगों से उतना ही परिचय रहा है, जितना उन्हें अपने साहित्य के लिए अनविार्य लगा। "और भला कहाँ हुआ था नसीब/उतना अच्छा आइसक्रीम/कदन्न-दग्ध इस निगोड़ी जीभ को/ चाँदी के बापू.../गजदंत के तथागत.../चंदन के बिनोवा.../तांबे के लेनिन.../उमग आयी आस्था,/झुका नहीं फिर भी मस्तक/चम्पई आभा की नाटी-सी मध्यवयसी महिला/डबल एम.ए. मिसेज गुप्ता/शेल्फ की ओर उँगली उठाकर बोली/बस ले-देकर एक शौक बाकी बचा है इनका/वो रहा हक्सले.../वो जुंग.../और वो पावलोव.../जी हाँ, मार्क्स का भी पूरा सेट है अपने पास.../मुहलत नहीं देते हैं दुनियादारी के झमेले/देखिये न, आखिर तक रोकती रही मैं/मगर इन पर तो भूत हो गया सवार/लेकर कर्ज बनवाया है

मकान/मुझे तो रात-रात भर नींद नहीं आती है/ऊपरवाला फ्लैट उठा दिया है भाड़े पर/मद्रासी है, अच्छे लोग हैं/ढाई हजार पाते हैं...लिखने का हावी था उनका भी.../गवर्नर की कोठी में था कोई फंक्शन/यूँ ही हमारा कृष्णन साहब से परिचय हो गया/और अब हमारे पड़ोसी हैं आप..." ऐसे सुविधा सम्पन्न लोगों को किसी भी सृजनात्मक काम के लिए मुहलत नहीं देते हैं, दुनियादारी के झमेले और चिन्ता के मारे रात-रात भर नींद नहीं आती है—फिर नंगे-भूखे अथवा परिवार की गाड़ी को खींचने में असमर्थ लोगों की क्या दशा होगी! हमारा परिवार भी तो आम औसत भारतीय में एक है न!

हम भाइयों के विकास में उन्होंने यह ढंग अवश्य ही अपनाया कि हम 'आम' ही रहें, 'खास' न बनें। सम्भवतः उन्हें शुरू में ही यह अंदाज लग गया होगा कि आनेवाली पीढ़ी किस तरह छोटे-छोटे अवसरों का गलत उपयोग करेगा अपनी व्यक्तिगत स्वार्थपूर्ति के लिए! बाबूजी शुरू से अब तक सम्पन्न खास' बनने के बजाय महज सामान्य 'आम आदमी' बनना चाहा। चतुर सुविधा भोगी बनना तो हर जगह सम्भव है—साहित्य में भी, संन्यास में भी और गृहस्थाश्रम में तो सबसे ज्यादा। अपने अन्य बौद्ध मित्रों की तरह मठ नहीं बना सके। "थकित-चकित-भ्रमित-भग्न मन को/स्फूर्ति देता है किसी समर्थ का सहारा/"/ऐसा नहीं कि उनको अवसर ही नहीं मिला हो! कहीं सहारा ही नहीं मिला हो—यह बात भी नहीं। कई-कई प्रस्ताव जीवन में आये। तिब्बत से वापस होते समय का वह तिब्बती युवक उन्हें अक्सर याद आता है, जिसकी माँ ने कहा था—"क्या करोगे हिन्दुस्तान लौटकर, चलो हमारे साथ मध्य तिब्बत के इलाके में। वहाँ सैकड़ों की तादाद में अपनी भेड़ें हैं, बीसियों सुरा गायें हैं, दस घोड़ें हैं, सत्रह खच्चर। हम तीन बहनें हैं, नई-नवेली एक पतोहू है, भगवान अमिताभ की कृपा से तीन-तीन लड़के हैं। तुम्हें जरा भी दिक्कत नहीं होगी। हमारा हरा-भरा इलाका देखोगे तो खुद भी वहाँ बस जाने का तुम्हारा मन करेगा।" लेकिन हिमालय के कंधों पर ब्रह्मपुत्र के चौड़ी कछार में भिक्षु नागार्जुन मात्र पन्द्रह दिनों तक उन लोगों के साथ रहकर नीचे अपनी भूमि की ओर चल पड़े। एक यही परिवार ने नहीं, अनेकों ने जितना ज्यादा श्रद्धामिश्रित स्नेह उन्हें दिया कि थोड़ी-सी इच्छा मात्र रहने पर कहीं भी जाकर महंत बन सकते थे। लेकिन ऐसा कुछ नहीं हुआ। बौद्ध होने के कारण भगवान तथागत के तो अब तक बनी हुई है, पर कुछ शंकाएँ भी रही हैं। उनके अनुसार—"बड़े-बड़े राजाओं, पुरोहितों, सेनापतियों और बनियों से बुद्ध ने कभी नहीं कहा कि दास-दासियों को मुक्त कर दो; कमानेवाला खाएगा—इसके चलते जो कुछ हो! ऐसा क्यों नहीं कहा?" बौद्ध साहित्य के अध्ययन के बाद भिक्षु नागार्जुन यह भी जान चुके थे कि "अपने पास अपार सम्पत्ति इकट्ठी हो जाने से बौद्ध महंतों ने साधारण जनता की बोली में बोलना छोड़ दिया—सुशिक्षित सम्भ्रान्त और सम्पन्न वर्ग की परिष्कृत भाषा अपना ली। निचले वर्गों की मेहनत

पर गुलछर्रे उड़ानेवाले कामचोर उन्हें बढ़ावा देते आये। आम लोगों की आँखों में धूल झोंकने के लिए देव-देवियों की कतार खड़ी करके उनकी आड़ में योग और भोग का समन्वय किया जाने लगा।" इस तरह के न जाने कितनी बातें बौद्ध बनने के बाद उनके मन में आती रही होगीं। बौद्ध दर्शन इस देश के लिए अपेक्षाकृत नया और परिष्कृत है। पर इसमें भी सिद्धान्त और व्यावहारिक पक्षों में ताल-मेल शायद बाबूजी नहीं बैठा पाये।

ऐसे अवसरों पर उन्हें अपना ब्राह्मणपंथ भी याद आता रहा होगा। "विद्वान ब्राह्मण अपने आसपास के किसी न किसी राजा से 'लखिराज ब्रह्मोत्तर' पा ही जाता था। उसके यश से खिंच-खिंचकर दूर-दूर से ब्राह्मण बटुक आने लगते। तीन-तीन सौ की जमात होती इनकी। सबकी सेवा-खर्चा आचार्य दिया करते। अध्यापन करते-करते किसी उपाध्याय का नाम जब दूर-दूर इलाकों में फैल जाता, तब वह अमुक दिशा का सबसे बड़ा आचार्य कहलाता।" पर बापूजी ने यह सब कुछ भी नहीं चाहा। बाबूजी भाग्यवादी कभी नहीं रहे हैं और न काहिल। काहिल और कामचोर का नतीजा अपने पिता के रूप में उनके सामने था ही। किसान-आन्दोलन से लेकर हाल-हाल तक ऐसे मौके न जाने कितने आये हैं कि थोड़ी-सी चाह भर से आचार्यत्व के साथ भू-पति और मठाधीश हो लेते। शायद तब तक कर्म से नाता टूट जाता। ठेठ श्रमिक की भावना का कहीं अता-पता न होता। सुख-सुविधा और भोग-विलास के साधन हमारी पीढ़ी को किस तरह बर्बाद कर रही है—वह हम देख ही रहे हैं। ऐसा नहीं कि एक खास वर्ग की ओर से यह प्रवृत्ति आज ही पनपी हो! जब से सत्ता और सम्पत्ति को यह लगने लगा कि दीन-हीन, लेकिन प्रखर-ईमानदार विचारवालों का भी समाज के विकास में एक महत्त्वपूर्ण भूमिका है—तभी से इस वर्ग को भ्रष्ट करने का अभियान चलाया जाने लगा। बाबूजी के पास भी मौके आते रहे। चुपचाप सब कुछ समझकर नासमझ बनने का अभिनय भी करते रहे और ठीक ऐन मौके पर जब सब सुनिश्चित हो जाता तो अपनी निष्ठा या श्रमयोचित ईमानदारी की प्रतिष्ठा को बचाने के लिए शहादत की भूमिका निभाने में अपूर्व आनन्द आता है बाबूजी को। परिवार हो या व्यक्तिगत जीवन अथवा रचनाकार का जीवन—तीनों को जन के साथ रखकर ही देखा है। हम सब भाइयों को भी जन के साथ ही रहने की शिक्षा मिली है। मुझे तो नहीं लगता कि जन से अलहदा होकर भी कोई जीवन है।

गाँव में और भारतीय की तरह अपने पास भी कच्ची भीतवाला ही घर है। जिसे घर तो नहीं झोंपड़ी कह सकते हैं। दरभंगा-पटना-इलाहाबाद-दिल्ली-कलकत्ता—इन नगरों से हमारे परिवार का घनिष्ठ सम्पर्क रहा है। लेकिन किसी भी नगर में हमारा आवास निम्न-मध्यवर्ग से ऊपर नहीं उठ पाया। चाहने पर 'सम्भ्रात आवासीय क्षेत्र' में आवासीय सुविधा हम आसानी से प्राप्त कर सकते हैं। '57 में पटना में रहकर बाबूजी ने मुझे साथ रखना शुरू किया। वहीं एक स्कूल में मेरा नामांकन करवाया

गया। भिखनापहाड़ी मुहल्ले के एक बड़े मकान के भीतर एक हिस्सा रहने के लिए लिया गया। धूप और हवा से वंचित मकान का भीतरी हिस्सा 1962-1963 तक हमारे परिवार का रैन बसेरा रहा। "चालीस प्राणी थे, किरायेदार के छः परिवार। सभी धूप के लिए तरसते थे। मकान मालिक को सभी कोसते थे। सामने लेकिन कोई कुछ कहता नहीं था उससे। वह भारी हिसाबी था; बेजोड़ मिठबोला। मकान के अगले हिस्से में, सड़क के किनारे उसने दुकान के लायक तीन कमरे निकलवा लिये थे। एक में बुकसेलर, दूसरे में दर्जी, तीसरे में प्रोविजन स्टोर के प्रोपराइटर के मालिक के रूप में वह खुद ही बैठता था। अन्दरवाली खोलियों से किराये के तौर पर दो सौ रुपये और दुकान से नब्बे रुपये हर महीने आते थे। उसका अपना परिवार ऊपर के तिनतल्ले पर धूप की गर्माहट में मजे लूटता होता और पिछली खोलियों में बाकी 'प्रजा' उसको कोस रही होती।" 'कुम्भीपाक' नामक नरक कहीं है तो भिखनापहाड़ी वाला उस मकान को ही हम समझते हैं।

बाबूजी को अपने 'भगत' लोगों के पास भले ही रोजमर्रे की तमाम सुविधा उपलब्ध होती रही हो, पर साफ-सुधरा सजा-सजाया बैठक या शयन कक्ष तो उनको अपने पुत्रों के पास शायद ही कभी मिला है। एक रचनाकार की हैसियत रखने पर क्या कोई आम से खास हो पाता है? "अस्सी प्रतिशत (जनता) हमारी इष्ट देवता है, जो जीवन के आसपास फैली हुई है। मैं भी उन्हीं के साथ जुड़ा हुआ हूँ।" बचपन से ही हम अपने इलाके के श्रमजीवियों की हालत देख चुके हैं। इसके साथ उन इने-गिने लोगों को भले ही दूर से, लेकिन स्पष्ट तौर पर उनका निरीक्षण किया है, जिसने सम्पूर्ण समाज को अपने पंजों के नीचे दबा रखा है। "लुच्चे होते हैं ये लोग, वसूल-तहसील का काम गुमस्ता-वराहिल के हवाले, घर-गृहस्थी की देख-रेख छुटभइयों के हवाले, सेवा-टहल का काम बहिया-खबास के हवाले, बाकी बचे बेटा-नाती, भाई-भतीजा, सार-सरबेटा। सो बैठे-बैठे तास पीटेंगे, शतरंज खेलेंगे, शहर जाकर सिनेमा देख आएँगे। बेकार मन शैतान का घर। खान-पान और आराम की कमी नहीं। काम करेंगे नहीं।" और श्रमिकों के पास क्या है—उनके पास मजदूरी करने के लिए दो हाथ और दो पैर, ठंड से बचने के लिए सूर्य या आग की गर्मी। धूप और वर्षा से बचने के लिए टूटी-फूटी झोंपड़ी। फिर भी समाज को गतिशील बनाने का काम श्रमशील समाज ने ही किया है, न कि श्रीमंत समाज ने।

बाबूजी को अपने लिए गुजारे के व्यवस्थापन में अभी तक संघर्ष करना पड़ रहा है। इतना भी नहीं कर पाये हैं अब तक कि साल-दो साल निश्चिंतता के साथ कहीं बैठें। लेखनी के जितने भी प्रकार हैं, प्रायः सभी को उन्होंने आजमा लिया है। सम्पादन, अनुवाद, संशोधन, मौलिक लेखन के अलावा प्रकाशन और बुकसेलरी तक की है। साहित्य को जन-सामान्य के बीच में ले जाना आज रचनाकार अपना दायित्व उस तरह नहीं मानता जैसा बाबूजी ने माना है। यहाँ तक कि जनसम्पर्क तक का अर्थ अब बदला-बदला-सा लगने लगा है। जन-सम्पर्क की सीमा अब साहित्यिक

समारोह तक ही सीमित होती जा रही है। साथ ही विडंबना यह है कि इन समारोहों में उपस्थिति की संख्या महानगरों में फोर फिगर पहुँचते-पहुँचते दम तोड़ने लगती है। किसी कारण विशेष से किसी साहित्यिक जलसे में भीड़ उमड़ती है, फिर भी पाँचवाँ दहाई तो शायद ही पहुँच पाएगा! श्रमजीवी रचनाकार होने का दायित्व-बोध बाबूजी को रचना-कर्म के शुरुआती दौर में हो गया था। सन् '41 में 'बूढ़वर' और 'विलाप'—दो मैथिली कविताओं का पम्फ्लेट छपवाया और सकरी-दरभंगा तथा सकरी-जयनगर की गाड़ियों में पाठ करते तथा बेचते। गाँव के आसपास के पेठिया तक में उन दिनों ये दोनों रचनाएँ सुनी जातीं। ये दोनो कविताएँ मिथिलांचल के बूढ़े बुजुर्गों से अब भी हम उसी तरह सुन सकते हैं, जिस ढंग से यात्री उन दिनों पाठ किया करते थे।

शुरुआती दौर की पापड़-बेलनेवाली बात है यह। पर 1964.1966 के बीच बाबूजी ने अपनी पुस्तकों के सैकड़ों सेट बिहार के पूर्णिया-सहरसा आदि मुफसिल इलाकों में घूम-घूमकर बेचा है, अपने को जीवित रखने के लिए। जीवित रखने का अर्थ है पेट के लिए दाना-पानी प्राप्त हो और रचना के लिए कच्चा माल। "नागार्जुन साहित्य का प्रचार-प्रसार करने का ठेका लिया है। बुकसेलरी कर रहा हूँ...बिहार के सत्रह जिले हैं, पता है न! एक-एक करके सभी जिलों की धूल छानने का संकल्प लिया है।..." अपने अति निकटतम मित्र डॉ. रामविलास शर्मा को यह लिखा था '64 के सितम्बर में। जीवन में बहुतेरे ऐसे अधिकारी मित्र उन्हें मिले हैं जो आनन-फानन में पाँच-सात पुस्तकों के सेट छपवाने और बिकवाने की व्यवस्था कर सकते थे। लेकिन बाबूजी को बैठे-बिठाये यह पका फल खाना कभी कहाँ भाया! "श्रमजीवी साहित्यकार की यह भी विशेषता होती है कि वह भीख नहीं माँगता, वह किसी के सामने गिड़गिड़ाता नहीं है। एक सामान्य श्रमिक की भाँति कमोबेश मजदूरी पर अपना श्रम बेचने को तैयार रहता है। अपने हमपेशा बंधुओं के सामने वह किसी प्रकार की डींग नहीं मारता...खुला खेल फरूखावादी, आमने-सामने अपना मामला तय कर लेता।"

अपने समकालीन मित्रों में से कुछेक को अपनी-अपनी पुस्तकें छापकर कोठा-सोफा के साथ निश्चित होते देखकर बाबूजी ने भी इस धंधे में हाथ डालना चाहा। हैं मूलतः कवि। कविता और कविकर्म खूब प्रिय है। 1957 तक इनके छः उपन्यास छप चुके थे। 1953 में 'युगधारा' नामक एक काव्य-संग्रह जैसे-तैसे प्रकाशित करवाया गया। उसके प्रकाशकीय में कहा गया है—"इस प्रकार के चार संकलन और तैयार हो सकते हैं। इन्हें सम्भालना नागार्जुन के लिए एक समस्या है।"...और रचनाओं को सम्भालने के लिए केवल उन्हीं दिनों की समस्या नहीं रही है। यह समस्या आज भी बनी हुई है। हाँ, तो युगधारा को छपे 1959 में 6 वर्ष हो चुके थे। प्रगतिशील कवि के रूप में यश-ख्याति मिल ही चुकी थी। इनकी कविताओं

पर सत्तापक्ष की वक्र दृष्टि शुरू से ही रही है। साथ ही काव्य-प्रेमियों ने इनकी कविताओं को सराहा भी है खूब। लेकिन किसी भी व्यावसायिक प्रकाशक के यहाँ से इनका काव्य-संग्रह 1980 तक नहीं प्रकाशित हो पाया था। 1959 में कवि ने कलकत्ता से 'सतरंगे पंखोवाली' स्वयं छपवाया। घूम-घामकर मित्रों के बीच पाँच-सात सौ प्रतियाँ खपा भी लीं। लेकिन मसिजीवी ब्राह्मणपुत्र वणिक नहीं बन पाये। पुस्तक-बिक्री के उस स्रोत को नहीं खोज पाए, जहाँ से लाभांश की प्रचुरतम गुंजाइश है। रचनाकार को अपनी रचनाओं से जो लगाव है उसी लगाव ने 1963 में पुनः इलाहाबाद से दूसरा काव्य-संग्रह 'प्यासी पथराई आँखें' प्रकाशित करवाया। पता नहीं, इन संग्रहों को छपवाने में जितना खर्च आया था, वह भी वापस हो पाया या नहीं। परिश्रम करने की क्षमता तो थी, लेकिन व्यावसायिक सूझ? प्रकाशन व्यवसाय में प्रवेश करना और अपने को व्यवसायी बना लेना—इनसे सम्भव नहीं हो पाया।

काम किये बिना ही जीवनोपयोगी विलासिता की सामग्री प्राप्त करना अधिक प्रतिष्ठापूर्ण कार्य माना जाने लगा है आज। कठिन परिश्रम करने के उपरान्त भी मौलिक आवश्यकताओं की पूर्ति में कठिनाई हो रही है हमारे साथ। बाबूजी के साथ ही हम भाइयों को अपनी-अपनी क्षमता और सीमाओं का ज्ञान तो हो ही गया है। कलम से पनपा धंधा (पुस्तक व्यवसाय) को व्यावसायिक ढंग से करनेवाले न जाने किस तरह सभी प्रकार की सुविधाओं से संपन्न हो जाते हैं और कलम चलानेवाले स्याही तक के लिए मोहताज रहा करते हैं। व्यवसायी दृष्टिवाला प्राणी शीघ्र ही सम्पन्नतम वर्ग में आ जाता है और अपना रूप बदल लेता है। 'परिश्रम के पेड़ में मेवा फलता है'—यह कहावत कम से कम ईमानदार परिश्रमी के लिए तो नहीं है। बाबूजी ने कभी गम्भीरता से नहीं सोचा कि उनका परिश्रम औरों के लिए भले ही तृप्तिकारक हो, पर खुद उनके लिए और परिवार के लिए अभी तक मीठा फल कौन कहे, कच्चे फल तक नहीं दिखे। प्राप्त आय से यह कहाँ सम्भव हो पाया कि हमें मौलिक सुविधाएँ भी समय पर प्राप्त हो जायें। अब इस उम्र में यदि मन में यह बात उठे कि हाय, कुछ नहीं किया अपनी संतानों के लिए, तो यह निरर्थक सोचना है अब। मुझे लगता है कि एक उम्र के बाद निश्चित रूप से ये बातें भीतर ही भीतर कहीं न कहीं से टीसती अवश्य हैं। नागार्जुन यदि अब हमारे लिए सोचते हैं तो यह न उनके लिए सही है और न हमारे लिए ठीक। "ऐसा भी मन क्या!/ऐसी भी बुद्धि क्या!/ कर न सके प्रपंचों का छेदन-भेदन.../घबराये जरा-जरा-सी बातों में/अकारण बिदके, पग-पग पे रूठ जाये/पहन ले दंभ का मुकुट/पचा न पाये ग्लानि और अपमान/ले नहीं पाये प्रतिशोध/क्षमा ही क्षमा करता चला जाये.../ऐसी भी बुद्धि क्या! ऐसा भी मन क्या!!" देश में बहुसंख्यक परिश्रमी लोग विपन्न हैं तो हम अपवाद कैसे रहेंगे?

बाबूजी ने सोच और लेखन का आरम्भ वास्तविक जीवन जीकर ही किया है।

हर पात्र और काव्य-बीज को एक आकार देने में बहुत मेहनत करनी पड़ी है। ऐसा नहीं है कि हर रचनाकार को सभी जगह पात्र और परिस्थिति अपने अनुकूल मिल जाये! यदि काव्य-बीज, पात्र और परिस्थितियाँ सभी को आसानी से सुलभ होते तो हिन्दी का महा-इतिहास न जाने कितना वजनी होता! एक सृजनात्मक दिमाग अहर्निश अपने पात्र के लिए परिस्थिति और परिस्थिति के लिए पात्र अथवा परिस्थिति के अनुकूल भाव या भाषा की तलाश के लिए लम्बी-लम्बी यात्राएँ करता है। इन यात्राओं में वह कितना सफल हो पाता है यह तो सृजनकर्ता की कृतियों से जाना जा सकता है। बाबूजी के ढेर सारे पात्र हमें ऐसे लगते हैं कि जिनसे परिचय कराया, पर उस तरह नहीं, जितना होना चाहिए। सम्भवतः रचनाकार अब भी उन पात्रों के लिए सही परिस्थिति की तलाश में हो—ऐसा मेरा मानना है। बलचनमा, मधुरी, फूल बाबू, दुखमोचन, मोहन माँझी, वाचस्पति, बिसेसरी, बाबू भभीखन सिंह, उगनी, भूमिपुत्री आदि न जाने कितने पात्र हैं जो अपना विकास इस रचनाकार के जरिये चाहते हैं। पता नहीं वह कौन-सी दुविधा इनके मन में है जिनके कारण ये पात्र इस मानस पिता के निगरानी में और सक्षम होकर हमारे सामने न आ पाये। मेरा यह भी मानना है कि परिवेशगत परिस्थितियों में बदलाव के कारण रचनाकारों के पात्र प्रायः उनसे दूर भागने लगते हैं। यद्यपि दिखावे के तौर पर पात्रों से निकटता हम बताते रहते हैं। "भावों का गुम्फन व्यक्ति का आकस्मिक चमत्कार नहीं हुआ करता।" किसी रचनाकार के जीवन-दर्शन का साक्ष्य उसकी कृति हुआ करती है और बाबूजी के साहित्य में तो उनका अपना जीवन अधिकाधिक ओत-प्रोत है। "समझ गया हूँ/जीवन में इस धरा-धाम का क्या महत्त्व है..."

असंगति, अनौचित्य, अन्याय, अत्याचार, अभाव आदि को जीवन भर देखा है। विद्रोह का जो संस्कार जीवन के शुरुआती दौर में ग्रहण किया था, वह अभी तक समाप्त नहीं हुआ है। प्रारंभ से ही बड़ी से बड़ी ताकतों को ललकारने में नहीं हिचके। ऐसा व्यक्ति उन्हें कभी नहीं अपना सका जो पग-पग पर दूसरों से समर्थन की अपेक्षा रखता है। कबीर की तरह वह भी अनासक्त होकर अपना करघा चलाते रहे हैं। "मजदूरी के चार पैसे मिले तो खा लिया..." यही स्थिति रही है। लेकिन सभी रचनाकारों से हम एक-सा उम्मीद कैसे करें! "प्रभुवर्ग की ठगिनी माया ने हर तरफ से हमला बोल दिया है—संगठित होने और बोलने, लिखने तथा अभिव्यक्त करने की स्वतंत्रता पर चौतरफा चौकन्ने भी और हरकत में आ रहे उत्पीड़ित जनगण के संग्राम को आत्मसात भी कर रहे हैं।" दिक्कत है जीने के लिए मौलिक आवश्यकताओं का बेहद अभाव। इसके लिए हम कहाँ से कहाँ पहुँच रहे हैं! "संघर्ष तथा यथार्थवादी रचनाशीलता के लिए रचनाकारों के आत्मसंघर्ष के इस विकट क्षण में लेखकों की आर्थिक दुरवस्था ने भी भयंकर रूप धारण कर लिया है।" इस आर्थिक दुरव्यवस्था को नागार्जुन ने भोगा है।

सन् 1967 में इस देश के सात प्रान्तों में पहली बार गैर-काँग्रेसी सरकार बनी।

उसी वर्ष बिहार में भयंकर सूखा पड़ा था। इस सूखे की चर्चा अन्तर्राष्ट्रीय स्तर पर हुई थी। देश और विदेशों से सहायता के नाम पर न जाने कितने रुपये और सामान इस प्रान्त को मिले! इन सबका उपयोग कहाँ और कैसे हुआ—यह प्रायः सभी जानते और समझते हैं। उन्हीं दिनों कमलेश्वर ने बाबूजी से एक उपन्यास 'सारिका' के लिए लिखवाना चाहा। नाम तय हो गया—"सूखे बादलों की परछाइयाँ"। सूखे से उत्पन्न अकाल पर इसकी कथा को आधारित होना था। 'सारिका' में पूरे जोर-शोर से इसकी घोषणा की गयी। न जाने क्यों बाबूजी ने 'सारिका' के इस प्रस्ताव को पहले तो स्वीकारा और बाद में इससे स्वयं ही पीछे हट गये। ऐसा नहीं कि उपन्यास शुरु न किया गया हो, चार-छः पेज लिखकर वह कथावस्तु न जाने कैसे फिसल गयी। [बहुत बाद में सन् '70 के आसपास बनारस की एक पत्रिका 'रचना' में इसी नाम से नागार्जुन के उपन्यास का एक अंश छपा।] संभवतः जो कुछ दिखाना चाह रहे हों, वह पकड़ नहीं पा रहे हों। 'भूख ही मर गयी थी' इसी काल की कहानी है।

उन्हीं दिनों बाबूजी के एक मित्र पटना के कमिश्नर हुआ करते थे। साहित्य की भी थोड़ी-बहुत समझ थी उन्हें। अपने आकाओं (मिनिस्टरों) से बात करके सूखा-राहत के नाम पर बाबूजी के लिए एक पद बनाया। 'रिलिफ एक्स्टेंशन आफिसर'—यह पद का नाम रखा गया। नाम से तो लगता है कि काफी बड़ा ओहदा हो, पर वेतन मात्र पाँच सौ रुपये। घूमने की पूरी छूट। शायद इसी से बाबूजी का घुमंतू यात्री मन इस सरकारी काम के लिए तैयार भी हो गया। माथे पर एक उपन्यास लिखने का भार भी तो था। उसके लिए भी तो सूखा और सूखे के नाम पर राहत—दोनों देखना था। कथाकार के लिए इससे अच्छा कौन-सा मौका हाथ लगेगा। एक माह तक सरकारी जीप का जमकर उपयोग किया। हिंदी क्षेत्र में यह बात फैल गयी कि 'सूखे बादलों की परछाइयाँ' के लिए नोट्स लिये जा रहे हैं। न जाने क्यों मास-डेढ़ मास के बाद ही अपने सरकारी कार्यालय-कक्ष से मन उखड़ गया। लेकिन कमिश्नर साहेब (जो इस पद के सुप्रीम बॉस भी थे) ने नकेल पकड़ी। पर दूसरा माह बीतते-बीतते अधिकारी मित्र का ही स्थानान्तरण हो गया। बिल्ली के भाग से छीका टूटा! नये अधिकारी को इनके मित्र जाते समय सब कुछ अवश्य ही बता गये होंगे। नये अधिकारी ने इस दुबले-पतले जर्जर शरीरवाले व्यक्ति के सम्बन्ध में कुछ न कुछ सोचा ही होगा। बाबूजी का ग्रामीण संस्कारवाला चेहरा उसे कुछ अंदाज नहीं आने दे रहा होगा। नये साहब को 'रिलीफ' के सरकारी अर्थ से मतलब था। फाइल मोटी होती जाये—यही वह चाहता था। जनता से क्या हमदर्दी! दो-चार दिनों तक नये अधिकारी ने अपने अनुसार समझने-समझाने में लगाया। अफसराना मिजाज के अनुकूल इनके लिए फरमान पर फरमान जारी करना शुरू कर दिया। और बाबूजी का स्वाभिमानी मन-मिजाज ने बिना कुछ कहे-सुने वहाँ से स्वयं को हटा लिया। इस बहाने सूखे क्षेत्र का एक हल्का स्पर्श ने रचनाकार से उपन्यास तो नहीं लिख सका,

मैथिली-हिंदी में कुछ अद्भुत कविताएँ अवश्य प्राप्त हुईं। एक कहानी भी 'और भूख ही मर गयी थी'।

ऐसी बात भी नहीं कि बिहार में सरकारी नाटक की यही एक घटना रही हो। सन् 1954-55 में भी बिहार सरकार में एक वरिष्ठतम अधिकारी इनके निकटतम मित्र थे। थे इनसे बुजुर्ग, साहित्य में भी उनकी गहरी रुचि थी। तीन-चार भाषाओं के जानकार थे। इन्होंने भी अपने इस रचनाकार मित्र के लिए शिक्षा विभाग के संस्थान में एक जगह बनवायी। बाबूजी की नियुक्ति लगभग तय थी। शुरु से ही बिहार के पढ़े-लिखे लोगों में एक ऐसा वर्ग भी है जो यह नहीं चाहता कि बाबूजी बिहारी अर्थात् बिहार के स्थायी निवासी बनें। ऐसे लोगों का सरकार में भी प्रभाव रहा है। उस समय भी यह वर्ग ऐन मौके पर सजग हो गया। उस सरकारी पद के लिए तरह-तरह के अवरोध खड़े किये जाने लगे। बाबूजी का विद्रोही मन 'सरकारी बाबू' बनना कबूल नहीं किया। यों भी 'बिहारी' बनना इनके भाग्य में तो था नहीं! इन घटनाओं का प्रत्यक्षतः कोई असर परिवार पर नहीं पड़ा। अप्रत्यक्ष रूप से पड़ा। नौकरी करते तो शायद परिवार खुशहाल होता! साहित्य के लिए भी इन घटनाओं का महत्त्व है। यदि बाबूजी सरकारी कार्यालय के गलियारे में घूमते होते तो सम्भवतः अपने लिए गलियारेवाला मकान बनवा चुके होते। पर साहित्य के प्रति इस तरह दायित्व का निर्वाह नहीं ही हो पाता। रचनाकर्म के प्रति स्वाभिमानी समर्पण रहा तो परिवार के प्रति दायित्व-बोध का अभाव।

"कधे पर भारी बोझ हो तो फिर फुर्ती ही फुर्ती चाहिए। वैसी हालत में तनिक भी सुस्ती कोख-करेज को खखोड़-खखोड़कर खा जाती है।" बाबूजी के कंधे पर हर हमेशा दुहरा-तिहरा बोझ रहा है। यह अलग सवाल है कि सभी बोझ एक समान भारी नहीं लगता। कोई बोझ बहुत भारी तो कोई हल्का। लेकिन भार का अंश तो हर बोझ में है। साहित्य और समाज के प्रति दायित्व के बीच परिवार भी है। भले ही अपनी फक्कड़न में परिवार को भूलने की चेष्टा करें, पर दिल-दिमाग के किसी न किसी कोने में यह बात तो है कि वे छः संतानों के पिता हैं। अभी भी मेरे जीवन में कई ऐसे क्षण आते हैं जब मुझे लगता कि मैं टूट-टूटकर अनाप-शनाप तत्त्वों से कहीं हाथ न मिला बैठूँ। यह स्थिति तब आती है जब जी-तोड़ परिश्रम के बाद भी हम दोनों समय खाना तक नहीं जुटा पाते। ऐसे ही टूटते क्षणों में बाबूजी एक रोशनी की तरह मेरे सामने होते हैं। उस समय बार-बार इन पंक्तियों को याद कर उनसे आशीष माँगता—"आशीष दो मुझको/मन मेरा स्थिर हो!!/नहीं लौटूँ, चीर चलूँ, कैसा भी तिमिर हो!!/प्रलोभन में पड़कर बदलूँ नहीं रुख/रहूँ साथ सबके, भोगूँ साथ सुख-दुख/..." मुझे वह दिन भी याद है कि जैसे-तैसे इंतजाम होता एक-एक शाम के भोजन का। फिर भी ऐसे-वैसे से कभी भी मदद क्या, कर्जा-पैंचा भी नहीं लेते। इन तमाम परिस्थितियों के बीच बाबूजी ने न जाने कितने चरित्रों को गढ़ा है जो

अपने-आपमें अपूर्व है। 'बलचनमा' किन मुसीबतों के बीच लिखा गया, यह बताना तो मेरे लिए मुश्किल है। लेकिन रचनाकार बलचनमा के प्रकाशक को आधार बनाकर 'सौदा' शीर्षक कविता में कहता है—"बेटा जकड़ा है बोन टी.बी. की गिरफ्त में/...रोग के रेत में लसका पड़ा है जीवन का जहाज..." यहाँ तक कि पुत्र को रोग-मुक्त कराने में मानसपुत्र बलचनमा को कुछ ही सौ रुपये में बंधुआ बना दिया। संयोग देखिए कि जी-तोड़ कोशिशों के बावजूद बलचनमा अब भी जाल में उलझा हुआ बेहोश पड़ा है और पुत्र उचित चिकित्सा के अभाव में विकलांग बनकर युग की दौड़ में शामिल नहीं हो सकता! शायद बलचनमा भी होश में आने पर अपनी मुक्ति के लिए जाल में छटपटा रहा होगा और पुत्र भी आज के भागमभाग की दुनिया में अपनी अपंगता पर खीज रहा है।

अपने को जिन्दा रखने के लिए मेरे पास क्या है? न पुश्तैनी सम्पत्ति, न 'युगीन शिक्षा' जिसके सहारे कहीं किसी सरकारी कार्यालय में कुर्सी पर बैठा-बैठा समय काटता। दौड़ना मेरे लिए दूर की बात है, साइकिल चलाना क्या होता है—यह मैं नहीं समझता। पालथी मारकर मैं बैठ नहीं सकता। इन सबके बाद भी दस-ग्यारह वर्ष की उम्र के बाद से ही बाबूजी के साथ रहकर अधिकांश काम करने की ट्रेनिंग मिली है। जमीन पर किसी तरह उकड़ूँ बैठकर वर्षों खाना पकाना पड़ा है, बर्तन साफ करना पड़ा है। गैस वाले चूल्हे की बात तो मेरे परिवार के लिए दूर की बात है आज भी। उन दिनों लकड़ी के कोयलेवाले चूल्हे पर खाना बनाना पड़ता था। यह सुविधा भी नहीं कि खड़े-खड़े टेबुल पर खाना पकाया जाय। पढ़ने-लिखने के लिए अभी भी टेबुल-कुर्सी की व्यवस्था नहीं कर पाये हम लोग। उन दिनों बाबूजी अपनी लाचारी-विवशता के चलते मुझे देखा करते। जिस पुत्र के जीवन को न जाने किन-किन मुसीबतों को झेलकर बचाया, उसका अंग-भंग हो चुका है—यदि थोड़ी भी सुविधा होती तो उसे वे कुछ भी नहीं करने देते। उनकी इस विवशता ने जीवन जीने की राह को अवरुद्ध न करके सरल ही बनाया है।

चाहते तो अपने गाँव से किसी भी नौकर को साथ रख लेते। लेकिन समस्या यह रही कि कठोर मेहनत के बावजूद अपने लिए पेट भर भोजन की व्यवस्था करने में भी कष्ट होता रहा, फिर औरों का निर्वाह कैसे हो! कुलीन मैथिल ब्राह्मण होने के कारण बहिया-बहिकिरनी (नौकर-नौकरानी) का एक पूरा परिवार हमारे गाँव में किसी जमाने में रहा था। हमारे बाबा के जमाने से ही वह परिवार अपने को हमसे मुक्त समझने लगा। हमारे बाबा स्वयं भी एक अति सामान्य कृषक रह गये थे। खुद उनका और उनके पुत्रों का जीवनयापन कष्टकर था उस जमाने में। अन्य किसी का निर्वाह तो वे किसी भी हालत में करने में असमर्थ ही थे। अभी भी रामचरण यादव का परिवार हमारा सारा काम सम्भाल देता है गाँव में। बदले में उसे उचित मजदूरी दी जाती है। हमें उनके आपत्ति-विपत्ति में खड़ा रहना पड़ता है। रामचरण बाबूजी

का हम उम्र है। बाबूजी यदि दरभंगा पहुँचते हैं और रामचरण को पता लग जाता है तो वह दौड़ा-दौड़ा अपने 'मालिक' ठक्कन मिसर से मिलने आता है। सौ-सवा सौ वर्ष पूर्व के हमारे पूर्वज सामन्ती संस्कार के जीते-जागते मूर्ति थे। उनके लिए टहलुआ अनिवार्य था। आज तो हम इस परम्परा के खिलाफ खड़े हैं न! इससे भी बड़ी बात यह है कि अब हम स्वयं 'टहलुआ' में बदल चुके हैं।

"कुली-मजदूर हैं/बोझा ढोते हैं, खिंचते हैं ठेला, धूल-धुआँ भाप से पड़ता है साबका/थके-माँदे जहाँ-तहाँ हो जाते हैं ढेर/सपने में भी सुनते हैं धरती की धड़कन/आकर ट्राम के अन्दर पिछले डब्बे में/बैठ गये हैं इधर-उधर तुमसे सटकर/आपस की उनकी बातकही/सच-सच बतलाओ/नागवार तो नहीं लगती है? जी तो नहीं कुढ़ता है?/घिन तो नहीं आती है?/..." हमारे परिवार को इस माहौल से कतई घृणा नहीं है। यह माहौल तो हर हमेशा हमारे आसपास रही है। ट्राम तो कलकत्ते जैसे महानगर में अनिवार्य है। बाबूजी को रेल की उच्च श्रेणियों में यात्रा करने का मौका उँगलियों पर गिनने तक ही सीमित है। हाँ, उम्र के हिसाब से और यात्रा की दूरी देखकर आरक्षण अवश्य कराते हैं। पिछले दस-बारह वर्षों से यात्रा में किसी न किसी को साथ अवश्य रखते हैं। वर्षों से हमारा आग्रह रहा है कि या तो यात्रा कम करें या आराम से घूमें। दूर की यात्रा हवाई मार्ग से तय करें और नजदीक की यात्रा भाड़े की कार से किया करें। मेरे अलावा और कई शुभेच्छुओं ने भी यह राय दी है। बार-बार विभिन्न नगरों से भिन्न-भिन्न जगहों की हवाई किराया दरों की जानकारी ली गयी है। पर यह तमाम जानकारी एक मामूली सूचना तक ही सीमित रही। कभी भी इस जानकारी को अमली जामा नहीं दिया गया। लगता है कि जिस वर्ग के लिए वे प्रतिबद्ध हैं, उसे हर क्षण अपने साथ ही रखना चाहते हैं। इस उम्र में आकर भी जन-समस्याओं में सीधे साक्षात्कार की अभिलाषा मिटी नहीं है। कई बार हम दोनों ने साथ-साथ लम्बी-लम्बी यात्राएँ की हैं। उन यात्राओं के बीच उनके शारीरिक कष्ट को बहुत करीब से देखा और महसूस किया है। ट्रेन में ही हम लोग तय करते हैं कि कुछ भी हो, अगली यात्रा में प्रथम श्रेणी का ही टिकट लिया जायेगा। और, अगली यात्रा के लिए टिकट मँगवाते समय प्रथम श्रेणी में यात्रा करने वालों के गुण-दोषों की विस्तृत चर्चा करेंगे। उस श्रेणी की कई महत्त्वपूर्ण व्यावहारिक खामियाँ बताएँगे। इसी बहाने उन बौद्धिकों का चरित्र-चित्रण करेंगे, जो सुख-सुविधा प्राप्त करने के बाद भी सामान्य जन में अपनी गिनती करते हैं। लेकिन जन से उनका कोई मतलब नहीं रहता। बाबूजी का मानना है कि हम जिस वर्ग के लोग हैं और जिनके साथ जीवन का अधिकांश समय बीतता है, उससे अलग रहना या क्षणिक अलग महसूस करना भी अपराध है।

बाबूजी ऐसे लोगों से बहुत ही घृणा करते हैं, जो किसी न किसी कारण तेज तर्रार प्रतिभावान युवकों को काहिल और कामचोर बनाकर अपने समय के कटु

यथार्थ से अलग हटा देते हैं। हमें कभी भी हवाई कर्तव्य भावना की शिक्षा नहीं दी। जीवन की मुख्य समस्याओं तक जाने और उससे जूझने की आदत लगवायी। साहित्य के क्षेत्र में आसमान में चंदा तैरानेवाले आचार्य लीलाधर अथवा किसी महामहिम की हीरक जयंती के आयोजन के लिए योजना बनाने वाले महाकवि मृगांग जी आज के समय में न हों—ऐसी बात नहीं है। इस तरह के लोग हम-आपको न जाने कितने तरह के प्रस्ताव देते रहते हैं और हम उस प्रस्ताव के मादक नशा में सब कुछ भूलकर खोये-खोये आम रास्ता छोड़कर संकीर्ण गली में अपने बचाव के लिए भटकते रहते हैं। बाबूजी ने कभी भी हमें शब्दों से खेलने के लिए प्रेरित नहीं किया। उन्हें अच्छी तरह पता है कि शब्दों के साथ ढंग से खेलने पर उसका अभिशप्त फल जीवन भर भोगना पड़ता है। मेरा छोटा भाई सुकांत मैथिली का अच्छा कवि है, लेकिन बाबूजी ने कभी उसे कवि कर्म के लिए प्रेरित नहीं किया। वे तो सदा उसे गद्य (वह भी हिंदी में) लिखने के लिए कहते रहते हैं। हर नवोदित रचनाकार को कविता के बजाय गद्य लिखने को कहते हैं। कहते हैं—"कविता-फविता से काम नहीं चलेगा, लेख लिखो, कहानी लिखो, आलोचना लिखो, नहीं कुछ तो अनुवाद ही करो।" गद्य लेखन में आसन मारकर बैठना पड़ता है। गद्य लेखन विस्तार और व्याख्या चाहता है। वहाँ कविता की तरह सूत्र वाक्य से काम नहीं चलेगा। गद्य लेखन में मानसिक हरकतों के साथ कलम वाले हाथ में गति चाहिए। कविता या गीत की पंक्तियाँ राह चलते गुनगुनाकर जोड़ा जा सकता है। लेकिन गद्य के लिए स्थिरता अर्थात् पालथी मारकर बैठना पड़ता है। यों सृजनात्मक साहित्य के लिए जीवनानुभूति अनिवार्य तत्व है। जब तक रचनाकार जीवन और जीने के लिए किये गये संघर्ष में हिस्सा नहीं लेगा तब तक उत्कृष्ट तो दूर, सफल रचनाकार नहीं हो सकता। "कवि मित्र/भाव सखा हमारे/नहीं, नहीं/अब कोरे कागजों पर/नहीं उतरूँगी मैं/मैं तो विचरण करूँगी/दिलोंवाली/नदियों के सैकत पुलिन पर/टंकित होऊँगी/दीन-दुखियों के मानस पटल पर..."

हम अति साधारण लोग हैं, जिसने श्रम और जीवन संघर्ष के अलावे और कुछ तो सीखा नहीं बाबूजी से। रोजी-रोटी के लिए किये जा रहे परिश्रम ही आज हमारा संघर्ष है। अति सामान्य मनुष्य की हैसियत से जीवन शुरू करने वालों में बाबूजी आज प्रतीक हैं, लेकिन हमारे लिए तो मात्र बाबूजी हैं जिन्होंने हमें बताया है—"सर्व साधारण मनुक्खक लेल/की रहत अज्ञेय/की रहत अविजय/धन्य हे श्रमशील मानव-विश्व भरि में व्याप्त/धन्य तोहर जाति!"

राजनीति साहित्य सभी कुछ

(बाबूजी को पढ़ते हुए)

15 अगस्त 1947 में रचित बाबूजी की मैथिली कविता की कुछ पंक्तियाँ यों हैं—"खएता ने अयाची आब साग/ककरो खसतैक किएक पाग?/केओ आब कथी लै मूर्ख रहत?/केओ आब कथी लै कष्ट सहत/केओ किअए हएत भूखै तबाह? केओ किअए हएत फिकरें बताह?/नहि पड़ल रहत, भेटतैक काज!/सभ करत मौज, सभ करत राज!/पढ़ता-गुनता करता पास—/जुगल कामति, छीतन खबास/जे काजुल से भरि पेट खाएत/ककरो नहि बड़का धोधि हएत/कहबओता अजुका महाराज/केवल कामेश्वर सिंह काल्हि/हमरा लोकनि जे खाइत छी/खएता ओहो से भात-दालि/अछि भेल कतेको युग पछाति/ई महादेश स्वाधीन आइ/...माटिक कण-कण सप्राण आइ/नव तंत्र मंत्र चिंताधारा/नव सूर्य-चन्द्र नव ग्रह तारा/सब कथुक भेल अछि पुनर्जन्म/...हे मातृभूमि, शत-शत प्रणाम!!" बाबूजी के नागार्जुन नाम के साथ उस काल में जनकवि नहीं जुड़ा था और न उनका यात्री-रूप ही मैथिली का महाकवि बन पाया था। स्वाधीनता आन्दोलन का एक जागरुक सिपाही और प्रखर रचनाकार मात्र थे उन दिनों। जब देश का बच्चा-बच्चा स्वतंत्रता मिलने की खुशी में थिरक उठा तो एक रचनाकार के नाते अपनी प्रसन्नता व्यक्त करने से क्यों वंचित रहते हैं?

स्वाधीनता आन्दोलन चाहे जैसा भी रहा हो, पर पूरा भारतीय जनमानस तो एक साथ था ही उसमें। हिन्दुस्तानी मिजाज के अनुकूल तरह-तरह के विचारधारा के लोग एक ही लक्ष्य के लिए एक साथ खड़े थे। सशस्त्र क्रान्ति के प्रबल समर्थकों के साथ ही गाँधीवादी अहिंसक एक दूसरे के आगे-पीछे मंजिल की ओर चल रहे थे। अंग्रेजी साम्राज्य से लड़ने के तरीके पर मतभेद भी होते रहते थे, आपसी तनाव भी बढ़ता था—कभी धीरे से तो कभी खुलकर। लेकिन यह तो प्रायः तय-सा है कि स्वाधीनता संग्राम के नेतृत्व का भार गाँधी पर ही था। महात्मा गाँधी ही एक मात्र ऐसे व्यक्ति थे जो सबों को जैसे-तैसे लेकर चलने में सक्षम थे। "हाँ, लगभग ग्यारह साल बाद/कल मैंने तुम को फिर देखा/हे देव, तुम्हारे दर्शन को/कल जुटे आदमी दस हजार/उस संघ शक्ति को श्रद्धा से/दोनों हाथों को जोड़ किया/तुमने ही पहले नमस्कार/फिर नन्हीं-सी तर्जनी दिखा/उद्वेल जलधि-सी जनता को/क्षण भर में तुमने

किया शान्त/...देखा तुमको भर आँख और भर कान सुना/कुछ तृप्ति हुई, कुछ शान्ति मिली/बोले तुम केवल पाँच मिनट/चुप रहे आदमी दस हजार, बस पाँच मिनट!/ तुम चले गये, जनता उठकर बन गयी भीड़..."

यह रचना सन् 1945 की है। बाबूजी उस समय बम्बई में थे। वहीं लगभग ग्यारह वर्ष बाद गाँधी को देखा और सुना। उस समय भारतीय कम्युनिस्ट पार्टी के कार्ड होल्डर नहीं बने थे। हाँ, मार्क्सवादी रंग जरूर मन-मिजाज पर चढ़ गया था। पार्टी की सदस्यता 1946 में ली। राहुल के अति निकटतम भिक्षु नागार्जुन को पार्टी के घेरे में लाकर उस समय के कामरेडों ने निश्चय ही एक बहुत बड़ा काम किया, भारतीय वामपंथी और प्रगतिशील साहित्य के लिए। परन्तु आज के कुछ वामपंथी मित्रों के लिए सिर-दर्द पैदा कर गये, जिन्हें इस रचनाकार की जनपक्षीय रचनाओं में भी भटकाव ही नजर आता है। स्वतंत्रता मिलने के काफी पूर्व से ही यहाँ के गर्ममिजाजी नेता यह बात अच्छी तरह जानते थे कि गाँधीजी शत-प्रतिशत सुधारवादी हैं और स्वयं गर्ममिजाजी नेता अपने को क्रांतिकारी मानते थे। पर यह कहने में मुझे कोई हिचकिचाहट नहीं है कि गाँधी और उस काल की गाँधीवाली कांग्रेस के मुकाबले में भारतीय जनसमूह को संगठित करने की क्षमता गर्ममिजाजी नेताओं में तब भी नहीं थी और आज के हमारे क्रान्तिकारी बंधुओं में भी नहीं है। कृषिप्रधान दलित-शोषित भारतीय मन-मिजाज को स्वाधीनता संग्राम के समय जिस आसानी से जाना-पहचाना हमारे नेतृत्ववर्ग के लोगों ने, पहचानने का वह तरीका स्वतंत्रता के तुरन्त बाद क्यों कमजोर होने लगा? प्रथम आम चुनाव आने तक तो इस देश के नवशासक वर्ग स्पष्ट रूप से शोषक की भूमिका लेकर सामने आने लगे। सामान्य जनता तो स्वतंत्रता के पूर्व भी शोषित थी और आज स्वतंत्रता के एकतालिस-बयालीस वर्ष बाद भी शोषित ही है। स्वतंत्रता की पहली वर्षगाँठ पर बाबूजी की एक रचना है—"आज क्या है?/कुछ नहीं बस,/जन्मदिन शिशु राष्ट्र का! /आज ही तुम मिल गये थे, दुश्मनों से, गुनहगारों से/छोड़कर संघर्ष का पथ/भूलकर अन्तिम विजय की घोषणाएँ/भोंककर लम्बा छुरा तुम सर्वहारा जनगणों की पीठ में/लड़खड़ा कर गिर पड़े आज ही के रोज/रेशमी, तीनरंगे गदेल पर—/ तख्त-ए-ताऊस पर!"

रचनाकार चाहे गद्य का हो या पद्य का, पर होता है वह खास तरह के सिद्धान्त और सिद्धान्तानुकूल लोगों के प्रति प्रतिबद्ध। यही प्रतिबद्धता और झुकाव रचनाकार का वर्गीय चरित्र कहलाता है। रचनाकार अपनी रचना का इस्तेमाल एक हथियार के रूप में युगों से करता चला आ रहा है और भविष्य में भी यह अचूक हथियार बना रहेगा। स्वतंत्रता के बाद बाबूजी को इस देश के भाग्य-निर्णायक वर्गों की नियत पर शंका और अविश्वास हो गया। अपनी जनविरोधी कार्रवाइयों के कारण घृणा का पात्र बन गया यह वर्ग। स्वतंत्रता मिलने के समय अपने नायकों से थोड़ी-बहुत उम्मीद तो बनी ही थी। एक नव उत्साह के कारण अपनी मातृभाषा में

स्वाधीनता मिलने की प्रसन्नता को जाहिर किया। और स्वतंत्रता की पहली वर्षगाँठ के समय ही यह महसूस करने लगे कि सर्वहारा-विरोधी लोगों के हाथों में नकेल आ गयी है। आजादी मिलने के तुरन्त बाद ही—'नेता परेशान हैं जनता का तूफान दबाने में'—ऐसा क्यों कहना पड़ा? आजादी के लिए संघर्षशील रचनाकार को यह सब क्या सूझ रहा था? चाहते तो आराम से "बात करो तुम सोशलिज्म की, काँग्रेस की/जय बोलो तुम बापूजी की और देश की/फिर मारो जी सरकारी दफ्तर पर छापा/फस्ट क्लास की सर्विस देंगे चाचा-पापा..." 'तिकड़मी ताऊ' के उपदेश मान सकते थे। बड़ी ही आसानी से सारी सुविधा बटोर सकते थे। इन तरहों के युगीन आर्ष वाक्य न मानने के कारण किस तरह की परिस्थितियों का सामना एक ईमानदार रचनाकार को करना पड़ता है! उक्त रचना 'तिकड़म के ताऊ' में आगे कहा गया है—"चूक गया मैं, इनसे कुछ भी सीख न पाया/राजनीति-साहित्य सभी कुछ मुझ तक आया/चमगादड़ की वृत्ति न लेकिन मैंने सीखी/दृढ़ निष्ठा अपना न सका मैं स्वान सरीखी/वर्ना मैं भी तो अब तक लक्षेश्वर होता/मनमाफिक खाता-पीता, सुखपूर्वक सोता..." लेकिन कवि को तो लक्षेश्वर बनाना था नहीं। रचनाकार मुट्ठी भर सम्पन्न वर्गों से बहुत दूर जीवन के खुले और फलते-फूलते सिवानों पर आकर अपना भविष्य सर्वजन के साथ सुरक्षित कर चुका था तब तक। "भौतिक भोग मात्र सुलभ हो भूरि-भूरि/विवेक हो कुंठित/तन हो कनकाभ, मन हो तिमिरावृत्ति!/कमलपत्री नेत्र हों बाहर-बाहर, भीतर की आँखें निपट-नीमीलित!/यह कैसे होगा?/यह क्योंकर होगा?/..."

अपने समकालीनों में बाबूजी उन थोड़े से लोगों में हैं जिन्होंने देश की बहुसंख्यक विपन्न लोगों के साथ विपन्नता को अंगीकार किया है। साथ-साथ परिवार के लोगों को यह भी बताया कि मुट्ठी-भर लोगों के साथ किसी भी तरह नहीं रहा जा सकता और न उनके साथ जीने के लिए कोई समझौता ही किया जा सकता है। इन मुट्ठी-भर लोगों से हमें जीवन के सही अर्थ नहीं मिल पाते। इन लोगों के द्वारा जीवन-मूल्य की स्थापना तो बहुत दूर की बात है, जिन जीवन-मूल्यों के लिए सर्वसधारण अब तक संघर्षरत रहा है। सन् 1948 में इस देश की माली हालत बाबूजी की नजरों में—"ऊपर वाले बैठे-बैठे खाली बात बनाते हैं/बाढ़-अकाल-महामारी में काम नहीं कुछ आते हैं/देशभक्ति की सनद मिल रही आये दिन शैतानों को/डाँट-डपट उपदेश मिल-मजूर-किसानों को/बात-बात में नाक रगड़ना पड़ता है इंसानों को/हरी फसल चरने को छुट्टा छोड़ दिया है हैवानों को/सड़ी-गली नौकरशाही से पहले ही ऊबे थे हम/इधर स्वराज मिला है, तब से दूर हो गया सभी भरम..."—यह बात नहीं है कि स्वतंत्रता मिलने के पूर्व लगा हो कि चलो कुछ ही दिन और कष्ट है, फिर सब ठीक हो जाएगा! स्वतंत्रता संग्राम के नेतृत्वकारी पंक्ति के निन्यानबे प्रतिशत लोगों से पहले भी वे सशंकित थे। उन्हें काफी पूर्व से ही यह लगने लगा

था कि नेतृत्वकारी वर्ग जनता को भ्रम में रख रहा है। उस समय के शंका और भ्रम अब सामने मूर्तिमान होकर प्रकट होने लगे थे। "साफ-साफ दिखने लगा कि बाबू भैया लोग वहीं तक हमारा पक्ष लेंगे जहाँ तक उनका अपना मतलब होगा।" इन स्वराजी बाबू भैया लोगों को देश की माली हालत से क्या मतलब! स्वतंत्रता मिलने के साथ ही स्वराजी लोगों में यह भावना पनपी कि जितना जल्दी हो, अपनी सुख-सुविधा के साधन शीघ्रातिशीघ्र जमा कर लिये जायें। सामान्य नागरिकों से जितना मतलब था, उसका उपयोग कर लिया गया। 'बलचनमा' एक जगह कहता है—"सच मानो भैया, उस बखत ही मेरे मन में यह बात बैठ गयी कि जैसे अंग्रेज बहादुर से सोराज लेने के लिए बाबू भैया लोग एक हो रहे हैं, हल्ला-गुल्ला और झगड़ा-झंझट मचा रहे हैं, उसी तरह जन-बनिहार, कुली-मजदूर और बहिया-खबास लोगों को अपने हक के लिए बाबू भैया से लड़ना होगा।" देश के अविश्वसनीय बाबू भैया के प्रति यह धारणा बलचनमा और बलचनमा के रचनाकार के मन में स्वतंत्रता के बयालीस वर्षों के बाद भी बनी ही हुई है।

स्वतंत्रता मिलने के तुरन्त बाद से ही जनहित सम्बन्धी सभी बातों और कार्यक्रमों को दूर खिसकाने की आदत डालने की प्रक्रिया शुरू किया गया। देश को लक्ष्यहीन बनाने की दिशा में हम तेजी से आगे बढ़ने लगे। यह सब उन लोगों को न जाने कैसा लगा होगा जिन्होंने स्वतंत्रता की लड़ाई को 'बहुजन हिताय और बहुजन सुखाय' सा आदर्श मानकर लड़ा था। काँग्रेस एक ऐसी पार्टी थी जिसको देश को आजाद कराने का श्रेय साम्राज्यवादियों ने दे रखा है। काँग्रेस पार्टी अपने लक्ष्य में आगे बढ़ती हुई ज्यादा से ज्यादा जन-विरोधी रवैया ग्रहण करती जा रही थी। यह उसके लिए स्वाभाविक ही था। सबसे ज्यादा 'स्वराजी' उसी में भरे पड़े थे। पूँजीवादी समाज ने उन सबको इतना तो जरूर ही सिखाया था कि अर्थशक्ति कर्मशक्ति को बिगाड़ सकती है, सम्पत्ति की आसक्ति पतन के दल-दल की ओर ही ले जाती है। "स्वराजी हो गये थे तो क्या, थे तो आखिर बाबू-भैया ही न! गरीब-गुरबा का दुख ये लोग क्या जानें!" ऐसे स्वराजी और उनके उत्तराधिकारियों के पास माया और मोहिनी हमेशा रही है और समय-समय पर इसकी सहायता से ये भोली-भाली, दीन-हीन जनता में अपनी गोटी लाल करते रहते हैं। यों काँग्रेस ने प्रथम आम चुनाव आते-आते तक अपने सुधारवादी मुखौटा पर स्वयं ही काला रंग लगाना शुरू किया था। सामन्तवाद और साम्राज्यवाद का दिखाऊ विरोध भी उसके लिए कठिन-सा हो रहा था। उसका एक मात्र सीधा-सा काम रह गया था कि देशी पूँजीपति और विदेशी साम्राज्यवाद से समझौता करके किसी तरह सत्ता पर कब्जा जमाये रखे—यह प्रक्रिया उस पार्टी में अब भी जारी है।

स्वतंत्रता के काफी बाद तक देश की अन्य राजनीतिक पार्टियों के नेतृत्व में वैसे लोग थे जो काँग्रेस से ही राजनीति की ए बी सी सीखकर आगे आये थे। बहुत

हद तक उस जमाने में वे काँग्रेस के समान्तर राजनीति करने के पक्षधर थे। इसी कारण विपक्षी दलों को, वामंथियों को भी शत-प्रतिशत काँग्रेसी नेतृत्व का विरोध करने में कठिनाई होती रही। ऐसा कभी कहाँ हो पाया कि वामपंथी नेतृत्व में काँग्रेस का पूरे हिन्दुस्तान में एक साथ विरोध हुआ हो। काँग्रेस की सत्ता वाली दौड़ में उसके पीछे या समान्तर चलने की आदत-सी बन गयी है। "मिश्रित निवास, मिश्रित लिवास, मिश्रित भोजन, मिश्रित विहार/मिश्रित भाषा, मिश्रित शैली, मिश्रित चिन्तन, मिश्रित विचार/हम तरल-सरल, हम द्रवणशील, निर्लिप्त-निरंजन-निराकार /मिश्रित होते हम शत-प्रतिशत, कृत्रिमता के परमावतार..." यह रचना नेहरू की मृत्यु के बाद की है। काफी विवाद उठा इस रचना पर। क्या यह मिश्रण राजनीति में आज नहीं है जिसे स्वतंत्रता के बाद से ही चलाया जा रहा है? हमारे विपक्ष के एक से एक स्तम्भ समय-समय पर सत्ता की ओर झुक-झुककर निवास, भोजन, लिवास, विचार, भाषा, शैली आदि में अन्तर लाते रहते हैं।

"15 अगस्त' 47 से पहले का वह राजनीतिक मैदान बहुत बदल गया है। दाँव-पेंच बदल गये हैं। बोली बहुत बदल गयी है। इशारा बदल गया है। खिलाड़ियों की नीयत बदल गयी है...पहले वाला वह लक्ष्य जाने किधर ओझल हो गया है! ऊसर जमीन की मिट्टी घोलकर नमक बनाते-बनाते हजारों सत्याग्रही पुलिस की लाठियाँ खाते थे, विदेशी माल की खरीद-फरोख्त के खिलाफ दुकानों के समक्ष धरना देते थे, किसानों-मजदूरों और मध्यवर्ग के दीन-दुखी लोगों को मुसीबतों से छुटकारा पाने का आश्वासन मिलता था...उन दिनों का राजनीतिक मैदान बिल्कुल सपाट था...और आज? खाइयाँ हैं, टीले हैं, बालू हैं, दलदल हैं, दरारें हैं, जहरीली घास है, कंटीले झाड़-झंखाड़ हैं...आगे बढ़ने का मंसूबा तोड़ने के लिए वह कौन-सी अड़चन है, जो इस मैदान के अन्दर नहीं है? हाँ, इतना तो है कि हर बुरे-भले काम में महाप्रभुओं का साथ देते रहोगे तो भौतिक लाभ अवश्य होगा..." सन् 1958 में लिखित 'कुंभीपाक' नामक उपन्यास में लेखक-पत्रकारनुमा पात्र दिवाकर शास्त्री देश की राजनीति पर यह सब सोचते हैं। दिवाकरजी स्वतंत्रता-आन्दोलन में थे। खादी से काफी दिनों तक लगाव था। लेकिन अब खादी की याद उन्हें तब आती है जब किसी मंत्री के नाम लिखे निबंध के बदले मंत्रीजी से भुगतान लेना होता है। "लगातार बीस वर्षों तक खादी पहनी थी और अब रत्तीभर भी आग्रह नहीं रह गया था उसके लिए। देवताओं की पूजा के समय साधकगण रेशमी वस्त्रों का इस्तेमाल करते हैं, ठीक उसी तरह दिवाकरजी खादी को काम में लाते थे। मिनिस्टरों और उच्च अधिकारियों के यहाँ जाने के पहले खादी की याद आती थी।" आज के तथाकथित देवाधिदेव (नेतागण) की आराधना के समय खादी का जमकर इस्तेमाल होता है। किसी भी विधायक या सांसद के आवासी क्षेत्रों में श्वेत-धवल खादी की बहार देखते ही बनती है।

श्वेत-धवल खादी के साथ ही इन महामहिमों के आसपास भीड़ जुटना और उनकी प्रशस्ति में विरुदावली का वाचन अब जमकर शुरू हो गया है। यों सत्ताधारियों के लिए महिम्नस्तोत्र पाठ की परम्परा सनातन काल से चल रही है। लेकिन भारतीय राजनीति में काँग्रेस कल्चर के साथ इसका जो सम्मानपूर्ण सम्बन्ध रहा है, वह तो अद्‌भुत ही है। "हो गये हैं विगत क्षण अभिशाप के/ लाइए मैं चरण चूमूँ आपके/थक गये हैं हाथ गोबर थापके/लाइए मैं चरण चूमूँ आपके/..." आश्चर्य तो तब होता है जब गैर-काँग्रेसी पार्टियों में भी यह परम्परा उसी तरह फल-फूल रही है।

किसी भी पार्टी के भीतर और बाहर पार्टी नेताओं की आपसी उठा-पटक भी काँग्रेसी परम्परा की देन रही है। इस देश में दल के भीतर उप-दल और उसमें भी उसी तरह खेमाबन्दी का महत्त्वपूर्ण स्थान हो गया है। देश का वामपंथी खेमा भी इस रोग से मुक्त कहाँ रह पाया! स्वतंत्रता के पूर्व गैर-काँग्रेसी दलों के भीतरी आन्तरिक कलह का यह रूप नहीं था, जो आज है। मार्क्सवादी सिद्धान्तों पर टिका वामपंथ समूह भी कई धड़ों में विभक्त हो चुका है। यहाँ तक कि सत्ता द्वारा जनविरोधी कार्यों के खिलाफ किये गये जनसंघर्षों में भी वे एकजुट नहीं हो पाते। "लगता है/प्रजातंत्र का रथ/उतर गया है पटरी से/लगता है/सारी की सारी/पार्टियों के नेता/रुचिपूर्वक खेल रहे हैं/दलीय स्वार्थों के शतरंज/अंधे धृतराष्ट्र की मोहमाया/भली-भाँति प्रवेश कर गयी है/दलपतियों के अन्तःकरण में..." इन दलपतियों के अन्तःकरण में धरती से जुड़े लोगों के प्रति कितना ममत्व रहता है, यह जानने के लिए हमें ज्यादा माथापच्ची नहीं करनी पड़ती है। एक दलपति का दूसरे दलपति के साथ पारस्परिक हित-लाभ के सम्बन्ध जुड़े होते हैं।

सन् 1930 से साहित्य में रेखांकन शुरू करने वाले बाबूजी को भी यह दायित्व अवश्य ही महसूस हुआ होगा कि अपने से पहलेवाली पीढ़ी द्वारा बनायी गयी एक उचित और अनिवार्य परम्परा को आगे ले चलना है। साहित्य का समाज के प्रति एक कर्तव्य है और साहित्यकार उस कर्तव्य-भार को ढोता भी है। रचना पूर्णतः समाज के लिए और समाज पर आधारित हुआ करती है तो यह स्वाभाविक है कि रचनाकार का व्यक्तित्व भी समाज से अलग नहीं ही होगा। जब इन्होंने कलम भाँजना शुरू किया होगा तो उस जमाने में साहित्य और समाज अथवा साहित्य और राजनीति या साहित्य और आर्थिक मामलों पर सोचने का नजरिया बहुत हल्के ढंग का रहा होगा। कुछ लोग साहित्य और सामाजिक विज्ञान पर सोचते अवश्यक थे, पर उसका प्रभाव सम्पूर्ण साहित्य के सृजन पर नहीं हो पा रहा था। साहित्य पर सामाजिक आचार-विचार अथवा शासकीय दृष्टि भी प्रभावशाली होती है—यह समझ उस काल में कुछ और ही रही होगी। 1936 में प्रगतिशील लेखक संघ का गठन भारतीय साहित्य के लिए एक महत्त्वपूर्ण घटना है। रचनाकारों को यह अनुभव कराया गया कि साहित्य का सामाजिक दायित्व या परम्परा का आधार क्या होना

चाहिए। प्र. ले. स. के प्रथम अधिवेशन का सभापतित्व करते हुए मुंशी प्रेमचंद ने कहा था—"साहित्य उसी रचना को कहेंगे जिसमें कोई सच्चाई प्रकट की गयी है। जिसकी भाषा प्रौढ़, परिमार्जित एवं सुन्दर हो और जिसमें दिल और दिमाग पर असर डालने का गुण हो। साहित्य में यह गुण पूर्ण रूप से उसी अवस्था में उत्पन्न होता है, जब उसमें जीवन की सच्चाइयाँ और अनुभूतियाँ व्यक्त की गयी हों।" उन दिनों देश की राजनीतिक और सामाजिक स्थिति बहुत तेजी से बदल रही थी। इस बदलाव का प्रभाव व्यक्ति-व्यक्ति पर पड़ना स्वाभाविक ही था। साहित्य जो पूरी तरह मानव संस्कृति और सभ्यता के लिए पथ-प्रदर्शक का काम करता है, भला उसमें परिवर्तन के लक्षण कैसे नहीं आता! उस युग के सांस्कृतिक-साहित्यिक पथ-प्रदर्शक मुंशी प्रेमचंद ने उसी भाषण में आगे कहा—"अब साहित्य केवल मन बहलाव की चीज नहीं है, मनोरंजन के सिवा उसका और भी कुछ उद्देश्य है। अब केवल वह नायक-नायिका में संयोग-वियोग की कहानी नहीं सुनाता, किन्तु जीवन की समस्याओं पर भी विचार करता है और उन्हें हल करता है। अब वह स्फूर्ति या प्रेरणा के लिए अद्‌भुत आश्चर्यजनक घटनाएँ नहीं ढूँढ़ता और न अनुप्रास का अन्वेषण करता है; किन्तु उसे उन प्रश्नों दिलचस्पी है, जिनसे समाज या व्यक्ति प्रभावित होते हैं। उसकी उत्कृष्टता की वर्तमान कसौटी अनुभूति की वह तीव्रता है, जिससे वह हमारे भावों और विचारों में गति पैदा करता है।"

बाबूजी ऐसे सामाजिक दर्शन के प्रति प्रतिबद्ध थे जो विदेशी साम्राज्यवादी शासन को खत्म करके स्वाभाविक रूप से मेहनतकश जनता के यथार्थ को अभिव्यक्ति देने में सक्षम हो। उस समय के ढेर सारे रचनाकार इस दिशा की ओर अपनी-अपनी रचनाओं के द्वारा अपने-अपने ढंग से लगे हुए थे। प्रगतिशील लेखक संघ ने व्यापक साहित्यिक संगठन के रूप में भारतीय विचारकों के बीच एक नये युग का सूत्रपात किया था। बाबूजी ने उस सम्मेलन में भाग तो नहीं लिया, लेकिन अपनी परम्परा का ज्ञान उन्हें था ही। "बदल गयी ऋतु, राह देखती लल-लाल पत्तों की दुनिया/हरे-हरे कुछ भूरे-भूरे टूसों से लद रही टहनियाँ!..." किसी एक वर्ग या समुदाय का हित नहीं। सब व्यक्तियों को मानवता के आधार पर समानता का दर्जा हर जगह दिलाना ही लक्ष्य रखा। तभी से क्रान्ति, समता, प्रगति और जनवाद—ये चारों शब्द उनके भीतर बैठे हुए हैं। इन शब्दों को उपयोग मात्र सैद्धान्तिक रूप से कलम से कागज पर ही नहीं किया, बल्कि जीवन के हर क्षण इनको व्यावहारिक रूप से साथ रखा है। सोते-जागते ये शब्द उनको उद्वेलित करते रहते हैं।

यहाँ यह प्रश्न उठ सकता है कि इन शब्दों से लगाव के पीछे रचनाकार का मूल उद्देश्य क्या है? क्या व्यक्तिगत सुख-सुविधा की खोज या सम्पूर्ण व्यवस्था में बदलाव लाना? मैं व्यक्तिगत रूप से इस प्रश्न का उत्तर देने में यहाँ असमर्थ हूँ। यह काम तो किसी ईमानदार शोधार्थी का ही है। तय इतना भर ही करना कि रचनाकार की

प्रतिबद्धता उसके व्यक्तिगत सुख के लिए है अथवा वर्गीय सम्पन्नता के लिए? क्या रचनाकार अपना भाग्योदय कर रहा है या सामूहिक संघर्ष के यथार्थ को यथार्थवादी दिशा दे रहा है? रचनाकार का सोच या सृजन समाज के विकास के लिए है अथवा अपनी भौतिक सम्पन्नता के लिए? यदि इन मुद्दों पर ईमानदारी से रचनाकार के व्यक्तिगत व्यक्तित्व और बहुजनीय कृतित्व पर खोज की जाये तो साहित्य का एक नया आयाम सामने आयेगा। बाबूजी के सम्बन्ध में मैं इतना ही कह सकता हूँ व्यक्तिगत सुख की कभी परवाह नहीं की, भाग्योदय तो दूर की कौड़ी रही है अब भी, और भौतिक सम्पन्नता की हम कल्पना तो कर भी नहीं सकते!

इस देश की नहीं, प्रायः सभी देशों में एक अजीब विडम्बना रही है कि मामूली से मामूली लोगों की सुख-सुविधा के लिए संघर्षरत साहित्यिकों को अपने समय में गम्भीरता से नहीं देखा-समझा गया है। यहाँ तक कि उनका तत्काल भरपूर मजाक भी उड़ाया गया है। हिन्दी में कबीर, भारतेन्दु, निराला आदि को इस सिलसिले में याद किया जा सकता है। इन सबके जीवनकाल में हमने इनका कितना अधिक सम्मान किया—यह सबको भली भाँति ज्ञात है। सत्ता में जो लोग रहा करते हैं, वे अपने शासकीय चश्मा के कारण जन अथवा यथार्थ को तो देख सकते नहीं, फिर जन-साहित्य अथवा यथार्थ जीवन तो दूर की बात है। जनपक्षीय रचनाकार तो उनके लिए जंगल का पगलाया जानवर ही लगता होगा। लेकिन ऐसे ही रचनाकारों से हमें जीवन और समाज की वास्तविक सीमाओं/रिश्तों की जानकारी मिलती है। ऐसे ही साहित्यिकों से जन-सामान्य की जन-भावना को उचित आधार मिला है। इस तरह के जन-रचनाकारों में जन-प्रतिबद्धता के प्रति भटकाव खोजने वालों को अपनी निजी व्यवस्था को भी देखना पड़ेगा। हमें सोचना पड़ेगा कि हमने अपनी वैयक्तिक व्यवस्था कितना प्रतिबद्ध बना रखा है समाज के लिए या स्वयं के लिए! व्यक्तिगत लाभ-लोभ के सामने समाज को हम किस तरह अंगूठा दिखाते रहते हैं? 'स्व' की सुविधा के लिए जहाँ-तहाँ भटकते हुए हम एक-दूसरे से टकराते रहते हैं। लेकिन एक ईमानदार रचनाकार में 'स्व' के लिए भटकाव कभी रहता नहीं; हाँ, यदि कहीं खुरदरापन नजर आता भी है तो जनचेतना के परिष्कार के लिए ही नजर आता है। "छेदने भेदने दक्षाः द्विदल-त्रिदल प्रियाः/कर्णे-जपाः स्वार्थपरा धन्याः पैशुन्य जीविनः (तोड़-फोड़ में उस्ताद, दो-दो दलों, तीन-तीन दलों के प्रेमी, कान में फुसफुसाने वाले स्वार्थी, वाह खूब, चुगलखोरी पर जिंदा लोग)।" आज के हम तथाकथित बौद्धिकों की स्थिति शायद इससे अलग नहीं है!

देश-समाज-काल में होने वाले क्षणिक/स्थायी परिवर्तन या विभिन्न राजनीतिक दलों को देखने का नजरिया किसी जन रचनाकार का वह नहीं होगा जो दलीय प्रतिबद्धता को आधार बनाकर साहित्य या परिस्थिति को जाँचता-परखता है। समाज की स्थिति हर हमेशा परिवर्तनशील है। रचनाकार भी समाज में ही रहता है, फिर

एक रचनाकार को समाज पर प्रभाव डालने वाली घटनाओं का सीधे सामना करना पड़ेगा। निश्चय ही तमाम महत्त्वपूर्ण साहित्यिकों ने यह अनुभव किया होगा कि यदि समसामयिक स्थितियों पर कलम नहीं उठाएँगे तो समाज के विकासोन्मुख परिवर्तन में हाथ नहीं बटा सकते। समाज में उठने वाला ज्वार-भाटा जिन्हें नजर नहीं आता उन्हें यही लगता होगा—"हाय रे देव! हाय भगवान...! शब्द को दिया क्यों अर्थ का दान!/ध्वनि ही ध्वनि देते, देते लय-तान/भावों के दल-दल में आकंठ मग्न काव्य कला/त्राहि-त्राहि कर रही, उद्धार करो उसका..." साथ ही ऐसे रचनाकारों को यह ज्ञान भी तो होना ही चाहिए कि 'एक-एक शब्द है दुधारू गाय' और 'उसका दुरुपयोग न करना हाय...'

बाबूजी समाज और अति सामान्य जन के बीच से अपने पात्र लेने के साथ ही काव्य-तत्व और कथा-बीज भी उसी से प्राप्त करते हैं। उन्हें यह भी पता है कि उनके पाठक भी अति सामान्य जन ही होते हैं। जब तक सामान्य जन के बारे में चिन्तनशील न हुआ जाएगा, तब तक उन पर और उनके लिए साहित्य कैसे तैयार किया जा सकता? "ऐंठ रहा है जीवन, सुलग रहा है जीवन/राजनीति पर हावी हो रहा है जीवन/ढोंगियों की पोल खेल रहा है जीवन/धड़क रहा है जीवन/डोल रहा है जीवन/साहित्य और संस्कृति को तौल रहा है जीवन/चढ़के मौत के सर पै बोल रहा है जीवन..." सामान्य जन जीवन के ऐसे क्षणों में रचनाकार जन के साथ ही तो रहेगा। साहित्य को जन-जीवन से दूर ले जाने का सीधा-सा असर यही होगा कि साहित्य का कोई औचित्य ही नहीं रहेगा। साहित्य को समाज का दर्पण कहा गया है। अपने यहाँ की तमाम 'तथाकथित पठनीय' रचनाओं को देखकर यह कैसे कहा जाये कि साहित्य समाज का दर्पण है! दर्पण की विडंबना यह है कि उसमें हम उतना ही देख सकते हैं जितना दर्पण के सामने पड़ता है। बदन की भीतरी झाँकी तो इससे सम्भव नहीं है। यह नियामक वाक्य जब भी आया होगा तो समाज की स्थिति काफी कुछ सुलझी रही होगी या कहनेवाले का कुछ और ही मतलब रहा होगा। सूर्य सिद्धान्त में कहा गया है—"दर्पणे मिथ्यावदः।"

रचना और रचनाकार के लिए सबसे महत्त्वपूर्ण बात यह है कि समाज के सभी वर्गों के जीवन ठीक-ठीक रूप में सामने आये। समाज के हर वर्ग के लोग अपनी बात कहने में रचनाकार के माध्यम से सक्षम हों। लेकिन इस समय होता यह है कि "युग-निर्माता साहित्यिक जब आज के आराम-तलब और चापलूस अफसरों के दरम्यान जा पहुँचता है तो उस पर 'भई गति साँप-छछुन्दर केरी' वाली कहावत लागू हो जाती है। धीरे-धीरे उसके अन्दर का युग-शिल्पी मर जाता है, फिर विमूढ़ और पतित हंस की चोंच का पहला शिकार सरस्वती की खुद वीणा होती है..." हमें तय करना ही होगा कि अपनी कलम से क्या करें। हाथ और कलम के बीच कुछ न कुछ और भी है। हम बनावटी-कृत्रिम झीलों में हंसों का तैरना देखें या असंख्य घरों में

उदास चूल्हा-चक्की के पास कानी कुतिया को सोते देखें।

30 जनवरी, 1948 को गांधी की हत्या कर दी गयी। नागार्जुन ने तत्काल इस जघन्य बर्बर हत्या पर चार क्षोभ-व्यंजक कविताएँ लिखीं। यह जानकर हमें जाने कैसा लगा कि उन रचनाओं को तत्कालीन प्रशासन ने वर्जित रचनाओं की कोटि में डालकर सम्मानित किया। साथ ही जिस दैनिक (जनशक्ति, पटना) ने उसे छापा, उस पर भी कानूनी कार्रवाई की गयी। महात्मा गाँधी की अनुयायी सत्ताधारी काँग्रेस पार्टी गाँधी की उस शिक्षा को स्वतंत्रता के पूर्व से ही छोड़ चुकी थी, जिसमें हृदय परिवर्तन की बात की गयी थी। स्वतंत्रता-आन्दोलन के समय ही सामन्ती व्यवस्था के आन्तरिक कलह ने पूँजीवादी व्यवस्था को विकसित होने का मौका दिया। काँग्रेस पार्टी तो भीतर ही भीतर यह चाहती ही थी। साथ-साथ अन्य पार्टियों के नेतागण भी इसको रोक नहीं पाये। फलतः स्वतंत्रता के बाद सामन्ती व्यवस्था तो टूटी, पर उसकी जगह पूँजीवादी व्यवस्था और भी सामर्थ्यवान होकर उभरी। "बनिया-लीडर-अफसर तीन त्रिमूर्ति/क रहला अछि अपन मनोरथ पूर्ति/अपना लए सभ, अनका हेतु बङौर/तइ पर फाटन्हि रहि रहि कते बुकौर...बापूक भजन करइ छथि सांझ परात/टकुरी काटथि बइसल सड़क कात/जपथि सदक्षण अष्टोत्तर-शतनाम/ईश्वर अल्ला रघुपति राघव राम/...भाय-भातिजक साढ़ूक सारक लेले/अपनाहि चढ़ि क तोड़थि झोंझक बेल/धन्य भाग जे चानिने छैन्हि उघाड़/नहिं त कोना पचबितथि सौंसे पहाड़..." यह अंश 1949 रचित मैथिली कविता से है। देश में इन त्रिमूर्तियों के कारण गरीबों और अमीरों के बीच की रेखा स्वतंत्रता के तुरन्त बाद से पुष्ट और गहरी होती गयी। रामराज और समाजवाद तो महज शाब्दिक 'मुख शुद्धि' है हमारे 'राष्ट्रीय नायकों' के लिए।

स्वतंत्रता के बाद से तेलंगाना संघर्ष, भूदान आन्दोलन ने; 1957 के द्वितीय आम चुनाव में केरल में वामपंथी सरकार; 1962 में भारत पर चीनी आक्रमण, साम्यवादी दल में बँटवारा, नक्सलबाड़ी आन्दोलन; 1967 में कई प्रान्तों में गैर-काँग्रेसी सरकारों का गठन; 1974 में जे. पी. द्वारा समग्र क्रान्ति; 1975 में आपातस्थिति; 1977 में सम्पूर्ण हिन्दुस्तान की सत्ता गैर-काँग्रेसियों के हाथ में; पुनः 1980 में गैर-काँग्रेसियों को पराजितत करके काँग्रेसियों के हाथ आ गयी—इतनी सारी महत्त्वपूर्ण घटनाओं के बावजूद हिन्दुस्तान पूँजीवादी रास्ते की ओर ही बढ़ रहा। गाँधी के अनुयायी कांग्रेसी अथवा अपने को समाजवादी-जनवादी या राष्ट्रवादी कहलानेवाली पार्टियाँ भी पूँजीवादी रास्तों के दुष्परिणामों से देश को बचाने में सफल नहीं हो सकीं।

आजादी के तुरन्त बाद यहाँ मुनाफाखोरी, चोरबाजारी, तस्करी, अराजकता, भ्रष्टाचार, असह्य गरीबी, बेरोजगारी आदि ने अपना-अपना पिछला कीर्तिमान खुद ही प्रतिवर्ष तोड़ा है। विधान मंडल, संसद और सरकारी प्रचार तंत्र के मुताबिक उत्पादन प्रति वर्ष अधिकाधिक होता जा रहा है। देश की गरीबी इन तंत्रों के अनुसार घटती

जा रही है। फिर भी यहाँ की जनता असहाय है, भूखी है, लाचार है, अशक्त है, भयभीत है और अशिक्षित है। संसद या विधान मंडल तक पहुँचनेवाला हर राजनीतिक दल दूसरे चरित्र का शिकार है। जो भी पार्टी सत्ता में आ जाती है उसके केन्द्रीय नेताओं की नीयत डोलने लगती है। यह हो सकता है कि सत्ता का लाभ जिस तरह सम्पत्ति और सुविधा संचयन में काँग्रेसियों ने उठाया है—गैर-काँग्रेसियों ने उस सीमा को छूना अपना लक्ष्य कभी नहीं रखा। लेकिन ऐसा कोई आदर्श गैर-काँग्रेसियों ने नहीं बनाया है। सुविधा का 'सदुपयोग' करने में मूलतः कोई अन्तर नहीं रहा—कुर्सी प्राप्त करने के बाद देश की राजनीतिक पार्टियों में।

बाबूजी ने साफ-साफ देखा है कि गरीब जनता चाहे गाँवों की रही हो या शहरों की, राजनीतिक दलों ने उसे संगठन की रीढ़ नहीं बनाया। ऐसी भूखी नंगी, दीन-हीन, पीड़ित-शोषित और असहाय जनता का राजनीतिक दलवालों ने जमकर उपयोग किया और उसे सड़क पर छोड़कर खुद खूबसूरत छायादार लॉन में जा बैठे। बाबूजी ऐसी ही जनता से जुड़कर और साथ चना-चबेना खाकर उनके लिए साहित्य को अपना एक मात्र लक्ष्य बनाया है। "कवि हूँ पीछे, पहले तो मानव ही हूँ/अतिमानव या लोकोत्तर किसको कहते हैं—/नहीं जानता!/कैसे जानूँ/सुख-सुविधा में हुलस-हुलसकर/दुख-दुविधा में झुलस-झुलसकर/सब जैसे अपने जीवन को बिता रहे हैं/वैसे मैं भी अपना जीवन बीता रहा हूँ।" जन-सामान्य के सभी गुणों-अवगुणों को भरकर अपने में समेटते हुए उनके बीच में रहना चाहते हैं। जिस किसी भी बात से देश का सामान्य जन कुछ न कुछ सोचने के लिए बाध्य हो—उस पर इस रचनाकार ने निश्चित रूप से कलम उठायी है। गांधी की हत्या हो या कश्मीर-समस्या, तँलंगाना संघर्ष हो या फिर बिहार के वामपक्षीय युवकों पर अत्याचार, चुनावी धाँधली हो या भ्रष्ट नौकरशाही, बाढ़-अकाल के नाम पर रकम उगाही या सरहद की समस्या—बाबूजी ने हर हमेशा सजग जन के साथ सामान्य नागरिक की तरह सोचा-विचारा है। सर्वहारा वर्ग के सतत चल रहे क्रान्तिकारी संघर्ष को अनिवार्य मानकर उसके साथ चलना ही अपना लक्ष्य बनाया। सर्वहारा वर्ग यहाँ सामाजिक विषमता के लिए पूँजीवादी संस्कृति को एक मात्र दोषी मानता है। स्वतंत्रता के बाद से तो यह धारणा पुष्ट ही होती गयी है। अंग्रेजी हुकूमत के तुरन्त बाद ही पूँजीवादी वर्ग ने यहाँ के प्रभु वर्गों पर अपना प्रभाव फैलाना शुरू किया। इसमें उसे सफलता भी मिली और फलने-फूलने का मौका मिला। "खादी ने मलमल से अपनी साँठ-गाँठ कर डाली है/बिड़ला-टाटा-डालमिया की तीसों दिन दिवाली है/जोर-जुलुम की आँधी चलती, बोल नहीं कुछ सकते हो/समझ नहीं पाता कि हुकूमत गोरी है या काली है..."

स्वतंत्रता के तुरन्त बाद ही काँग्रेस की आड़ में पनपते पूँजीवादी शासन के खिलाफ जनसंघर्ष यहाँ-वहाँ शुरू हो गया। शासन तंत्र ने इसके खिलाफ जमकर प्रचार ही नहीं किया, बल्कि संघर्षरत जनों को उचित ढंग से 'सबक' सिखाने के

लिए तमाम तैयारियाँ भी कीं। शासक-वर्ग के आसपास के लोगों को स्वतंत्रता से मिलनेवाली सभी प्रकार की सुख-सुविधाओं में खलल होने लगा था। सरकारी प्रचार तंत्र के आकर्षक लुभावने कार्यक्रमों के बावजूद सर्वहारा वर्ग ने अपनी लड़ाई जारी रखी। स्वतंत्रता के पूर्व से ही चला यह जन-युद्ध बाबूजी के साहित्य का मुख्य विषय रहा है। "आज बंधन-मोक्ष के त्योहार का आरम्भ होता है/ 'उपद्रव' 'उत्पात' कहकर कुबेरों का वर्ग रोता है/कर-चरण-मन प्राण फंदों में फँसे थे—/दिशा थी अवरुद्ध, दृग पथरा रहे थे—/सर्वहारा ने निकाला है स्वयं ही मुक्ति का यह मार्ग/महाश्वेता दानवी कवल से सर्वांशतः अब मुक्त होगा राष्ट्र/अब आजाद होंगे नगर, आजाद होंगे गाँव/अब आजाद होगी भूमि/अब आजाद होंगे खेत/अब आजाद होंगे कारखाने/मशीनों पर, श्रम पर और उपज के सब साधनों पर/सर्वहारा स्वयं अपना करेगा अधिकार स्थापित/दूहकर आँत जोंकों की, मिटा देगा धरा की प्यास/करेगा आरम्भ अपना स्वयं ही इतिहास/बुद्धिजीवीजनों की क्षमता करेगी काम सोने में सुहागे का/सम्मिलित स्वेच्छा प्रणोदित जातियाँ पथ बना लेंगी स्वयं आगे का/...आत्मबोध हुआ/पृथ्वीपुत्र जागे/ले रहे अंगड़ाइयाँ, लो उठ गये हैं/(दंडपाणि, त्रिशूलधारी, चक्रधर, हलधर, गदाधर)/अहिंसा के खाल ओढ़े, हिंसकों का होश होगा ठीक/...रुद्रता अनिवार्य होगी, भद्रता के पूर्व..." यह रचना 1948 की है। याद रहे कि यह वही समय है जब तैलंगाना का जनसंघर्ष पूरे देश के लिए उत्तेजित करनेवाली घटना थी। इस जनसंघर्ष ने स्वातंत्र्योत्तर भारतीय जनवादी आन्दोलनों के लिए एक महत्त्वपूर्ण भूमिका निभायी है। इस आन्दोलन ने यहाँ के वामपक्षीय क्रान्ति की रणनीति और कार्यनीति सम्बन्धित सभी सैद्धान्तिक और वैचारिक प्रश्नों को सामने लाकर रख दिया—जिसका समुचित समाधान हम उस समय से अब तक खोजने में लगे हुए हैं।

सन् 1952 में स्वतंत्र भारत का प्रथम आम चुनाव सम्पन्न हुआ। यदि ईमानदारी से प्रयास किया जाता तो इस चुनाव के समय तक के काल को समाजवादी समाज की स्थापना के लिए एक मजबूत और सीधा मार्ग के रूप में बनाया जा सकता था। लेकिन ऐसा नहीं हो सका। यह बात भी नहीं कि जनता में उस समय समाजवादी समाज के प्रति उत्साहवर्द्धक भावना रही हो। जनता अदम्य उत्साह के साथ अपने अधिकारों के लिए लड़ने को तैयार थी। लेकिन इस उत्साह में यहाँ राजनीतिक दल अपनी-अपनी गोटी लाल करने के लिए फूट के बीजों द्वारा अपने-अपने मनोनुकूल फसल बटोरने लगे ही नहीं थे, बल्कि उसमें सफल भी हुए। सत्ता-पक्ष अपने-अपने लोगों को हर स्तर पर लाभ देने की योजना बनाता रहा है हर हमेशा। इन योजनाओं में से कुछ न कुछ अंशों का उपयोग सत्ता के बाहरवालों के लिए सुरक्षित रखा जाता है। 'बाबा बटेसरनाथ' के जीवनाथ राय स्वतंत्रता-संग्राम के सिपाही थे। स्वतंत्रता मिलती है तो अपने गाँव में बतासा बाँटकर खुशियाँ मनाते हैं जीवनाथ राय। आजादी के बाद उत्पन्न कपड़ा, किरासन और चीनी-संकट में गाँववालों की ओर से इलाके

के प्रशासनिक अधिकारियों से टकराते हैं। थाना काँग्रेस कमेटी के मंत्री ने जीवनाथ राय को इस बात के लिए बार-बार समझाया—"अपने घर की ओर ध्यान दीजिए जीवू बाबू! यह फकीरी किस काम की जो अपनों की सुध ले ही नहीं! ..." 'बाबा बटेसरनाथ' का लेखन-काल 1953 का जुलाई-अगस्त रहा है।

'बाबा बटेसरनाथ' लिखे जाने से डेढ़ वर्ष पूर्व ही प्रथम आम चुनाव सम्पन्न हो चुका था। और नेताओं को जनता से सीधे मिलना पड़ा या यों कहिए कि मिलने का अभिनय करना पड़ा था। स्वतंत्रता-आन्दोलन के समय भी तो जनता से सीधे साक्षात्कार होता रहता था। लेकिन स्वतंत्रता के पूर्व की और स्वतंत्रता के बाद जनता से मिलने के उद्देश्यों में बहुत अन्तर आ गया था। 'जनसेवा' शब्द के साथ अब स्वार्थ की भावना दाल में नमक की तरह मिल गयी। बाबूजी ने अपने साहित्य में इन तमाम स्थितियों को सामने रखते हुए जनविरोधी लोगों से होशियार रहने को आगाह किया है। 'नयी पौध' 1952 के चुनाव के तुरन्त बाद का लिखा गया उपन्यास है। एक खास समस्या (बेमेल विवाह) को लेकर यह उपन्यास लिखा गया है। लेकिन इसमें भी जहाँ-तहाँ तत्कालीन सामान्य से सामान्य समस्याओं की झलकी मिलती है। निम्न मजदूर वर्ग का पात्र छकौड़ी खबास कहता है—"अंग्रेज लहू पीता था तो ई लोग (काँग्रेसी शासक) हड्डी चबाते हैं पंडितजी।" इस पर गाँव के मुखिया पंडितजी कहते हैं—"धन्य काँग्रेस सरकार की हमारी-तुम्हारी इज्जत-आबरू बची हुई है।" तत्काल ही मामूली हैसियत वाला गृहस्थ फतूरी ठाकुर कंट्रोल से उत्पन्न समस्या पर शिकायत रखता है—"अफसर साले घूस खाते हैं, दुकानदार उनको चाँदी सुँघा देते हैं..."

'नयी पौध' का मुख्य पात्र वाचस्पति युवा सोशलिस्ट नेता है। "छः लाख की आबादीवाले तीन-तीन थाना की जनता की तरफ से इन छः सात वर्षों के अन्दर नौ दफे जेल जाकर थाली कटोरा बजा आया था।" उसकी माँ शिक्षिका है गाँव की कन्या पाठशाला में। अपने पुत्र के बारे में उसके विचार गैर-काँग्रेसी कार्यकर्ताओं की स्थिति बिल्कुल स्पष्ट करते हैं। "छोकरे की अकल पार्टी ने चाट ली है! पढ़ाई-लिखाई छोड़कर रने-बने भटकता फिरता है, क्या तो किसान-मजूर का राज कैम करेंगे, सबको जमीन मिलेगी, सबको काम मिलेगा! कप्पार मिलेगा! टिटिया के मर जाओगे, कुछ नहीं होगा! देख तो रही हूँ, पाँच बरस से, कौन-सा लड्डू-पेड़ा-मोहनभोग-मालपूआ हाथ लगा है?...." वाचस्पति जैसे हजारों युवक बाबूजी के सम्पर्क में शुरू से ही आते रहे हैं। ऐसे युवक सामाजिक विकृतियों को खत्म करने के लिए हर हमेशा तैयार रहते हैं। अपने परिवार और तथाकथित युगीन शुभचिन्तकों की डाँट-फटकार सुनते हुए तथा तरह-तरह की लांछना को सहते हुए भी इन सबका साहस नहीं टूटता है।

इस देश में सम्भवतः ऐसी कोई सामाजिक व्यवस्था नहीं बन पायी है जो निरापद और निर्दोष हो। सामन्तवाद, साम्राज्यवाद और कुछ हद तक पूँजीवाद भी यहाँ आजमाये गये। यहाँ के लिए ये सभी अनुपयोगी ही रहे। इस देश में सामाजिक

दायित्व के अभाव में कहीं उच्छृंखलता का नंगा नाच है, तो कहीं दायित्व के नाम पर व्यक्ति को मशीन की तरह बना दिया गया है। स्थितियाँ निःसंदेह भयावह हैं। इस भयावह माहौल में सबके लिए लोकतंत्र अथवा सबों के लिए साधन जुटाने में लगे वाचस्पति सरीखे युवक एक ईमानदार रचनाकार के लिए केन्द्र बिन्दु होते हैं। रचनाकार पूरे विश्वास के साथ ऐसे तरुणों को अपनी पूरी आस्था समर्पित करता है जो विकासोन्मुख समाज के लिए अपने को होम किये जा रहे हैं। साथ ही बाबूजी जैसे लेखक को इसका दुःख और अफसोस भी है कि जितना कुछ करना चाहिए, उतना नहीं कर पाये। 'आगामी युगों के लिबरेटर' के लिए कुछ भी करने को तैयार रहते हैं। बाबूजी के यात्रीपन का एक रहस्य यह भी है कि हर हमेशा ऐसे लोगों की तलाश रहती है, जो सड़ी जकड़ी व्यवस्था को खत्म करने के लिए कुछ न कुछ कर रहे हैं। "मैं तुम्हारा ही पता लगाने के लिए/घूमता फिर रहा हूँ/सारा-सारा दिन, सारी-सारी रात/आगामी युगों के मुक्ति सैनिकों, कहाँ हो तुम!/निपीड़ित-शोषित मानवता के उद्धारक, कहाँ हो तुम/सामने आओ बेटे! /मैं तुम्हारा चुम्बन लूँगा/मैं तुम्हें अपना चुम्बन दूँगा/मैं तुम्हीं को अपनी यह शेष आस्था अर्पित करूँगा/मैं तुम्हारे ही लिए जिऊँगा, मरूँगा/मैं तुम्हारे ही इर्द-गिर्द रहना चाहूँगा/मैं तुम्हारे ही प्रति अपनी वफादारी निबाहूँगा/"

बाबूजी की प्रतिबद्धता और सम्बद्धता मात्र सर्वहारा बहुजन समाज की सतत प्रगति के लिए ही है। यह सर्वहारा बहुजनीय प्रतिबद्धता तो कभी-कभी इन्हें खास प्रकार की अदालत में लाकर खड़ा कर देती है। यह अदालत 'कुछ खास' तरह के लोगों द्वारा निर्मित की ज़ाती है। आरोप लगाया जाता है—"नागार्जुन ने कभी मार्क्सवाद का बुनियादी अध्ययन नहीं किया और सुनी सुनायी बातों पर अपनी धारणाएँ बनायीं, इसीलिए वह राजनीतिक सरलीकरण के शिकार हो जाते हैं।" यह आरोप ऐसे लोगों द्वारा लगाया गया है जिनका सम्बन्ध समाजवादी साहित्य के लिए 'प्रतिबद्ध' संगठन से रहा है। इतना ही नहीं, आगे कहा गया है—"एक खिचड़ी विप्लव' में भाग लेने के बाद उन्होंने कुछ शर्मिंदगी महसूस की थी, मगर कुछ और प्रकार के खिचड़ी विप्लव अभी उन्हें दिखाई नहीं दे रहे हैं क्योंकि उनके नारे उन्हें अपनी अधीरता के अनुरूप दिखाई देते हैं।" इस पर मुझे मात्र इतना ही कहना है कि आपातकाल के इसी 'खिचड़ी विप्लव' में भाग नहीं लेने के कारण कई जन-संगठनों ने अपनी-अपनी गलती कबूल की थी। कई व्यक्ति '77 के चुनाव के बाद अपने-अपने मुखौटे बड़ी ही फुर्ती से बदले थे। आज सुगंधित वाममार्गी बन्धु उन संगठनों से हाथ मिलाने को तैयार हो गये हैं जिनके साहित्यिक मंच पर जाने के अपराध में बाबूजी पर कीचड़ उछाले गये, पत्थर आदि फेंके गये, भले ही वह कीचड़ और पत्थर वहीं वापस आ गये, जहाँ से फेंके गये थे।

सुदीर्घ संघर्षपूर्ण जीवन की मुख्यधारा विद्रोह की ही रही है। पूरी उम्र विद्रोह में

गुजरे और फल के नाम पर हाथ आये शून्य तो आज की परिस्थिति में विक्षोभ होना स्वाभाविक ही है। इसी विक्षोभ से बाबूजी के अन्दर व्यंग्य का जन्म होता है। इनके पास व्यंग्य वह सहज और हथलग्गू हथियार है जिससे कहीं भी निशाना लगाया जा सकता है। वह अपने निशाने पर ढंग से ही लगेंगे, व्यंग्य में कही गयी बात आम लोगों तक बड़ी ही आसानी से पहुँच जाती है। इन दिनों नेताओं का जीवन विलासिता का पर्याय बन गया है। भ्रष्ट स्वदेशी शासक, अनैतिक क्रिया-कलाप में लीन राजनीतिक नेतागण और कर्तव्यहीनता में फँसे सरकारी दफ्तरों के बाबू लोगों की करतूतों को जनसामान्य की नजरों तक लाने के लिए व्यंग्य की अद्भुत कला इनके पास है। शासन का सत्य मात्र आँकड़ों तक विभिन्न फाइलों के अन्दर शासकीय फीते में बँधा सचिवालय की खुली आलमारियों के ऊपर धूल में दबा पड़ा है। जनता भूखी और नंगी है जो हर जगह दिखती। भ्रष्टाचार, बेईमानी, अवसरवादिता, स्वार्थसिद्धि और धोखा देने का रोग नेताओं और अधिकारियों के साथ इस तरह लग गया कि भारतीय संविधान अथवा आई. पी. सी. की किसी भी धारा के तहत उन पर कानूनी कार्रवाई नहीं हो पाती। इन सबको देखकर सजग-प्रखर संघर्षरत व्यक्ति में गुस्सा आना तथा क्षोभ-व्यंजक उक्तियाँ मुँह से निकलना स्वाभाविक ही है। यात्री ने अपनी यात्रा में 'दिन-दिन दुर्लभ अन्न, कंठ में अटकि रहल छ प्रान...' ही सर्वत्र देखा है। इन्हीं परिस्थितियों में शोषित सर्वहारा के लिए उन्हें कहना पड़ता है, "एकमतिया ज नहि हेबह त भऽ जेबह हकलान।"

अपनी किसी भी रचना में समाज को उद्‌बोधन देने के लिए किसी भी नये अथवा विशिष्ट चरित्र का सृजन नहीं किया है। देश के अति सामान्य लोगों में से ही परम्परागत विशेषताओं के साथ अपने हकों के लिए सजग जुझारू जन ही इस रचनाकार के पात्र होते हैं। वह पात्र मैं भी हो सकता हूँ और आप भी या हम सबमें से कोई भी। 'चना जोर गरम प्यारे' की शैली पर उन्हीं की भाषा में सीधी-सादी बात कह देना तो आसान है, पर उसमें राजनीति की छौंक-बघार देकर परोसना आसान नहीं है।—"चना जोर गरम प्यारे/मैं लाया मजेदार चना जोर गरम/चना खायें काँग्रेसी लोग/कि जिनमें दुनिया भर के रोग/साधत सत्त-अहिंसा योग/लगाते फिर भी सब कुछ भोग/पहनते हैं खद्दर का चोग/नहीं है देस-कोस का सोग/राज से न हो जाये वियोग/इसी से फैलाते हैं फोग/वोट पाने का है उद्योग/भिड़ाते हैं छल-बल का योग/वतन को बना दिया है बाजार/प्रजा को छोड़ दिया समझधार..." एक लम्बी रचना का यह अंश है और रचनाकाल है 1952। मझधार में पड़ी जनता 1947 के बाद से ही प्रतिवर्ष लालकिले से साल में दो बार नये-नये नारे सुनती है। इस ऐतिहासिक किले की मोटी दीवार से टकराकर नारा और घोषणाएँ चूर-चूर होते रहते हैं। तमाम प्रलोभनीय वाक्यांश अगले अड़तालीस घंटे तक देशभर में गूँजते रहते हैं, शासकीय प्रचार तंत्र के माध्यम से। लेकिन इसी किले के पिछवाड़े खुले आसमान

के नीचे हजारों भूखे-नंगे लोग अगस्त की वर्षा और जनवरी के शीत में ठिठुरता हुआ गणतन्त्र देखते हैं। राष्ट्रीय ध्वज को जिसे केवल मशीन की तरह फहराना है उसे दीवार के पिछवाड़े झाँकने का साहस नहीं हो पाता। वहाँ की स्थिति यह है—"लटक रही है तलवार रात-दिन इस गर्दन पर/बेकारी की/लाचारी की/बीमारी की/चैन नहीं है, आराम नहीं/ सपने में भी सुख-सुविधा का नाम नहीं है/तन विषण्ण, मन चिर अशान्त है/पल-पल, छल-छल भयाक्रान्त है/..." और गणतंत्र या स्वतंत्रता दिवस पर राजधानी का सुरक्षित क्षेत्र कैसा लगता है—"बताऊँ?/कैसे लगते हैं—दरिद्र देश के धनिक?/कोढ़ी-कुढब तन पर मणिमय आभूषण!!/...बताऊँ/कैसे लगते हैं—/दुःशसन के तामझाम?/कंकाली स्तूप के पुष्प-पल्लवमय तोरण!!..."

इस देश में पूरा का पूरा तथाकथित प्रजातांत्रिक शासन तंत्र ग्राम पंचायत से लेकर संसद तक भौतिक रूप से समृद्धिशाली वर्गों ने अपने मनोरंजन के लिए हम जनसामान्य के हाथों से छीन लिया है। आज हम भय, निराशा, पराजय, अपने आपको धोखे में रखना, हिंसा और न जाने कितनी तरह की वृत्तियों के पोषक बनते जा रहे हैं। आनादी मिले बयालीस वर्ष हो गये, पर लगता है कि अभी भी हमें न जाने कितने वर्षों तक शोषित रहना पड़ेगा। देश की सामाजिक और आर्थिक व्यवस्था मुट्ठी भर शोषकों और असंख्य-असीमित शोषितों के बीच स्पष्टतः बट गया है। सांसद, विधायक, मंत्री, स्थानीय छुटभैये नेता, सरकार के छोटे-बड़े अधिकारी आदि के स्ट्टेस में कितनी जल्दी और द्रुतगामी परिवर्तन होता है—यह हम आये दिन देखते रहते हैं। दूसरी ओर भूख से पेट पकड़े, असुरक्षा, यातना और उत्पीड़न से आतंकित देश की जनसंख्या का अस्सी-नब्बे प्रतिशत हिस्सा है। मुट्ठी भर स्टेट्स वाले लोगों के लिए छल, फरेब और जालसाजी परम सत्य हो गया है। '54 में लिखा गया उपन्यास 'बाबा बटेसरनाथ' के कथा-क्षेत्र के विधायक उग्रमोहन दास का "सुखी काश्तकार खानदान में जन्म हुआ था और भाइयों में सबसे छोटे थे—इस कारण दास बाबू पर दुनियादारी का बोझ कभी नहीं पड़ा। स्त्री ऐसी मिली जो जमींदार बाप की एकलौती बेटी थी...क्या राजनीति, क्या साहित्य-निर्माण, क्या अध्यात्म, क्या वेदांत, क्या सभा-सोसायटी और लोक सेवा—सब कुछ आपके लिए विशुद्ध मनोरंजन था। पिछले इलेक्शन में प्रादेशिक काँग्रेस कमेटी के एक ग्रुप ने आपको अपना उम्मीदवार घोषित किया और दूसरे ग्रुप ने हल्की मुखालफत की तो उग्रमोहन बाबू सीधे दिल्ली दरबार पहुँचे और मुस्कराते हुए वापस आये। डिप्टी मिनिस्टर होने की चांस थी, मखौल तो कोई था नहीं। वोटिंग से चार-छः रोज पहले वह रूपौली, भी आये थे, द्वार-द्वार पर हाथ जोड़कर लोगों से 'वोट भिक्षा' माँगी थी।" और "उसी क्षेत्र का दयानाथ राय तो उग्रमोहन बाबू को बीस वर्षों से जानता था—तभी से, जब पटना कैम्प जेल में एक ही इलाके के होने के नाते दोनों का परिचय हुआ था। चुनाव के जमाने में तो कई बार देखादेखी हुई थी।" जमींदारी उन्मूलन के बाद गाँव में

भूमि-समस्या गम्भीर होने पर वह उनसे मिलने पटना जाता है। विधायक महोदय सारी बातें सुनकर मुस्कुराते हैं और सोनपुर मेला देखने चल देते हैं। यह ध्यान रहे कि सोनपुर मेले का चौकी-तोड़ नाच और थियेटरीय कैबरा डांस बहुत ही लोकप्रिय है एक खास वर्ग के बीच। विधायक निवास के बरामदे पर बैठकर सुरती मलते हुए दयानाथ राय सोचता है–"आजादी! छीः! आजादी मिली हमारे उग्रमोहन बाबू को, कुलानन्द दास को...काँग्रेस की टिकट पर जो भी चुने गये हैं, उन्हें मिली है आजादी। मिनिस्टरों को तो और भी ऊँचे दर्जे की आजादी मिली। सेक्रेटेयिट के बड़े साहबों को भी आजादी का फायदा पहुँचा है।...थानेदार और जिला के अधिकारी यों ही छूटकर यदि चरते रहे तो भारत माता की इज्जत-आबरू लुट जायेगी...।" उसकी "यह धारणा पक्की हो गयी कि राजनीति गरीबों और मूर्खों के लिए नहीं हुआ करती है। वह तो बस खाते-पीते सयानों की चौपड़ है।"

इस बात को हम बड़ी ही आसानी से कह देते हैं कि इस देश का लोकतंत्र विश्व-प्रसिद्ध है और यहाँ की लोकतंत्री शासन प्रणाली अपने-आपमें अनूठी है। लेकिन, क्या हमें यह नहीं लगता कि पूँजीवादी व्यवस्था के तमाम निकृष्ट अवगुण हमारे प्रजातंत्री व्यवस्थ में अपना-अपना सुरक्षित स्थान बना चुके हैं। क्या यह अजीब विडम्बना नहीं है कि किसान और जमींदार, मजदूर और पूँजीपति वर्गों के बीच आपसी निर्भरता के बावजूद एक दूसरे के हितों के विरोधी भी हैं? मौजूदा हालात में कोई भी वर्ग एक दूसरे से संबद्ध नहीं रह सका है। 'वोट देने का' अर्थात् मतदान का भारी-भरकम अधिकार यहाँ के जनसाधारण को दिया गया है। लेकिन इस देश की चुनाव-प्रक्रिया कुछ इस तरह की हो गयी है कि वोट दिये नहीं जाते बल्कि वोट ले लिये जाते हैं। चुनावी मतदान तो यहाँ फॉल्स ही लगने लगा है। 'लोक-राज लोक-लाज' से चलता है–यह कहना जितना आसान है, लोक-लाज को समझना-झेलना उतना ही कठिन है। यहाँ चुनाव का होना मुख्य बात नहीं है–मुख्य बात है चुनाव जीतन। चुनाव जीतने के लिए न जाने कितने तरह के घृणित हथकंडे अपनाये जाते हैं। चुनावी व्यवस्था पर सामन्ती और पूँजीवादी व्यवस्था ने अपनी मजबूत पकड़ कायम कर ली है। सांसद, विधायक या मंत्री अपने-अपने क्षेत्र के सामान्य नागरिकों को पहचानने में असमर्थता प्रकट करते हैं। यदि इन लोगों का चले तो चुने जाने के बाद अपने-अपने क्षेत्र के मतदाताओं को हर प्रकार से विकलांग बना दें, ताकि कहीं से थोड़ी भी सुगबुगाहट न हो। "सलामत रहे कुर्सी, सलामत रहे उनकी जान/हमारे ही वोट पाकर डींगे मारें और झाड़ें शान...।"

स्वतंत्रता के समय और बाद में भी अतिसामान्य वर्ग से भी कई नेता पैदा हुए जो सितारों की तरह चमके। प्रायः नब्बे प्रतिशत के चेहरे की चमक पर कुछ दिनों के बाद से ही नायकत्व की गर्द छाने लगी। आम धारणा यह है कि "गरीबों का संकट मोचक वही होगा जो खुद गरीब के घर पैदा हुआ रहेगा।" परंतु "गरीब के घर पैदा

होने से ही भला लीडर की देह में सुरखाब के कौन से पर लग जाते हैं? बहुत सारे आज के काँग्रेसी नेता गरीब घराने के हैं, मगर बाबू लोगों का रंग-ढंग तो देखो जरा!" उनका रंग-ढंग तो सामन्तशाही के परम्परा में आ गया है। उनके रंग-ढंग में शासकीय खून दौड़ने लगा है। 'हीरक जयंती' उपन्यास का एक सत्तापक्षीय हरिजन विधायक सोचता है—"मैं विधानसभा में आखिर किसका प्रतिनिधित्व कर रहा हूँ?...दल विशेष ने मुझे खरीद लिया है, शोषक वर्ग की जी-हजूरी और उनका हित साधना मेरे इस जीवन का परम उद्देश्य है...जब तक मेरे जैसे नकली प्रतिनिधि बाबू लोगों के पीछे दुम हिलाते रहेंगे, तब तक गरीब-अछूतों की दुर्दशा में नाम मात्र भी सुधार नहीं होगा न!" लाभ-लोभ के किसी भी प्रकार का अवसर इन तथाकथित संविधान-पोषकों के सामने हो तो उसे गँवाना गँवारपन ही समझते हैं ये लोग। मानो 'चरैवेति चरैवेति' का नारा प्राचीनकाल में इनके लिए ही बना हुआ है—"खूब चरो, खूब चरो, इन्हें पत्तों से ही संतोष नहीं होता, डंठल और छाल तक चबा डालते हैं।" अपनी नितान्त वैयक्तिक सुख-सुविधा में इस तरह रहते हैं कि एक अलग ही तरह के प्राणी दिखते हैं। एक संस्कारित नागरिक चरित्र उनसे बहुत दूर हो जाता है। उँगली सीधी हो अथवा टेढ़ी, घी निकालना ये जानते ही हैं। "सौ का खाना खाएँगे, पर लेंगे नहीं डकार।"

बाबूजी की एक लम्बी रचना है—'अब तो बन्द करो हे देवी यह चुनाव का प्रहसन।' शीर्षक से ही ललता है कि रचनाकार ने क्षोभ के कारण यह शीर्षक दे रखा है। जन-जन के लिए समर्पित एक जनकवि यहाँ की चुनावी व्यवस्था को चुनाव का प्रहसन कहता है। उक्त रचना की कुछ पंक्तियों से पता लग जाता है कि यहाँ मतदान की स्थिति क्या है। "नोटों की गड्डियों-लाठियों-बन्दूकों की जय हो/बोगस मत पत्रों से बोझिल संदूकों की जय हो/...मतपत्रों से भरी पेटियाँ नभ में नाच रही हैं/बंदूकें उनकी सहेलियाँ, जी हाँ, साथ वही हैं/...उड़ते-हिलते फुर्ती लेकर ठप्पे मार रहे हैं/मौसम चुप है, पीले पत्ते सोच-विचार रहे हैं/...ताजे टटके मतपत्रों पर जमे लहू के दाग/बैलेट की जादुई पेटी लील रही है आग..." चुनावी प्रक्रिया का ऐसा चमत्कारी अंजाम भारतीय लोकतंत्र में ही सम्भव है। चुनाव में हो रहे करिश्मे को दूर करने के लिए हमारे कानूनदाँ ने काफी कुछ कर रखा है। वर्ल्ड मीडिया के समक्ष उन संवैधानिक धाराओं का हम जमकर प्रचार करते हैं ताकि बाहरी इमेज बरकरार रहे। लेकिन क्या हम दिल पर हाथ रखकर कह सकते हैं कि भारतीय संवैधानिक धाराओं में से एक में भी सामान्य नागरिक अपने को सुरक्षित महसूस करता है? भले ही संवैधानिक धाराओं को लागू करनेवाली संस्था के सर्वोच्च अधिकारी की कुर्सी के ऊपर मुस्कुराते हुए गाँधी की तस्वीर 'सत्य' के प्रयोग की शिक्षा देती हो! "न्यायमूर्ति कठमुल्ले होंगे/न्यायपालिका शीश धुनेगी..."

बाबूजी का घुमंतू जीवन हर हमेशा सामान्य से सामान्य जन के साथ रहा है।

स्थानीय समस्या से लेकर अन्तर्राष्ट्रीय स्तर तक के ढेर सारे प्रश्न उनसे पूछे जाते हैं। "जनता मुझसे पूछ रही है/क्या बतलाऊँ?/जनकवि हूँ/मैं साफ-साफ कहूँगा/क्यों हकलाऊँ?..." भारतीय समाज के नवनिर्माण में आर्थिक तंगी से हाँफते जनजीवन को इन्होंने देखा है, उसी तरह उनकी दृष्टि वहाँ भी है जहाँ से नवनिर्माण के लिए बाधक योजनाएँ संचालित की जाती हैं। इस स्थिति में जनता के मन में उठ रहे सीधे-सादे सवाल के जवाब में शोषक की प्रकृति को कलमबद्ध करना अधिक आवश्यक और महत्त्वपूर्ण हो उठता है। इसके साथ ही उनके लिए यह भी जरूरी हो जाता है कि साहित्य के माध्यम से ऐसा परिप्रेक्ष्य बनाया जाय जिससे जनसामान्य अपने मुख्य प्रश्नों और उद्देश्यों के प्रति सजग रहे ताकि सामाजिक विकास के संघर्ष में अपनी वास्तविक हिस्सेदारी समझे।

अनुभव के धनी इस रचनाकार की कटु-तिक्त पंक्तियाँ हमें तत्काल ही सोचने के लिए मजबूर कर देती हैं। ऐसा कहाँ लगता है कि सुनी-सुनायी बातों को आधार बनाकर कुछ कहा जा रहा है? रचनाओं को पढ़कर हम स्वयं परिस्थिति के बीच में अपने को पाने लगते हैं। जनमानस के सीधे-सपाट सवालों का जवाब उसे अपनी ही शैली और शब्द में प्राप्त है। प्रत्येक चुनौती को स्वीकारते हुए आगे बढ़ना ही रचनाकार का धर्म है। "रहूँ मैं दिन-रात ही बेचैन/आग बरसाते रहे ये नैन..." चुनौती को स्वीकारने के लिए ताकत पाते हैं जन-जन की सहज सामान्य परिस्थिति से। "प्रतिहिंसा ही स्थायी भाव है मेरे कवि का/जन-जन में जो ऊर्जा भर दे, मैं उद्गाता उस रवि का।" जन-जन से ऊर्जा लेना और जन-जन को ऊर्जा प्रदान करना। सर्वहारा समाज पर दमनात्मक अत्याचार दिन-प्रति दिन बढ़ता ही जा रहा है। लोकतंत्र के गले पर पंजा का कसाब मजबूती के साथ महसूस किया जा रहा है। नागरिकों के व्यक्तिगत सम्मान पर ठेस लगना तो यहाँ महज मामूली बात हो गयी है, जबकि रोज-ब-रोज राष्ट्रीय सम्मान ही दाँव चढ़ता है, अपमानित होकर उतरता है। इस दमघोंटू युग में एक-एक व्यक्ति के भीतर विद्रोही होने की प्रवृत्ति पैदा होने लगी है। फिर जन्मजात इस विद्रोही रचनाकार के भीतर विद्रोह से विक्षोभ और फिर प्रतिहिंसा की आग भड़कती है तो अस्वाभाविक क्यों लगे?

"अरुणोदय से डरनेवाले जो गति होती है उलूक की/वह हाल है आज हमारे नेताओं की..." जागृति तो बहुत दूर की बात है, थोड़ी-सी सुगबुगाहट से आज शासक वर्ग के लोग डरने लगे हैं। अपने माई-बाप (वोटरों) से डर लगने लगा है इन्हें। अपने-अपने चुनाव क्षेत्र में बिना गोली-बारूद के नहीं जा पाते। जनता जागरुक न हो और अपने मौलिक अधिकारों के प्रति सजग नहीं रहे, अपने विवेक से वह कुछ भी नहीं सोचे—यही सब चाहते हैं नेतागण! सरकारी मीडिया पर धुआँधार प्रचार-आँकड़े पर हम विश्वास करते चलें—यही वे चाहते हैं। उनकी एक मात्र मंशा है—"बनी रहेगी रात युगों तक/देखो इनको प्रात न करना..." लेकिन संघर्ष, जनतंत्र और सर्वहारा के

लिए अपना सब होम करनेवाले कवि को विश्वास है कि—"जनवाद का सूर्य नहीं डूब जायेगा/ग्रहण नहीं लगा रहेगा हमेशा अभिनव फासिज्म का..."

सन् साठ से सन् पचहत्तर तक का समय भारतीय राजनीति और साहित्य के लिए महत्त्वपूर्ण समय रहा है। बाबूजी के लिए भी यह कालखंड खास महत्त्व का रहा है। इनको केन्द्र में रखकर इसी समय हिन्दी वामपंथी साहित्य के कई मुद्दे उठाये गये हैं। सन् '62 तक साम्यवादी दल इस देश में एक ही था। सभी वामपंथी रचनाकार प्रगतिशील कहलाते थे। भले ही भारतीय साम्यवादी दल के भीतर गुटबंदी रही हो, लेकिन उसका कमोबेश असर तो रचनाकार पर भी पड़ता ही है। केरल की प्रथम वामपंथी सरकार से लेकर चीनी आक्रमण तक का काल भारत में वामपंथी आन्दोलन को विस्तार के साथ ही कम्युनिस्टों के बीच चल रहे सैद्धान्तिक मतभेदों को जमीन पर लानेवाला समय रहा है। वामपंथियों के आपसी मतभेदों का साफ अर्थ इस देश में यही देखने को मिला कि किस तरह कम्युनिस्ट आन्दोलन और क्रान्तिकारी शक्तियाँ क्षीण होती हैं। 1988 के अन्तिम दिनों में एक जिम्मेदार वामपंथी नेता ने कहा—"तमाम वामपंथी दल मिलकर अभी भी पन्द्रह प्रतिशत में ही हैं। शेष पच्चासी प्रतिशत को साथ लाना होगा।" आगे कहा कि "ये पच्चासी प्रतिशत लोग काँग्रेस (ई) और अन्य पूँजीवादी दलों के साथ हैं।" चीन जैसा साम्यवादी और तथाकथित पंचशील के समर्थक देश से भारत के साथ सीमा-विवाद होने पर यहाँ के जनमानस पर क्या असर पड़ा—यह तो उन दिनों के अखबार उलटने पर पता चलता है। बाबूजी तमाम पार्टीगत प्रतिबंध को दर किनारे करके अपनी जनता के साथ हो गये। चीन के खिलाफ लिखते-लिखते मार्क्स तक को जा पकड़ा—आवेग और आवेश के क्षणों में। एक साक्षात्कार में कहते हैं—"उन पन्द्रह दिनों के अन्तर्गत, जब चीनी आक्रमण चल रहा था, केवल नागार्जुन की कविताएँ ही सामने आयीं। अन्य प्रगतिशील चुप रहे। किन्तु बाहर की आक्रमणकारी शक्तियों और घर के चूहे-छछुंदरों को नष्ट करना ही होगा। इस संदर्भ में लिखी गयी रचनाओं की छानबीन करें तो पता चलेगा कि एक वर्ग ने सिर्फ बहती गंगा में हाथ धोया है।...कवि हमेशा भावुक रहेगा। उसे जब ठेस या खरोंच लगती है, तो वह अपनी भावना को फीता से नापने के लिए तैयार होता है। वह हमेशा विद्रोही रहेगा।...उन पन्द्रह दिनों में प्रगतिशील पत्रिकाओं की नाड़ी 'सिंक' करने लगी थी। हिन्दी के प्रगतिशील हाथी बह रहे थे, तो मुझ जैसा हाथी भी बह गया। यह बहने की स्थिति अन्तिम नहीं है। आक्रोश में ही मैंने मार्क्स को घसीट लिया था। जब हम अपने परिवार के कुकर्म से क्षुब्ध होते हैं तो पितामह को भी गालियाँ दे बैठते हैं। हम तर्पण भी करते हैं और गालियाँ भी सुनाते हैं।..." और फिर भारतीय साम्यवादी दल का बँटवारा अवश्य उस समय उन जैसों को भीतर से झकझोर दिया होगा।

फिर 1967 में एक बार और बिखरा तो हिन्दुस्तान के वामपंथियों में तीसरा

दल उभर आया। सैद्धांतिक और व्यावहारिक मतभेदों के चलते छोटे-छोटे ग्रुपों में बँटे मार्क्सवादियों के न जाने कितने घटक हाथों में घट लेकर देश में अक्षय समृद्धि का सब्जबाग दिखाये जा रहे हैं। वामपंथ का घट अमृत वर्षा करेगा—यह कैसे कहा जाये! अन्य किसी भी देश में मार्क्सवाद के इतने अंग-प्रत्यंग कहाँ दिखायी पड़ते हैं। "न अहिंसा में हमारा विश्वास है/न हिंसा में हमारा विश्वास है/मन-वचन-कर्म...हमारा कुछ भी स्वच्छ नहीं है/हम किसी की भी 'जय' बोल सकते हैं/हम किसी को भी धोखे में डाल सकते हैं।" यह रचना 1975 की है। संपूर्ण क्रान्ति आन्दोलन का दौर था उस समय। लेकिन वामपंथी आन्दोलन के परिप्रेक्ष्य में भी इन पंक्तियों को देख सकते हैं।

साहित्य के माध्यम से जनवाद के लिए संघर्ष बाबूजी का एक मात्र लक्ष्य रहा है। इसके लिए इन्होंने कोई समझौता नहीं किया है अब तक। सर्वहारा के लिए किये जा रहे संघर्ष में थोड़ा भी मौकापरस्ती इन्हें बर्दाश्त नहीं होती। इसी कारण वामपक्षीय साहित्यिक संगठनों में हर हमेशा चर्चाओं के मध्य रहे हैं। जिस किसी वामपक्षीय सांस्कृतिक-साहित्यिक मंच पर बाबूजी जाते हैं तो आयोजक-संचालक के लिए मानो एक उपलब्धि होती है, परन्तु दूसरा वामपंथी समूह तत्काल ही इस रचनाकार के ऊपर उँगली उठाने लगता है। अक्सर मेरे दिमाग में यह प्रश्न घूमता रहता है कि यह समस्या नागार्जुन नामक रचनाकार के साथ ही क्यों? न जाने कितने ऐसे रचनाकार/साहित्यिक संगठनों के पदाधिकारी हैं जिन्हें हम दिन में अनेक बार ऐसी जगहों में देखते हैं जहाँ जनवाद की बात तो दूर, सामान्य जन की चर्चा तक वर्जित-सा है। काजल की कोठरी में जाकर सफेद दग-दग कपड़ों के साथ बिना धब्बा लगे निकल आयें—क्या यह सम्भव है? जनता के शोषण की वास्तविकता और उस शोषण से मुक्ति के लिए लड़ रहे दलों के नेतृत्वकारी वर्गों की नीतियों तथा व्यवहार में फासला किसी भी सजग रचनाकार को भ्रम में डाल सकता है। एक रचनाकार जो मात्र जन को जानता है, शायद इस देश के किसी भी संगठन में कहीं से भी पूरी तरह फिट नहीं बैठ सकता। नागार्जुन नाम का रचनाकार इसका एक अच्छा उदाहरण है। प्रलेस, जलेस, जसम—तीनों संगठनों में इनकी चर्चा होती है। और मौका पड़ने पर तीनों के लोग व्यक्तिगत बातचीत से लेकर कलम तक से इस पर प्रहार करने से बाज नहीं आते। शायद रचनाकार को उम्मीद रहती है कि उसके कारण संगठन के चरित्र में कुछ न कुछ गुणात्मक परिवर्तन आएगा! लेकिन हर संगठन के चरित्र में कुछ न कुछ राजनीतिक अवसरवादिता खास तरह की होती है, जिसे एक ईमानदार लेखक के लिए बदलना असम्भव तो नहीं, कठिन अवश्य है। प्रखर रचनाकार का मोहभंग तब होता है, जब सत्तापक्षीय महीन-मुलायम चालाकियों के गिरफ्त में वामपक्षीय शिविर के आयोजकों में से कोई-न-कोई फँसता ही रहता है।

कई बार यह सवाल विभिन्न तरीकों से उठाया जा चुका है कि इस रचनाकार

के साथ ऐसी कौन-सी मजबूरी रही है कि अपना स्थायी बैठकखाना किसी खास ब्रांड के लाल झंडेवाले दरवाजे पर क्यों नहीं रखता? यहाँ एक प्रश्न यह भी तो उभरता है कि 'लाल भाइयों' का कोई भी वर्ग इस रचनाकार को बहुत समय तक अपने साथ क्यों नहीं बैठा पाता? क्या 'लाल भाइयों' का कोई भी खेमा इस रचनाकार को समझ नहीं पाता अथवा रचनाकार में ही इनको समझाने की क्षमता नहीं है? कुछ न कुछ बात तो है जरूर। मुझे तो साफ-साफ यही लगता है कि दलों का घटकवाद और कुर्सी-प्रेम की मात्रा कुछ ज्यादा बढ़ गयी है। आपस में इतने अन्तर्द्वंद्व है तो रचनाकार से क्या उम्मीद की जाये और क्यों की जाये? समाज में अन्तर्विरोध औ अंतर्द्वंद्व है तो इसका असर राजनीतिक गुटों पर पड़ना स्वाभाविक है, फिर रचनाकार का ही क्यों मशीनीकरण? "क्या, हम आँख मूँदकर/उनकी हर बात पर हामी भरते जायेंगे/क्या डर के मारे/हमेशा के लिए गूंगे हो जायेंगे/क्या, वे हमें ढोर-डंगर की तरह/डंडे दिखा-दिखाकर हाँकेंगे?/प्रगतिशील पार्टियों के दलपति तक/हमसे ठकुर-सुहाती चाहते हैं। अपनी नुक्ताचीनी सुनकर/वे अन्दर ही अन्दर बुरा मान जाते हैं..."

मार्च 1974 में बिहार के नौजवानों ने काँग्रेस-सत्ता के प्रति अपना व्यापक असंतोष प्रकट करने के लिए आन्दोलन शुरू किया। उस आन्दोलन का नेतृत्व शीघ्र ही जयप्रकाश नारायण के हाथ में आ गया और बिहार में उस आन्दोलन ने एक जनआन्दोलन का रूप ले लिया। शीघ्र ही इसका फैलाव देश भर में हो गया। सी. पी. आई. को छोड़कर सभी गैर-काँग्रेसी पार्टियों ने काँग्रेस-सत्ता द्वारा व्याप्त भ्रष्टाचार के खिलाफ उस आन्दोलन को अपना-अपना समर्थन दिया। जे. पी. ने उस आन्दोलन को 'संपूर्ण क्रांति' का नाम दिया और सी. पी. आई. ने जे. पी. को फासिस्ट और उनके नेतृत्व में चलनेवाला आंदोलन को प्रतिक्रियावादियों द्वारा संचालित कहकर सक्रिय विरोध किया। संयोगवश बाबूजी उन दिनों बिहार में ही थे। आन्दोलन के शुरुआती दिनों में बिहार की स्थिति पर गम्भीरता से सोचा करते। जनसम्पर्क मुख्य अंग रहा है जीवन में। विभिन्न संगठनों के छात्रों से मिलने का क्रम बढ़ने लगा। अनेकानेक राजनीतिक दलों के लेगों में आवाजाही तेज हो चली। पटना के युवा रचनाकार और संस्कृतिकर्मी एकजुट होने लगे। नागार्जुन ओर रेणु दो ऐसे नाम हैं बिहार में, जिनके इर्द-गिर्द रचनाकार और संस्कृतिकर्मी मँडराते रहते हैं। किसी भी तरह के आन्दोलन पर एक जागरुक नागरिक सोचने को बाध्य होता है। फिर बाबूजी, जो जन के साथ सोचने-समझने के लिए बदनाम हैं—भला चुप कैसे रह पाते? "आम जनता शांतिपूर्ण विरोध प्रकट कर रही है—प्रतीक अनशन, मौन जुलूस, धरना, रात्रि की नीरवता में घड़ियाल-थाल आदि बजाना...यह प्रक्रिया छोटे-छोटे कस्बे तक में पहुँच रही है। 5-10 वर्ष में बालक-बालिका जन एवं अन्तःपुरी का वर्ग भी इस कर्म में भाग ले रहे हैं। शिक्षकों का समर्थन तो रहा ही है, अब वकीलों-एडवोकेटों की सक्रिय सहानुभूति छात्रों को मिलने लगी। निचली श्रेणियों

के सरकारी कर्मचारी, छोटे व्यापारी आदि भी अपनी हमदर्दी जाहिर कर रहे हैं।

"जनसंघ और संसोपा और संगठन काँग्रेस और सोपा और मार्क्सिस्ट दलों के प्रभावों में जो भी छात्र वर्ग—युवा वर्ग है, 'छात्र संघर्ष समिति' में उनका प्रतिनिधित्व है। सर्वोदय वालों के 'तरुण शांति सैनिक' (गांधी के चुने हुए सत्याग्रहियों की तरह) फिलहाल छात्र संघर्ष समिति को अपने अनुशासन में चला रहे हैं। आंदोलन की पूरी 'निगरानी' जयप्रकाश नारायण कर रहे प्रतीत होते हैं। 'अंधाधुंध दमन' वाला प्रभु वर्ग इसीलिए अपने सुगंधित आश्वासन प्रचारित कर रहा है। वह अभी महीनों तक शांति का यह अभिनय देखता रह सकता है। दूसरी ओर छात्र और नौजवान रोज-रोज गिरफ्तार किये जा रहे हैं। दो-ढाई हजार तरुण जेलों में 'यातना-शिविर' के तजरबे ले रहे हैं। विधायक और सांसद (जी, हाँ, प्रतिपक्ष वाले भी) भत्ता ग्रहणपूर्वक सब कुछ देख रहे हैं...सब कुछ सुन रहे हैं...

"ऐसे में छद्म वाम देवी-देवा के प्रति अपना व्यामोह छिपा नहीं रहा है। यह अच्छा है। मैं किस प्रकार के तरुणों की अगवानी में अपना आशीष व्यक्त करना चाहूँगा, क्या बताऊँ!" यह सारा कुछ 20.4.74 को श्री वाचस्पति को लिखा था।

17.4.74 को छः जने (रेणु, दामोदर अंबष्ठ, मधुकर सिंह, रवींद्र राजहंस, जुगनू शारदेय और नागार्जुन) प्रतीक अनशन पर थे। बारह घंटे का प्रतीक अनशन पटना के डाक बंगला चौराहे पर किया गया था। इसी अनशन के बाद बिहार के रचनाकार और संस्कृतिकर्मी बिहार के इस आन्दोलन में कूद पड़े। उस अनशन के तुरन्त बाद बाबूजी के वक्तव्य को देखने पर बिहार आन्दोलन में जाने के कारणों को समझना उतना कठिन नहीं है—"सत्ता प्रतिष्ठान की दुर्नीतियों के विरोध में एक जनयुद्ध चल रहा है, जिसमें मेरी हिस्सेदारी सिर्फ वाणी की नहीं कर्म की हो, इसीलिए मैं आज अनशन पर हूँ, कल जेल भी जा सकता हूँ।" काश! इस जनयुद्ध की दिशा को हम मोड़ पाते! यदि वामपक्षीय राजनीतिक दल इस आन्दोलन को शुद्ध मन से सम्पूर्णता के साथ अपना सहयोग देते और इस आन्दोलन की रस्सी अपने हाथ में ले लेते तो आज स्थिति कुछ और ही होती। अप्रैल '74 के मध्य से बिहार के विभिन्न नगरों-गाँवों में बड़ी सभा से लेकर नुक्कड़ गोष्ठी में काव्य-पाठ और नाटक अनिवार्य हो उठा। इसी क्रम में 1 जून, '75 को पचरुखी में जनता सरकार का शुभारम्भ कराने गये तो गिरफ्तार कर लिये गये।

पचरुखी सिवान जिले में पड़ता है। अमबारी नामक जगह भी इसी जिले का एक अंग है। बाबूजी की पहली गिरफ्तारी '39 के 24 फरवरी को अमबारी में किसान-संघर्ष के कारण की गयी थी। अमबारी-किसान संघर्ष भारतीय स्वाधीनता-आन्दोलन का एक महत्त्वपूर्ण अध्याय है। उस समय चल रहे किसान संघर्ष का नेतृत्व महापंडित राहुल कर रहे थे। राजनीति में खुलकर भाग लेने की पहलकदमी अमबारी से शुरू हुई थी। '39 की गिरफ्तारी और '75 की गिरफ्तारी में

लगभग छत्तीस वर्षों का अन्तराल है। लेकिन स्थिति में एक मात्र अन्तर था, वह यह कि '39 में हम अंग्रेजों के गुलाम थे और '75 में अपने द्वारा चुने गये जन प्रतिनिधियों ने हमें गुलाम बना रखा था। स्वतंत्रता के बाद माहौल में ऐसा कोई सामान्य-सा परिवर्तन भी खेत-मजदूर या सामान्य श्रमिकों के जीवन में नहीं आया जो दिखाई पड़े। 26 जून, '75 को श्रीमती इंदिरा गाँधी ने आपात-स्थिति की घोषणा कर दी। "स्वजन-परिजन वर्ग के अस्तित्व की हिफाजत के लिए/उस गरीब को और कुछ भी नहीं सूझा/वो बेचारी और क्या कर सकती थी?"/25-26 जून '75 की मध्य रात्रि के वे क्षण/इंदिरा गाँधी की सत्ता के लिए 'सर्वग्रासी' क्षण थे न?/संकट से त्राण पाने के लिए वो भला और क्या करती!/'अपातकालीन संकट' वाली/विषम सिथितयों की घोषणा करवा कर उसने व्यक्ति-व्यक्ति को 'इमरजेंसी' की गिरफ्त में ले लिया /..." विपक्ष के अधिकांश नेताओं को गिरफ्तार कर लिया गया। सरकार की मुखालफत करने वाले काँग्रेसी भी गिरफ्तार किये गये। पढ़ने-लिखने पर पाबंदी लगा दी गयी। आन्दोलन में भाग लेनेवाले को ढूँढ-ढूँढ़कर पकड़ा गया। बिहार ही क्यों, सम्पूर्ण देश की जेलों में कैदियों की संख्या जेल-क्षमता से कई-कई गुना ज्यादा हो गयी।

बाबूजी ने कभी सत्तापक्ष को घास तो दिया नहीं। काँग्रेस का आजीवन विरोधी के साथ जे. पी. द्वारा संचालित आन्दोलन में भाग लेने का अपराध! जेल से छूटने की कोई उम्मीद भी नहीं और इरादा भी नहीं। जमानत पर जेल से बाहर आने की चर्चा कुछ मित्रों ने की तो यह तर्क रखा कि सरकार या तो सजा दे या सम्मानपूर्वक रिहाई? सरकार को क्या मतलब? सरकारी तौर तरीके मात्र के लिए सिवान से छपरा और छपरा से सिवान जेल टहलाया जाता रहा। केस की सुनवाई न खुलनी थी और न खुली।

बरसात के मौसम शुरू होने पर दमा ने आक्रमण किया। यों जले में कहने के लिए सभी तरह की सुविधा दी गयी, लेकिन बंदी जीवन तो मानसिक तौर पर भी विकलांग बनाता है न! सिवान डिस्ट्रिक्ट जेल से 2 नवम्बर '75 को एक पत्र में लिखा—"रात के डेढ़ बजनेवाले हैं। हम 24 (अक्टूबर) को छपरा जेल से यहाँ छोटी-अति छोटी जेल में लाये गये। चूंकि यहाँ बिजली नहीं है, मोमबत्ती के प्रकाश में तुम्हें यह पत्र लिख रहा हूँ। एक पोस्ट कार्ड छपरा से डलवाया था। मिला होगा। यहाँ हम गिरफ्तार हुए थे, 5 महीने पहले। यहीं के कोर्ट में हमारा मुकदमा लटका रहा है। इसीलिए यहाँ आग्रहपूर्वक वापस आये हैं। जिलाधीश को हमने (मैंने व्यक्तिगत) कल एक चेतावनी दी है—'15 नवम्बर तक मुझे रिहा नहीं किया गया तो 16 नवम्बर से मेरा अनशन शुरू होगा अनिश्चितकालीन...' इस बात की सूचना आज मैं चीफ सेक्रेटरी (मुख्य सचिव, बिहार सरकार) को भी भेजनेवाला हूँ।...सिवान एक नवनिर्मित डिस्ट्रिक्ट है, गोरखपुर लाइन में उत्तर प्रदेश की सीमा से लगा हुआ।

लगता है, यहाँ के छोटे-बड़े हाकिम 'तानाशाह' हैं। मुझे गिरफ्तार करके उन्होंने जेल के अन्दर डाल दिया और फिर मुझे भूल गये। पाँच महीने तक मैं धैर्यपूर्वक उनकी लापरवाही का नाटक देखता रहा। इमरजेंसी के बाद जिला जेलों से लोग काफी संख्या में छूटे हैं। फिर यहाँ क्यों नहीं छूटेंगे? और मैं तो इमरजेंसी लागू होने से (26 जून) लगभग एक महीने पहले अरेस्ट हुआ था न! तो, यह पाँच महीने की अवधि कैसे गुजर गयी? खैर, अब इस नाटक का आखिरी दृश्य निकट आ पहुँचा है। अब मैं 'तटस्थ-निर्लिप्त' रहकर सरकारी मेहमान नहीं बना रहूँगा?..." लेकिन न अनशन का मौका दिया प्रशासन ने और न रिहाई ही की। 18 नवम्बर को पटना जेल ले जाने के बहाने बक्सर सेंट्रल जेल ट्रांसफर कर दिया गया। और केस की कार्रवाई न खुली।

बक्सर में स्वास्थ्य और ही खराब हो गया। दमा पहले साल में दो-तीन दफा अपने पूरे जोश-खरोश के साथ आता था। पर जेल-जीवन के समय तो दमा से रोज ही साक्षात्कार होने लगा। यह साक्षात्कार का क्रम अब तक बना हुआ है। इलाहाबाद-दिल्ली के उनके मित्रों की राय हुई कि इनके गिरते हुए स्वास्थ्य को देखकर प्रधानमंत्री के नाम बिहार के रचनाकारों की ओर से एक अपील भेजी जाये, फिर बिहार के बाहर के रचनाकार अपील जारी करेंगे। रेणु ने एक मसविदा बनाया। पटना में दिन भर घूमने के बाद किसी भी बुर्जुग रचनाकार से हस्ताक्षर नहीं करवा सके। 15 मार्च के बाद उनका स्वास्थ्य काफी खराब होने लगा। बोलने आदि में कष्ट...चलना-फिरना बन्द-सा हो गया। फिर पटना हाई कोर्ट में उनके स्वास्थ्य को आधार बनाकर एक 'हेवीयस कारपस कम वेल पेटीसन' दायर किया गया। मुझे अच्छी तरह याद है कि उस दिन हाईकोर्ट के उस कमरे में लगभग 60 वकील एक रचनाकार की ओर से कानूनी लड़ाई के लिए तैयार थे। सरकारी वकील ने हल्का-सा विरोध किया फिर चुप्पी मार गये। आपातकाल में ही जीर्ण-शीर्ण स्वास्थ्य को लेकर 26 अप्रैल,' 76 को करामुक्त हुए। यह है अति संक्षिप्त कथा एक रचनाकार की कारा-मुक्ति की।

"रहा उनके बीच मैं/था पतित मैं नीच मैं/दूर जाकर गिरा, बेबस उड़ा पतझर में/धँस गया आकंठ कीचड़ में/सड़ी लाशें मिलीं/उनके मध्य लेटा रहा आँखें मींच मैं/उठा भी तो झाड़ आया नुक्कड़ों पर स्पीच मैं/रहा उनके बीच मैं..." यह रचना 1976 की है। जेल से निकलने के बाद उनका एक इंटरव्यू छपा, वह अच्छा-खासा हंगामेवाला था। कुछ लोग मुस्कुराये तो कुछ ने अपना माथा ठोका। जे. पी. भी बहुत नाराज हुए थे उस इंटरव्यू पर। उनकी शिकायत थी कि नागार्जुन से मतभेद तो हो सकते हैं, लेकिन उनसे उस भाषा की उम्मीद नहीं थी, जिसका प्रयोग इंटरव्यू में किया गया था। रचनाकार तो सबकी चालाकियाँ समझता है, भले उसे प्रकट करने का साहस सबके पास न हो। इस रचनाकार को अचछी तरह पता है कि उसका उपयोग

कहाँ-कहाँ और कैसे-कैसे होता है! फिर भी प्रलेस के मंच पर पहली पंक्ति में नजर आएँगे, जलेस के अधिवेशन का उद्घाटन करते हमें मिलेंगे, जसम द्वारा आयोजित समारोह में मुख्य अतिथि रहेंगे, साथ ही कभी-कभी तो सरकारी ताम-झाम से आयोजित साहित्यिक आयोजन की अध्यक्षता भी करते दिखते हैं। क्या यह चौंकानेवाली बात नहीं है? प्रलेस पटना इकाई के 'धारा' के चौथे अंक के बाद भी प्रलेस के अर्धशताब्दी समारोह में सम्मानित सदस्य की हैसियत से भाग लेते हैं। एक प्रश्न यह भी गम्भीरता से उभरता है कि आजादी के इतने अर्सों के बाद भी किसी रचनाकार का चिन्तन किसी संगठन के चौखटे से ही जुड़ा रहे? अभी किसी भी सांस्कृतिक-साहित्यिक संगठन के घोषणा पत्र को बहुसंख्यक सर्वहारा जमात ने स्वीकार नहीं किया है, जबकि इस रचनाकार का साहित्य प्रायः सभी संगठनों में शामिल, शोषितों के लिए अनिवार्य सा हो गया है।

इस रचनाकार की बातें हमें कहीं न कहीं भीतर से हिलाकर रख देती हैं। इनके साहित्य के द्वारा हमारी अपनी कमजोरियाँ भी सामने आ ही जाती हैं। हमें अपने भीतर पल रहे रोग को देखने का मौका भी मिलता है। महत्त्वपूर्ण प्रश्न यह भी उठता है कि किसी जनोन्मुखी संगठन का वह कौन-सा काम है, जिसके खिलाफ कोई जन रचनाकार कुछ कहने को बाध्य होता है? रचनाकार को व्यापक जनहित की कसौटी पर जो भी निर्णय ठीक लगा, उसे ही रचना के माध्यम से व्यक्त करता है। भले ही उसे अपनी पार्टी या 'स्वदेशी सत्ता' की घोषित नीति के खिलाफ जाना पड़ा हो। इस काम के लिए रचनाकार को बड़ा से बड़ा खतरा क्यों न उठाना पड़ा हो। काँग्रेसी राज हो या जनता शासन—किसी भी सत्ता से यह रचनाकार आसानी से फायदा उठा सकता था। अपने साथ परिवार को भी 'तार' सकता था। पर ऐसा कुछ भी नहीं कर पाया। जहाँ भी गड़बड़ी या खोट नजर आया—साफ-साफ कह डाला। विपक्षियों को भी खरी-खोटी सुनानेवाला कहीं से भी सत्ता का समर्थक नहीं हो पाया। बूँद भर भी शहद चाटना पाप समझता है।

बाबूजी ने श्रीमती इंदिरा गांधी के हाथों उत्तर प्रदेश के हिन्दी संस्थान का पुरस्कार ग्रहण किया था मई '83 में। जितना तीखा आक्रोश इंदिरा गांधी के प्रति इस कवि ने व्यक्त किया—शायद किसी भी दूसरा भारतीय रचनाकार ने नहीं किया है। सत्ता द्वारा संचालित संस्थान को सब पता रहा होगा, शायद श्रीमती गाँधी को भी यह जानकारी रही होगी कि जिस रचनाकार को उनसे सम्मानित करवाया जाएगा, उसने उन पर क्या-क्या लिखा है, आरोप लगाया है। रचनाकार को भी पता था कि जिस व्यक्ति या पद विशेष के हाथों सम्मान ग्रहण कर रहा है, वह आखिर कौन है? संयोगवश उस समारोह में मैं भी था। सम्मान ग्रहण करते समय रचनाकार मुस्कुरा रहे थे और श्रीमती गाँधी तो ऐसे क्षणों में मुस्कुराती ही रहती थीं। बाद में मैंने पूछा था—"श्रीमती गाँधी के हाथों सम्मानित होते समय कैसा लग रहा था? आप क्यों

मुस्कुरा रहे थे?" तुरंत ही जवाब मिला—"अरे लगता क्या! फील तो उस बेचारी को हो रही होगी कि क्या मजबूरी है...यह बूढ़ा अभी न जाने कहाँ-कहाँ टकराएगा!" क्या यह सम्भव नहीं कि श्रीमती गाँधी होतीं तो संस्थान के सर्वोच्च सम्मान समारोह में फिर दोनों आमने-सामने होते?

क्या मजबूरी है शासन के पास? एक जनकवि को सम्मानित करना क्यों उनके लिए, शासन के लिए अनिवार्य है? जनकवि शब्द इस रचनाकार के लिए कब और कहाँ से निकला, मुझे ज्ञात नहीं है। जनकवि को तो सामान्य जन का भूरपूर स्नेह-श्रद्धा-प्यार—सब कुछ मिला ही है तो फिर शासकीय सम्मान क्यों? एक वयोवृद्ध मैथिली रचनाकार (जिनका कहना था कि एक भिक्षु को रचनाकार बनाया!) ने मुझसे कहा था—"नागार्जुन को हायर किया जा रहा है?" उक्त श्रद्धेय रचनाकार से मैं बहस नहीं कर सकता था, क्योंकि अपने पिता को उनका चरण स्पर्श करते देखा है। लेकिन मैंने इतना अवश्य कहा था—"शायद सत्ता पक्ष की ओर से यह प्रक्रिया पिछले 15-20 वर्षों से चालू है और नागार्जुन की कीमत दिन से दिन हिन्दुस्तान की महँगाई की तरह बढ़ती जा रही है। सत्तापक्ष उन्हें खरीदने या हायर करने के सम्बन्ध में अब सोच भी नहीं सकता, क्योंकि वामपंथी सांस्कृतिक फ्रंट भी इस रचनाकार को हजम नहीं कर पा रहा है तो औरों की क्या बकत है।" उस समय मुझे एक प्रसंग याद हो आया। जब वामपंथी रचनाकारों को सृजनपीठों पर पीठाधीशों के रूप में बैठाने की बात चल रही थी तो एक दिन खाना खाते समय उन्होंने कहा था—"एक शब्द विकलांग तो दूसरा है निकलांग! मैं विकलांग तो नहीं; हाँ, निकलांग अवश्य हूँ! कहीं भी मुझे रखो, दिख ही जाऊँगा अपने रूप में।"

●●●